汉语句法启动机制

孙颖 著

中国科学技术大学出版社

内容简介

本书介绍了汉语言产生中句法启动与语义的关系,语言理解中的"词汇增益"现象和时间进程,借助2个行为实验、3个眼动追踪实验和1个ERP实验,试图揭示汉语句法启动与其他语言句法启动的异同点,对语言产生和语言理解的机制进行了探索。本书对国内外句法启动研究的热点和争议进行了梳理,并对句法启动的理论假说进行了详细介绍。

本书适合心理学本科生和心理语言学研究生阅读使用,也可供对认知心理学与语言学交叉学科感兴趣的科研工作者参考。

图书在版编目(CIP)数据

汉语句法启动机制/孙颖著. -- 合肥:中国科学技术大学出版社,2024.11. -- ISBN 978-7-312-06014-4

Ⅰ. H146.3

中国国家版本馆 CIP 数据核字第 202489EV76 号

汉语句法启动机制
HANYU JUFA QIDONG JIZHI

出版	中国科学技术大学出版社
	安徽省合肥市金寨路96号,230026
	http://press.ustc.edu.cn
	https://zgkxjsdxcbs.tmall.com
印刷	安徽省瑞隆印务有限公司
发行	中国科学技术大学出版社
开本	710 mm×1000 mm 1/16
印张	12
字数	266千
版次	2024年11月第1版
印次	2024年11月第1次印刷
定价	48.00元

序

日前,孙颖博士告知,她的博士论文即将出版,邀我撰写序言。我作为安徽师范大学心理语言学博士点的负责人,又是孙颖博士的指导老师,自然就没有不答应的理由。

孙颖博士本科阶段学习外国语言文学,硕士研究生阶段攻读发展与教育心理学方向,具有语言学与心理学的双专业知识背景。2014年,在中国语言文学一级学科下安徽师范大学自主设置的心理语言学专业开始招收博士生,孙颖也就成为了安徽师范大学心理学科的第一位博士生。在读期间,她虚心求教,刻苦认真,在语言学与心理学的交叉领域中阅读了大量的文献,拓宽了自己的专业视野,打下了扎实的专业基础。在心理语言学学术沙龙的所有研讨活动中,她及时汇报自己的学习心得,并形成方案,成功申报了学校的研究生科技创新研究项目。除此之外,她还积极参加全国心理语言学专业委员会组织的学术年会与学术交流活动,开阔了自己的眼界,领略前沿的研究风景,研究素养得以不断提升。在考虑毕业论文选题时,她选择了句法启动作为自己的课题研究方向。

句法启动现象是一种有趣的、值得探讨的现象(具体可见该书的详细介绍),也是心理语言学研究的重要方向之一。句法启动首先发现于单语言和语言产生领域,后来的研究证实,跨语言和语言理解中也存在句法启动现象,而且语言理解中的启动现象研究逐渐成为热点。在取得研究成果的同时,围绕"句法启动是语义的还是句法的,是词汇驱动还是词汇独立,句法保持是短暂的还是长效的"等问题的争论也愈加激烈,学界出现了不同的理论观点。

孙颖博士的研究围绕汉语句法启动现象的验证与分析,在参照既往研究材料的基础上,精心编制了汉语实验材料,通过改进实验设计并选取更敏感的被试,采用行为实验、眼动追踪和ERP技术等手段,分别探讨了语言产生中的句法启动是否受语义(生命度)的影响,语言理解中的词汇重复对句法启动的影响以及句法启动的时间进程等。研究的结果证明,5~6岁儿童语言产生中的汉语句法启动受语义制约;语言理解中的汉语句法启动依赖于动词重复,存在"回溯效应";语言理解中的汉语句法启动存在"的"字效应,支持句法启动的多因素机制说。这些研究成果为丰富句法启动研究的知识体系,进一步理解和认识句法启动现象尤其是汉语句法启动提供了新的证据。

综观本书的内容,可以概括为以下几个特点:一是对现有研究的介绍全面客观,从句法启动研究史的勾勒,到研究范式和材料的介绍,再到几个核心问题的争论及其理论阐释,使我们清楚地了解句法启动研究的全貌;二是研究的材料编制丰富新颖,例如,使用汉语暂时歧义句,如:主管表扬员工的措施(包含"VP + NP1 + 的 + NP2"),根据后续部分的不同,会产生暂时歧义;三是研究的设计以及因变量指标科学合理。如,在研究中使用拉丁方设计,每个列表通过互换启动句和目标句,这样可以直接研究同一个句子既作启动句又作目标句的关键词部分的句法启动,避免因词长、词频、词义等因素造成的误差;四是对实验结果的分析讨论中肯,对未来的研究展望富有启发性,比如,汉语句法启动有不同于印欧语言的特点,像首动词 N400 效应差异,汉语独特的"的"字效应等,这些都值得进一步探讨。对于未来的研究,作者提出了诸如"汉语理解中的语义问题,还需要其他类型的句子来验证。为了减少已经获取的知识经验对句法启动的影响,选用人工语言是一个不错的选择,目前印欧语言已在这方面做了尝试,这为汉语研究提供了方向"等富有启发的思考。这些对于语言学、心理学尤其是心理语言学领域的读者,自然是有阅读价值的,更是有借鉴意义的。

当然,作为一项跨学科的研究,句法启动需要思考与验证的内容是多种多样的,研究的方式方法也是层出不穷的。作者的研究也只是自己的心得而已,希望读者多给出宝贵意见,多与作者交流。同时,也希望孙颖在未来对汉语句法启动现象做更为深入的研究,取得新的研究成果。

是为序。

安徽师范大学心理学教授、博士生导师

2024 年 2 月 20 日于安徽芜湖

前　　言

　　句子加工不仅涉及句法知识和语义知识,而且还涉及语言的理解与产出,因此逐渐成为心理学、心理语言学以及认知神经学科研究的热点与焦点。国外的句法启动研究,特别是实验研究呈现蓬勃发展的趋势,但国内的相关高水平实验研究较少,涉及句法启动的核心问题,即句法启动的产生和作用机制探讨不多,专著几乎没有。本书分别采用行为实验、眼动追踪和事件相关电位技术对汉语句法启动的语义、词汇增益和时间进程问题进行了研究和探索。研究结果丰富了汉语句法学科的知识体系,较为深刻地揭示出汉语句法启动现象的机制;另一方面,本研究结果也具有现实意义,其有利于促进语言学习与教育,尤其是为儿童青少年学习掌握特定的汉语句子类型提供参考依据。

　　本书分为6章,包括3个主题(语义、词汇增益和时间进程)、6个实验,这些实验彼此独立但又相互联系,探究了句法启动研究中争议较大的3个议题在汉语句法启动中的结果。本书主要有以下几个特点:

　　第一,前沿性。在撰写过程中,注重吸收国内外当代心理语言学中关于句法启动研究的最新成果,特别是国外资料库中大量的第一手资料,通过精心筛选,反复研读,仔细推敲,然后用较为通俗易懂的语言文字表达出来。

　　第二,创新性。在研究方法上,采用了多模态的研究方法,综合运用了行为实验、眼动追踪和事件相关电位技术,探讨了语言产生和语言理解中的汉语句法启动机制,有助于更加全面和深刻地揭示汉语句法启动现象的本质和特点。写作过程中在参考国内外文献论述的基础上,创造性地加入了本土化的实验材料。实验1和实验2在借鉴国外语料的基础上,进行了相关修改和本土化处理,并邀请一位专业绘图师手绘了句子的图片;在其余实验的汉语暂时歧义句材料编制出来以后,邀请了语言专家和学生进行了语感测试,对填充材料也进行了严格匹配。

　　第三,开放性。本书的研究结果是探索性的,特别是关于时间进程的研究,还有很大的研究空间,理论假说也可能会随着研究的推进有所发展和完善。

本书在撰写过程中,得到了安徽师范大学教育科学学院葛明贵教授、宣宾教授和北京语言大学熊仲儒教授的具体指导,数据处理得到黑龙江科技大学李朋博士的协助。本书得到了宣宾教授主持的国家社科基金2018年度一般项目"信息论视角下言语产生的老化及脑刺激研究"(项目号:18BYY090)的基金资助,作为该项目的阶段性成果之一,在此一并表示衷心的感谢!此外,本书在编写过程中参阅了国内外多位专家、学者、同行的相关论文、教材和专著,在此对他们表示由衷的敬意和感谢!

由于作者水平有限,书中错漏和不妥之处在所难免,恳请专家、同行和读者批评指正。可直接发邮件至 YingSun773@163.com,进行交流和沟通。

孙颖
2024年6月

目　　录

序 ……………………………………………………………………（ i ）

前言 …………………………………………………………………（ iii ）

第 1 章　绪论 ………………………………………………………（ 1 ）
　　1.1　句法启动研究综述 ………………………………………（ 1 ）
　　1.2　句法启动研究的内容设计 ………………………………（ 24 ）
　　1.3　句法启动研究的价值与意义 ……………………………（ 31 ）

第 2 章　语言产生中汉语句法启动与语义(生命度)的关系 ……（ 35 ）
　　2.1　引言 ………………………………………………………（ 35 ）
　　2.2　实验 1：图片生命度特点匹配下的行为实验 …………（ 37 ）
　　2.3　实验 2：图片生命度特点不完全匹配下的行为实验 …（ 41 ）
　　2.4　实验结果分析 ……………………………………………（ 44 ）
　　2.5　实验结论 …………………………………………………（ 49 ）

第 3 章　语言理解中汉语句法启动的"词汇增益"现象 …………（ 50 ）
　　3.1　引言 ………………………………………………………（ 50 ）
　　3.2　实验 1：首动词相同条件下的眼动追踪 ………………（ 53 ）
　　3.3　实验 2：首动词不同条件下的眼动追踪 ………………（ 60 ）
　　3.4　实验结果分析 ……………………………………………（ 63 ）
　　3.5　实验结论 …………………………………………………（ 68 ）

第 4 章　语言理解中汉语句法启动的时间进程 …………………（ 70 ）
　　4.1　引言 ………………………………………………………（ 70 ）
　　4.2　实验 1：Lag0 和 Lag1 条件下的 ERP 实验 ……………（ 77 ）
　　4.3　实验 2：Lag3 条件下的眼动追踪实验 …………………（ 94 ）
　　4.4　实验结果分析 ……………………………………………（ 98 ）
　　4.5　实验结论 …………………………………………………（110）

第 5 章　综合讨论 ·· (112)
5.1　关于句法启动中的语义问题 ··································· (112)
5.2　关于句法启动中的词汇增益问题 ······························ (113)
5.3　关于句法启动的时间进程 ····································· (115)
5.4　语言产生和语言理解中的句法启动机制是否相同 ············· (118)
5.5　汉语与印欧语言的句法启动是否相同 ·························· (119)

第 6 章　结语 ·· (121)
6.1　本书的主要结论 ·· (121)
6.2　本书的创新与独特之处 ·· (122)
6.3　展望 ··· (123)

附录 1　主要术语中英文对照表 ·· (125)

附录 2　第 2 章的语义实验材料 ·· (127)

附录 3　第 3 章的词汇增益实验材料 ··································· (135)

附录 4　第 4 章的时间进程实验材料 ··································· (141)

参考文献 ·· (168)

第 1 章 绪 论

　　语言的产生和理解是心理语言学研究的两大主要领域,句法启动(syntactic priming)研究范式是人们研究语言产生和理解的重要技术手段,它既存在于语言产生领域,也存在于语言理解领域。随着研究的深入,学者们已经在句法启动研究的一些重大问题上取得了重要进展,但在一些核心问题上仍存在较大争论,如启动效应是由语义引起的还是由句法或者结构引起的,是词汇驱动的还是词汇独立的以及句法启动是短暂的还是长效的,这关系到句法启动的理论解释是激活说、内隐学习说还是双机制说。本研究将采用行为实验、眼动追踪和事件相关电位技术对汉语句法启动的语义、词汇增益和时间进程问题进行研究,以探明汉语句法启动的产生机制。本章分三个部分来阐述,第一部分综述国内外对句法启动的研究,第二部分谈本研究的内容设计,第三部分是句法启动研究的价值与意义。

1.1　句法启动研究综述

1.1.1　句法启动研究史的勾勒

　　句法启动(syntactic priming),是指个体在产生和理解句子时,倾向于重复使用刚刚加工(阅读、听或产生)过的句法结构,产生句法一致性的促进效应(Bock, 1986; Pickering, Branigan, 1999; Branigan, Pickering, Mclean, 2005; Pickering, Ferreira, 2008),又称句法坚持(syntactic persistence)与结构启动(structural priming)。例如,如果先听到或先说与格句,例如(1a),那么,随后,人们说出与格结构句的可能性增大;相反,如果先听到或先说双宾结构句,例如(1b),那么,随后,人们说出双宾结构句的可能性也会增大:

　　(1a) Tom gave the rose to Marry.
　　(1b) Tom gave Marry the rose.

　　在句法启动的研究中,一般把先说或先听到或先读到的句子叫做启动句(prime),后说或后读的句子叫做目标句(target)。"启动效应(priming effect)"是指由于之前受某一刺激的影响而使得之后对相同或相似刺激的知觉和加工变得容易的心理现象。启动句的启动效应就是指受到启动句的影响,产生的目标句在结构上会趋于与启动句一致或一致性很高,理解的目标句在理解上更容易的现象。

Bock 首先对句法启动展开研究(Bock,1986)。之后,Bock 和她的同事又用此方法研究了封闭类元素的变化并不会影响句法启动的发生,也不能归因于事件结构的变化和格律的不同(Bock,1989;Bock,Loebell,1990)。Bock 的研究范式得到广泛关注是以 Hartsuiker, Potter, Pickering 等的引用和推进为标志的(Hartsuiker,Kolk,1998a;Potter,Lombardi,1998;Pickering,Branigan,1998)。

自 Bock(1986)首创句法启动研究以来,研究者大多选用语言能力正常的被试,但也有选用语言障碍患者(Miller,Deevy,2006;Brumbacha,Goffman,2014)、阅读障碍患者(Canette,Fiveash,Tillmann,et al.,2020)、失语症患者(Lee,Man,2017;Man,Meehan,Lee,et al.,2019;Lee,Hosokawa,Meehan,et al.,2019)听力障碍患者(van Beijsterveldt,van Hell,2009)、健忘症患者(Heyselaar,Segaert,Hagoort,et al.,2017)、口吃患者(Anderson,Conture,2004;Logan,Byrd,Mazzocchi,2011)以及语速快慢不同者(Callahan,Walenski,Love,2012)作为被试的,这说明句法启动议题开始从基础研究转向应用研究。

从年龄阶段上来讲,早期研究者多以成人被试为主,尤其以大学生被试居多。近年来,越来越多的研究开始关注儿童语言现象(Messenger,Branigan,Mclean,et al.,2012b;Foltz,Thiele,Kahsnitz,2015;Teixeira,Buchweitz,2019),但更多的关注却是幼儿的语言发展问题(Huttenlocher,Vasiyeva,Shimpi,2004;Shimpi,Gámez,Huttenlocher,2007;Thothathiri,Snedeker,2008;Bencini,Virginia,2006;Gámez,Shimpi,Waterfall,2009;Viau,Lidz,Musolino,2010;Messenger,Branigan,Mclean,2012a;Hsu,2014a,2014b;Branigan,Messenger,2016;Bourdin,Aubry,Ibernon,2018;de Lima,Correa,Augusto,2018;Hsu,2019;Fazekas,Jessop,Rowland,et al.,2020;Foltz,Knopf,Stenneken,et al.,2021)。以中老年人为被试的研究不多,只有少数研究开始关注老年人的句法启动及其与年轻人和儿童的对比(Rowland,Chang,Ambridge,2012;Hardy,Messenger,Maylor,2017;Hardy,Wheeldon,Segaert,2020;Hu,Lv,Huettig,et al.,2021;van Boxtel,Lawyer,2023;Heyselaar,Segaert,2022)。

句法启动最初是以英语为研究对象的,后来又扩展到更多语种,如德语、荷兰语、日语、俄语、阿拉伯语、韩语、西班牙语、葡萄牙语、法语、希腊语等(Jackson,Ruf,2017;Cleland,Pickering,2003;Corley,Scheepers,2002;Hartsuiker,Kolk,1998b;Hartsuiker,Westenberg,2000;Konopka,Bock,2009;Pickering,Branigan,1998;Scheepers,2003;Gámez,Shimpi,2016;Huang,Pickering,Yang,et al.,2016;de Lima,Correa,Augusto,2018;Teixeira,Buchweitz,2019;Pozniak,Hemforth,Scheepers,2018),近 5 年来,关于汉语的研究成果也逐渐增多(Zeng,Mao,Liu,2018;Chen,Branigan,Wang,et al.,2019;Wang,Cai,Pickering,et al.,2020;Sun,

Shi,Guo,et al.,2021;Muylle,Bernolet,Hartsuiker,2021;Zhang,Bernolet,Hartsuiker,2021;Chang,Tsumura,Hirose,et al.,2022;Kotzochampou,Chondrogianni,2022)。随着研究的深入,双语和跨语言的句法启动研究逐渐增多(Hartsuiker,Pickering,Veltkamp,2004;Loebell,Bock,2003;Shin,Christianson,2009;Serratrice,2016;Gries,Kootstra,2017;Travis,Cacoullos,Kidd,2017;van Gompel,Arai,2018;Kaan,Chun,2018;Gámez,Vasilyeva,2019;Muylle,Bernolet,Hartsuiker,2020;Song,Lai,2021;Kotzochampou,Chondrogianni,2022),目前甚至出现了多语言、跨语言、跨通道句法启动研究(Vasilyeva,Waterfall,2012;Hartsuiker,Beerts,Bernolet,et al.,2016;Hsieh,2017;Ivanova,Wardlow,Ferreira,et al.,2017;Hartsuiker,Bernolet,2017;Pozniak,Hemforth,Scheepers,2018;Zeng,Mao,Liu,2018;Nakai,Okanoya,2018;Litcofsky,van Hell,2019),从有声语言到手势语,从自然语言到人工语言均有涉及(例如,Hall,Ferreira,Mayberry,2015;Feher,Wonnacott,Smith,2016;Muylle,Bernolet,Hartsuiker,2021a,2021b,2021c)。

国内句法启动研究开始于2006年,距今不过十多年的时间,是以李荣宝(2006)发表在《现代外语》上的一篇《跨语言句法启动及其机制》为标志的。实验采用的是在汉语中只存在一种语序结构,而在英语中存在两种语序结构的复合句,其中一种与汉语语序相同,即从句在前,主句在后,例如(2a),另外一种与汉语语序不同,即从句在后,主句在前,例如(2b):

(2a) If he comes,I will stay at home.
(2b) I will stay at home,if he comes.

研究者要求被试者将汉语翻译为英语,结果表明,低熟练度的双语者倾向于翻译成从句在前的句子,而高熟练的被试者更多的是翻译成从句在后的句子(英语中较常使用)。因此,研究者认为,低熟练度双语者存在跨语言的句法启动,而高熟练度双语者不存在跨语言的句法启动。但是,有人认为该研究并不是严格意义上的跨语言句法启动的研究(贾月芳,陈宝国,2009;阎浩,董燕萍,2012),由于实验要求被试者将汉语翻译为英语,致使启动句和目标句在概念语义上是完全一致的,所得出的结果更倾向于说明母语经验对翻译的影响。

之后,句法启动研究逐步展开,但大多集中在二语内(例如,高心如,2013;马二丽,2015;谢元花,魏辉良,2016;夏赛辉,汪朋,2017;薛琳,潘猛,官群,2017;赵晨,姜申君,2019;魏冉,金善娥,2020;徐承萍,2020;冯丽萍,高晨阳,2020)或双语跨语言领域(徐浩,2014;林鹏,2015;孔令跃,邹雨彤,2022),单纯研究汉语母语的句法启动的文献很少(孙颖,葛明贵,2018b)。这可能与外语界对国外的理论和进展比较敏感有关,从而能较早地进入研究。但是,由于缺乏相应的语言学理论知识,特别是对汉语理论研究较少或缺乏心理学的研究技术,经过十多年的摸索,句法启动研究并没有实质上的进展,大多是国外研究的介绍或简单验证。虽然"聊胜于无",

但汉语句法启动研究毕竟开展起来了。研究较早的是关于言语产生和理解中的句法启动综述(杨洁,张亚旭,2007;范进,2009;回坤,2011;陈庆荣,2012;陈庆荣,谭顶良,蔡厚德,2012;孙颖,葛明贵,2018b),较早的实验研究是朱火红等(2009)采用图画描述范式,对中国4~6岁儿童进行的口语句法启动效应进行实验研究,结果显示句法启动现象也存在于中文口语中,同时发现中文特殊句法中有明显句法提示功能词"把"的词法启动效应。查芸芸、吴思娜(2014)用同样的方法在成人中也发现了汉语句法启动现象和"把"字句启动效应。张宁、张清芳(2020)发现启动句的类型影响目标句的句法选择,在句子产生潜伏期上,仅发现启动句和目标句句法结构相同时缩短了潜伏期,即有启动效应,并没有发现动词重复有促进作用(于宙,张清芳,2020),即产生中的句法启动不依赖于动词重复。曾涛、刘荣凤、冒雯和章敏(2015)使用数学算式为启动项,以汉语句型"NP1＋有＋NP2＋很＋AP"(其中"NP"为 noun phrase;"AP"为 adjective phrase)为切入点,分别选取汉语成人和儿童受试,检验简单算术对汉语母语者产出或理解该句型的结构启动效应。研究发现,算式结构对汉语特定句型的产出和理解均具有结构启动效应,儿童和成人具有不同结构启动效应,且儿童的启动效应比成人更强。

以上研究大多是语言产生领域的句法启动效应,关于语言理解领域的汉语句法启动研究较少。陈庆荣(2012)以及陈庆荣、谭顶良和蔡厚德(2012)对句子理解中的句法启动进行了较为全面的综述,并尝试提出了事件相关电位(ERP, event-related potentials)技术和眼动技术相结合来研究汉语句法启动的设想(陈庆荣,谭顶良,蔡厚德,2012),这为本研究提供了思路和方法。岳明蕾(2011)和韩静(2013)采用眼动追踪技术对汉语暂时歧义句进行了研究,但得出的结论却互相矛盾,不过其使用的暂时歧义句材料对本研究有所启示。

1.1.2 句法启动的核心问题研究

1.1.2.1 策略、语义对句法启动效应的影响

语言理解中的启动效应到底是策略的还是句法的?对于这个问题,Traxler 和 Tooley(2008)利用眼动追踪方法进行了详细研究。他们设计了4个实验:

实验1通过操纵填充句来减少或消除动词重复作为结构线索的策略作用。

实验2用名词重复代替动词重复,这样能够对即将出现的句子(目标句)结构产生明显的策略暗示。

实验3则直接告知读者即将出现的是缩减的关系从句。

结果实验1在缺少明显提示的情况下产生了显著的启动效应,实验2和实验3均有明显的线索提示,但均没有发生结构启动效应。为了验证是否是研究方法影响了实验结果,即实验3使用的是自定步速阅读方法,而有可能会因为这种方法对

所测试的句子不够敏感才未观察到启动效应。于是他们又设计了一个自定步速阅读实验即实验4。

实验4使用的是跟先前实验相同的启动范式,即在启动句和目标句中使用动词相同的缩减的关系从句,如果自定步速阅读技术对先前的眼动实验发现的启动加工不敏感,那么实验4就应该显示启动句和非启动句之间无差异,这与实验3中有线索和无线索提示的句子无差异类似。结果实验4显示了自定步速阅读方法对启动效应敏感。

于是他们得出结论,和先前的研究一致,策略线索与启动效应是分离的,启动效应是分析者内部加工的结果。

既然启动效应不是外部线索的作用,那么分析者在分析句子时,使用的是怎样的加工过程,是句法结构还是语义内容?对这个问题,从句法启动研究开始就没有停止过争论。

语义内容,通常是指题元角色(thematic roles),即动词论元在句子描述事件中的语义角色如施事(agent)、受事(patient)、目标、主题、位置等和描述事件中的物体的生命度(animacy)(Pickering, Ferreira, 2008)。语义特征会在多大程度上影响句法形式(即句法启动效应)?结构启动技术常常被用来作为研究句法加工及其与语义水平之间关系的工具,也即检测说话者是否有重复启动句的句法形式或语义特色。在某种程度上,句法形式的重复如果独立于刺激的语义特征,那么说明句法加工水平和语义信息是隔离的,反之,如果句法形式的重复对语义特征的操纵敏感,这说明两者之间的加工水平是互动的(Gámez, Vasilyeva, 2015),这个观点在Song和Lai(2021)的研究中得到证实,语法功能和题元之间的映射关系是句法启动的来源。

一些使用启动范式的研究显示,题元角色对句子的产生产生了影响效应(Cai, Pickering, Branigan, 2012; Chang, Bock, Goldberg, 2003; Vernice, Pickering, Hartsuiker, 2012)。Chang, Bock和Goldberg(2003)描述了说话者倾向于重复产生启动句和目标句相同的题元顺序,例如:

(3a) The maid rubbed polish onto the table.
(3b) The maid rubbed the table with polish.

如果(3a)是启动句,被试更可能产生一个题元顺序为"施事-主题-地点"的句子,而不是以(3b)为顺序的句子。

Vernice, Pickering和Hartsuiker(2012)则观察到说话者倾向于重复启动句到目标句的题元强调,说话者在听到一个强调受事而不是施事的复杂句子后更可能产生一个被动句。这些启动,Gámez和Vasilyeva(2015)认为均可以描述为非句法的结构启动,因为Chang, Bock和Goldberg(2003)的研究操纵的题元角色指派,而不是启动句的句法形式;Vernice, Pickering和Hartsuiker(2012)的研究中启动句和目标句没有句法上的相关。因此,虽然这些研究都表明了题元角色影响句子产生,但他们的方法并不允许检验语义和句法加工的潜在互动即语义加工是否影响句子产生中的句法启动效应。

当操纵了启动句的句法结构和题元角色后,Bock 等(Bock, Loebell, 1990; Bock, Loebell, Morey, 1992)发现一个特别的启动句形式能够增加被试产生对相同形式句子的反应,而且跟启动句和目标句的题元角色顺序是否匹配无关。换句话说,句法的启动效应不受题元角色的影响,甚至不受语义内容和生命度的影响(Ziegler, Snedeker, 2018)。Messenger, Branigan 和 Mclean(2012b)的研究表明,包括成人和儿童句法启动效应不受操纵的题元角色顺序的影响,他们获得的是抽象句法结构,而不受语义内容和其他语言问题的影响(Teixeira, Buchweitz, 2019)。Chang, Bock 和 Goldberg(2003)认为结果的差异可能是句法区别(如主动和被动启动句之间)超过了题元的区别。Gámez 和 Vasilyeva(2015)也认为题元特征比其他更不明显,而对题元角色特征不敏感则可以解释 Messenger, Branigan 和 Mclean(2012b)的研究没有发现题元角色效应的现象。

另外一些语义信息比题元角色呈现出更显著的特征,例如有生命和无生命的物体,这些即使很小的儿童也可以辨认。研究表明,生命度可以调节 3 岁儿童的结构启动,成人的结构启动却不受生命度的影响(Bencini, Valian, 2006; Buckle, Lieven, Theakston, 2017; Huang, Pickering, Yang, et al. ,2016)。题元角色是根据整个事件获得具体的相关关系,而生命度却是个体最基本的特点。用有生命和无生命的图片引导 3 岁儿童说或理解被动句时,均发生了句法启动,并且认为 3 岁儿童是抽象地表征句子的,儿童会在句法上表征名词、动词、"表层主语""表层宾语";而在语义上表征"施事"和"受事",并且会灵活搭配句法和语义之间的关系。张积家、芦松敏(2012)以汉语为材料、以成人为被试的跨语言句法启动研究显示,汉语句法启动效应被受动者的语义特征制约。Bock 等的研究认为(引自 Gámez, Vasilyeva, 2015),物体的生命度会影响相关词汇检索的难易,更容易回忆起来的词汇更有可能占据句子的句首位置。因此,生命度可能比题元角色对句子成分的顺序有着更直接的影响。

一些研究将语言产生领域的句法启动语义内容(题元角色和生命度)扩展到了语言理解领域,并且重复了语言产生中的结果(例如,Bencini, Valian, 2006; Messenger, Branigan, Mclean, et al. ,2012b)。而更为纯粹的句子理解中的语义关注多是关键动词的语义对句法启动的影响,有些实验研究采用的是启动句和目标句有相同或者相近的动词,观察句法启动量的变化。结果显示,动词相同时句法启动增强;动词相近时没有观察到句法启动(Tooley, Traxler, Swaab, 2009; Chen, Tan, Cai, 2013)。这说明句法启动不是语义启动,而是结构启动,Huang, Pickering, Yang 等(2016)有研究证实,汉语句法启动不受生命度语义特征的调节(Huang, Pickering, Yang, et al. ,2016; Chen, Branigan, Wang, et al. ,2019; Xiang, Chang, Sun, 2022; Sun, Shi, Guo, et al. ,2021),甚至不受关键动词是否重复的影响,都会发生句法启动现象。

有人研究了跟动词有关的异常句子理解中的句法启动(Ivanova,Pickering,Branigan,et al.,2012),他们比较了两种句子,一种句法上异常,看似与结构良好的句子相似,如(4a)和(4b);另一种语义上异常,要么是一个新异词,如句(4c),要么是句法语义上不搭的词,如(4d):

(4a) The waitress gived the book to the monk.
(4b) The waitress gives book to the monk.
(4c) The waitress brunks the book to the monk.
(4d) The waitress exists the book to the monk.

结果发现,不正确动词的启动句和这个正确动词的目标句产生了类似正常句子的词汇增益效应,新异词句或者含有语义句法不搭动词的启动句均产生了启动效应,这说明句法启动不受语义的制约。随后的另一项研究也证明,理解者可以重构异常话语的成分结构,即使这些话语缺少动词等主要结构成分(Ivanova,Branigan,Pickering,et al.,2017)。

句法启动真的不受动词语义的影响吗?有人对此提出了质疑并进行了验证,否定了以上说法,并提出用一个模型来解释(Darmasetiyawan,Messenger,Ambridge,2022)。Cai,Pickering 和 Sturt(2013)以汉语为材料研究了动词短语省略对句法启动的影响。结果显示,省略启动没有完整形式的启动更有效,表明句法结构不能在省略位置重新表达出来,从而支持语义说。以日语为材料的研究也证明,语义和句法结构不能独立地促进句法启动(Chang,Tsumura,Hirose,et al.,2022)。

综上,不管是语言产生还是语言理解中,实验证据均有一致和互相矛盾的观点。一般来说,理解中的句法启动支持句法启动而不是语义启动的居多,而语言产生中的句法启动实质争论较为激烈,目前还没有明确的结果。

不管是句法结构的选择,还是语义内容的实现,均离不开词汇在线性结构上的组合体现。那么,词汇对句法启动有着怎样的影响,换言之,句法启动是词汇驱动的还是词汇独立的?

1.1.2.2 词汇重复对句法启动的影响

最初,关于句法启动的驱动机制的争论发生在语言产生领域,Bock 和她的同事使用一个启动程序探讨句法过程的实质,特别是词汇的独立性(Bock,1986;Bock,Loebell,1990)。结果显示出明显的句法启动效应,而且,因为说话者所说的句子包含一套与启动句不同的词语,因此这个结果被解释为句法启动过程是词汇独立的。词汇独立(lexically independant)是指启动句和目标句没有重复的词汇,只要结构相同,启动效应就会发生;这是相对于词汇驱动(lexically priming)而言的。词汇驱动是指启动句和目标句必须有重复的词汇,启动效应才能发生。语言产生中,一般不需要词汇的重复,启动效应也会发生,这被称为词汇独立的句法启动(陈庆荣,2012)。一项针对语言产生的综述研究发现,假设在没有启动的情况下,结构 X 出现的概率为 50%,而启动时没有词汇重复的话,则会出现 63%,如果启动时有词汇重复,则会出现 77%,这说明语言产生中,虽然句法启动是词汇独立的,但是如果有词汇重复,则会增加启动效应量(Mahowald,James,Gibson,et al.,2016;Branigan,Mclean,2016;Hardy,Messenger,Maylor,2017;Carminati,van Gompel,Wakeford,2019)。语言理解中,大部分研究结果表明,只有词汇重复时启动效应才会发生,这被称为词汇驱动的句法启动。

Konopka 和 Bock(2009)为了比较抽象句法结构与词汇到底谁在句子形成过程中占据主导作用,他们考察了习语和非习语的动词词组在推导句子形成中的有效性,结果显示两种类型的动词短语均能推导结构形成,而且在能力上相差无几,句法启动是词汇独立的。

在后来很多句子理解中的研究也证明句法启动是词汇独立的,Traxler(2008a)提供了即时句子理解中存在词汇独立的结构启动证据,只要句子的结构相同,无论是否含有相同的词汇(通常是动词),均会发生句法启动效应,句法启动是独立于词汇的。例如(5c)既可以被(5a)启动,也可以被(5b)启动:

(5a)启动句 1:The girl tossed the blanket on the bed into the laundry this morning.

(5b)启动句 2:The chemist poured the fluid in the beaker into the flask earlier.

(5c)目标句:The vendor tossed the peanuts in the box into the crowd during the game.

类似的研究还有(Traxler,2008b;Thothathiri,Snedeker,2008a,2008b;Ivanova,Pickering,Branigan,Mclean,et al.,2012;Huang,Pickering,Yang,et al.,2016;Fine,Jaeger,2016;Lee,Hosokawa,Meehan,et al.,2019)。一项使用完整歧义句理解代替传统的局部歧义句理解的研究指出(Kim,Carbary,Tanenhaus,2013),在启动句和目标句之间没有词汇重复,但句法启动影响完整歧义句的理解。Foltz,Thiele,Kahsnitz 和 Stenneken(2015)也发现,在没有词汇重复的情况下,言语障碍儿童组和超常儿童组均发生了句法启动效应。韩静(2013)的一项眼动追踪研究结果显示,汉语中无论动词相同与否,都会发生句法启动现象。

但似乎更多的证据支持词汇驱动说。早期的语言产生研究(Pickering,Branigan,1998;Corley,Scheepers,2002;Melinger,Dobel,2005;Cleland,Pickering,2006;Hartsuiker,Bernolet,Schoonbaert,et al.,2008),到后来句子理解研究均支持词汇驱动说(例如,Newman,Ratliff,Muratore,et al.,2009;Bernolet,Hartsuiker,2010;Rowland,Chang,Ambridge,et al.,2012;Segaert,Kempen,Petersson,et al.,2013;Chen,Xu,Tan,et al.,2013;Traxler,Tooley,Pickering,

2014；Traxler, 2015；Chang, Baumann, Pappert, et al., 2015；Tooley, Pickering, Traxler, 2019；Tooley, 2020；van Boxtel, Lawyer, 2023）。

研究显示，结构启动不依赖于功能词像介词（如 to；Bock, 1989）和补语词（如 that；Ferreira, 2003）的重复，但是却因开放词类（如动词）的重复而启动量提高（Pickering, Branigan, 1998）。在完成句子（Corley, Scheepers, 2002；Cleland, Pickering, 2006）和对话（Branigan, Pickering, Cleland, 2000；Schoonbaert, Hartsuiker, Pickering, 2007）的研究中也发现了这种现象。Melinger 和 Dobel（2005）更进一步提供了证据，他们仅仅给被试看只能在一种结构中使用的启动动词（而不是整个句子），被试也倾向于使用相同的结构描述目标图片。不仅如此，在复杂名词短语（"the red sheep"与"the sheep that is red"，Cleland, Pickering, 2003）中的名词重复也有类似效应，并不是动词的特有的（Scheepers, Raffray, Myachykov, 2017；van Gompel, Wakeford, Kantola, 2023）。有人把这种效应称为结构启动中的词汇增益（lexical boost）效应（Pickering, Ferreira, 2008）。Hartsuiker, Bernolet, Schoonbaert 等（2008）则发现，在语言产生中，无论书面语还是口语，词汇增益效应是短期的，而结构启动效应时间上保持要长得多。他们支持多因素说，认为结构启动是以词汇为基础的短期机制和以抽象、较长期的学习机制协同作用的结果。有人通过语料库分析自然语言时发现结构启动的强度跟动词调节偏好有关（Gries, 2005），Bernolet 和 Hartsuiker（2010）用实验证明了这个观点。语言理解中的两项功能性磁共振成像（fMRI, functional magnetic resonance imaging）研究则显示（Newman, Ratliff, Muratore, Burns, 2009；Segaert, Kempen, Petersson, Hagoort, 2013），跟名词相比，动词对促进句子理解过程影响更大，特别是句法加工层面，启动效应仅当动词重复时发生，说明名词和动词是两种在不同脑区的不同词类。一项 fMRI 研究显示，动词重复导致语言相关大脑区域的句法重复增强效应增加，同时导致词汇和语义处理相关领域的重复增强效应（Weber, Christiansen, Petersson, et al., 2016）。另一项研究显示，当有动词重复时，可以观察到主动句和被动句启动效应；无动词重复时，仅被动句可以观察到，而且产生和理解之间未发现不同的效应。说明理解和产生是由相同的句法加工神经结构推动的。Traxler 等（Traxler, Tooley, Pickering, 2014；Traxler, 2015）分别使用眼动和自定步速阅读实验证明即时句子理解和歧义句分析中均存在动词增益效应。Chang, Baumann, Pappert 等（2015）则考查了德语中动词位置和动词重复对德语结构启动的影响，结果表明仅有动词重复会对结构启动产生影响（Chang, Baumann, Pappert, Fitz, 2015）。

Chen, Xu, Tan（2013）用分别以眼动和 ERP 技术，采用 Tooley, Traxler 和 Swaab（2009）类似的方法，使用的材料是汉语中的包含"VP＋的＋NP"的关系从句（verbal phrase, VP），例如"数学老师表扬的男生不擅长唱歌"。其理论假设是，汉语像英语一样，也是主谓宾语序（subject verb object, SVO）语言，当读者读到"数学老师表扬"的时候,会期望后面出现一个宾语(O),但是当"的"出现时,读者放弃之前的句法结构而进行再分析。这样,作者期望当启动句和目标句动词相同,例如(6a)和(6c),或相近时,例如(6b)和(6c),目标句比启动句的 P600 效应减小(Chen,Xu,Tan,et al.,2013):

(6a) 院士称赞的博士显得非常谦虚。(重复动词启动句)
(6b) 院士夸奖的博士显得非常谦虚。(近义动词启动句)
(6c) 姑妈称赞的表哥还在国外读书。(目标句)

结果表明,启动句和目标句的动词相同时,P600 效应减小,说明发生了启动效应;当动词相近时,却没有发生启动效应。这说明汉语包含"VP+的+NP"的关系从句的句法启动是词汇驱动的。

除了"VP+的+NP"的关系从句外,汉语中还有很多花园幽径句,更容易引起读者的再分析过程。例如,"小王研究鲁迅的文章(包含'VP+NP1+的+NP2')",根据后续部分的不同,会产生暂时歧义。根据汉语是 SVO 语言,读者读到"小王研究鲁迅的文章"时,会优先分析"研究鲁迅的文章"为动宾结构,此时如果后续"小王研究鲁迅的文章之后发表了意见"符合读者的预期,就不会产生分析困难。而后续如果是"小王研究鲁迅的文章发表在期刊上",不符合读者的预期,读者就会再分析,把后面的动宾结构重新分析成偏正结构才能正确理解句子。这类句子可能启动效应更加明显,但岳明蕾(2011)和韩静(2013)用了类似这样的句子作实验材料,却得出了相反的结论,这可能与具体的实验设计、材料控制有关,而且她们做的都是眼动研究,兴趣区划分也不一样。因此,有必要改进实验设计,控制实验材料以及采用其他技术手段,对汉语的句法启动做进一步研究。

如果句法启动确实存在,那么结构启动可以维持多久?启动过程中会受到语言材料干扰或时间延迟的影响吗?为了弄清这个问题,必须考虑句法启动的时间进程(the time course)。

1.1.2.3 句法启动的时间进程

时间进程(the time course)就是句法启动的潜伏期(Tooley,Swaab,Boudewyn,et al.,2014),换句话说,就是句法启动可以保持多久。对这个问题,经常在启动句和目标句之间插入结构不同的干扰句来研究。句法启动的时间进程关系到对句法启动的理论解释过程是激活说(residual activation account)还是内隐学习说(implicit learning account),还是双机制理论(dual-mechanism accounts)。如果句法启动的产生是短时记忆起作用,那么研究者就认同短暂激活说(residual activation account),但是很多研究结果显示,句法启动坚持较长时间,而且不受中间干扰因素的影响,从而有人提出内隐学习说(implicit learning account),也能够比较好地解释句法启动现象。随着研究的深入和词汇增益的研究发现,理解中的句法启动也能相对持久(Traxler,Tooley,Pickering,2014),句法启动很可能是词汇的短暂激活和句法结构的长时效应并存，即双机制理论（dual-mechanism accounts）。

"剩余激活说"，也叫存储的短暂激活（Branigan, Pickering, Mclean, 2005）。根据剩余激活假说，当人们产生或者理解句子时，激活词条节点之间的连接，然后词汇编码（如"examined"）的句法结构表征可以跟其他项目结合（如"defendant, lawyer, glove"），决定用什么表达顺序，以及如何曲折变化等。启动效应是和词条表征相关的组合节点激活有关（Pickering, Branigan, Mclean, 2002）。阅读一个启动句，能暂时激活相关的组合节点，这些编码实际句法关系（句子最后的解释基础）的组合节点在激活到最大程度时结束，当输入被解析并选择适当的刺激组合节点时，主旨和所选组合节点之间的连接得到加强。当目标句立即呈现在启动句之后时，句法启动效应反映了启动句和目标句之间的共同组合节点激活的暂时增加。在语言产生过程中，这意味着结构更容易被选择，或者潜伏期缩短；在理解领域，这意味着相关结构能更快速地被激活或者构建。

剩余激活说反映了句法启动效应是短暂的，因为词条激活和分享相同动词会因为中间干扰材料的插入而消失。Branigan, Pickering 和 Cleland（1999）的研究发现，当启动句和目标句中间插入一个不同句法的干扰句时，启动效应会明显消失，插入 4 个干扰句时，则完全消失。因此剩余激活理论不能解释相对持久的句法启动效应研究，比如，Branigan, Pickering, Stewart 和 Mclean（2000）又做了一个实验，采用口语句子完成形式，对比无延迟、1 个干扰句和纯粹时间上的延迟三种情况下的句法启动，结果显示三种情况均有相似的启动效应，因此否定了他们 1999 年的实验结果。Bock 和 Griffin（2000）的实验则证明，不管两个句子之间插入 2 个还是 10 个干扰句，句法启动仍然会发生。Bock, Dell, Chang 和 Onishi（2007）改用听力呈现启动句，再次做了 Bock 和 Griffin（2000）的实验。结果显示在各种时间间隔下均发生了启动坚持，启动量跟 Bock 和 Griffin（2000）当年观察到的现象几乎一样。因此，这就需要另外一种理论-内隐学习说-来解释以上相对持久的句法启动现象。

内隐学习说是被较早看做是对句法启动起作用的机制，尤其是时间相对持久的启动效应。一种可行性模型被用来解释语言产生研究中的长时启动模式（Chang, Dell, Bock, et al., 2000; Chang, Bock, Goldberg, 2003; Chang, Janciauskas, Fitz, 2012）。预测和基于错误的学习是内隐学习说这类模型的核心特征。当人们产生和理解语言时，必须学习语言以及与语言相关的表征关联或者映射匹配。例如被动结构，语言使用者必须学习某些意义关系，如受事与施事施加的行为关系，然后分别映射某些功能元素，如主语和旁语（介词宾语），这些映射再与一定组合序列的关键特征进行匹配，以决定名词短语和动词短语如何配置。这些映射是通过经验获得的，例如，当人们构造一个主动或被动结构时，是通过特定的意义关系和处理序列来表达话语,而启动句会加强相应的表征和映射,从而允许相同的意义关系通过相同的处理序列进行表达,使相同的句法特征再次出现。例如,当启动句是被动句时,读者会对被动句的偏好增加,产生被动句的可能性就大大增加。在语言理解中,对于理解,当遇到新单词时,模型就会预测下一个组成部分,当实际的输入和预测的输入不同时,不可预测的输入会导致语言表征的持续变化率更高,令人惊讶的是在可预测的语境中,其学习率提高(Fazekas,Jessop,Rowland,et al.,2020)。例如当一个关系从句出现但不是直接宾语时,模型就会改变输入、潜在信息和输出单位三者之间的权重。这样,模型的预测就会因遇到的内容不同而改变,不同类型句子的偏好可以增加或者减少。根据这种理论,潜在句法结构表征的强度会随着暴露于适当类型的句子而增加,这种类型的学习发生时不需要理解者有意识地努力和察觉,即内隐学习。这种内隐学习可以解释当大量暴露一种给定类型的句子时学习的促进作用(Long,Prat,2008;Wells,Christiansen,Race,et al.,2009;Messenger,2021)以及对异常句法形式的偏好的变化。Kaschak,Glenberg(2004);Kaschak(2007);Kaschak,Kutta 和 Schatschneider(2011);Kutta 和 Kaschak(2012);Kaschak,Kutta 和 Coyel(2014)用一系列实验证明句法启动的长时累积效应存在并至少持续一周,而且这种效应只能用内隐学习说来解释。最近的一项研究发现,即使老年人的句法启动也能持续1周,年轻人甚至可以持续1个月(4周),说明年轻人的内隐记忆没有呈现年龄相关性下降,实际上这也有力证明了内隐学习是一种普遍而强大的机制,有助于解释句法处理(Heyselaar,Segaert,2022)。

剩余激活和内隐学习机制不一定互相排斥,一个的存在不一定排除另一个的存在。事实上,有些句法启动的理论机制可以分别解释不同的实验现象(Chang,Dell,Bock,2006;Hartsuiker,Bernolet,Schoonbaert,et al.,2008)。Tooley 等(2009)把这种假设纳入到他们的理解中的句法启动的双机制理论(Tooley,Traxler,Swaab,2009;Tooley,Traxler,2010;Traxler,Tooley,2008;Bernolet,Collina,Hartsuiker,2016)。双机制理论是如何实现的呢?短暂的剩余激活和长时的内隐学习机制可能分别根植于不同的记忆系统,像一些语言学习理论提出的那样(例如,Ullman,2001)。另一种可能是,内隐学习和剩余激活适用于不同的编码词汇和句法结构知识的记忆系统的组成部分。假设与单词相关的知识,包括句法结构的可能性,以分布式形式编码。假设动词"examine"跟"句法结构"成分的结构可能性有关,那么理解一个包含动词"examine"的缩减的关系从句(The defendant examined by the lawyer…),会暂时提高主旨表征和句法结构表征中的缩减的关系模式之间的联系,这种联系是短暂的。内隐学习过程能同时促进达到句法表征系统内的缩减的关系从句分析的程序,这种增强的程序性促进可能存在更长时间。如果是这样,系统就能产生一个短时词汇增益效应和一个相对持久的句法启动效应。Branigan 和 Mclean(2016)以3~4岁儿童为实验对象,发现插入

2个干扰句,词汇增益消失,但抽象句法结构启动仍然存在,这就是儿童句法启动存在累积效应。Segaert,Wheeldon 和 Hagoort(2016)发现,结构持久性启动只发生在被动结构中(反向偏好效应),并且受到即时启动句和长期累积性(所有之前的启动句)的影响和动词重复的促进。

  Hartsuiker,Bernolet,Schoonbaert 等(2008)通过操纵启动句和目标句之间的填充句的数量分别为0个、2个和6个来考察词汇增益效应和句法启动坚持的时间进程。结果显示词汇增益效应逐渐衰减而句法启动保持,即词汇增益效应是短期的,而句法启动保持时间相对较长。Bernolet,Collina 和 Hartsuiker(2016)又用荷兰语探讨了间隔句数分别是0个、2个和6个,句法结构为及物句、与格句和助词-分词的关系从句,结果表明,启动效应随着间隔句的增加而显著衰减;不管使用的核心动词是否相同,0个间隔条件下的启动效应最强;2个间隔条件下,只有与格结构能观察到启动效应;6个间隔条件下,即使与格结构也很难发现句法启动效应,换句话说,6个间隔条件下3种结构的启动效应均消失。他们用双机制假说来解释这种短暂的启动效应,是外显的记忆和内隐的学习促成了这样的结果。Tooley,Swaab,Boudewyn 等(2014)使用缩减的关系从句,采用 ERP 和眼动技术相结合的方法,考察当句子理解中的启动效应受一个或更多填充句的影响时其是否出现。实验1发现当没有无关干扰句或只有1个无关干扰句时,P600值减小,说明加工启动句能够促进目标句的句法加工。实验2和实验3用眼动追踪,显示当启动句和目标句之间有3个干扰句时,目标句的加工仍然得到了促进。无论剩余激活还是通过纠错的内隐学习都不能完全意义上解释观察到的效应,那么有可能不止一种机制对观察到的结果起作用。一些理论界学者提出双机制理论(Tooley,Traxler,Swaab,2009;Hartsuiker,Bernolet,Schoonbaert,et al.,2008;Traxler,Tooley,Pickering,2014;Bernolet,Collina,Hartsuiker,2016;Tooley,Traxler,2018),这种理论提出短暂剩余激活说解释词汇增益,而更持久的内隐学习理论解释了结构偏好的持久变化。

  从目前的结果来看,语言理解中的句法启动时间进程最多只有3个干扰句插入时有启动效应被观察到,即使被试加工有3个简单句,其记忆的时间也大多不会超过1分钟,而1分钟以内的记忆属于短时记忆。在句法启动研究中,以短时记忆为主的句法启动机制支持剩余激活说,语言理解中的句法启动真的像语言产生中的句法启动一样能保持相对持久吗?

  研究启动句和目标句之间插入不相关句子时发生什么可以有助于弄清句法启动的机制。句法启动的时间进程分歧多集中在研究开始阶段,而且多是行为研究,随着科学技术的发展,眼动和 ERP 技术应用于句法启动研究,为揭开句法启动的机制提供了技术手段,但是还有待在多种语言里证实。

1.1.2.4 语言产生和语言理解是否有相同的机制

句法启动最初是在语言产生领域发现的(例如,Bock,1986;Bock,Loebell,1990),后来有研究发现语言理解中同样存在句法启动(例如,Branigan,Pickering,Mclean,2005;Traxler,Tooley,2008;Traxler,2008a,2008b;Thothathiri,Snedeker,2008a,2008b;Carminai,van Gompel,Scheepers,2008;Tooley,Traxler,Swaab,2009)。有研究发现,语言习得领域也存在句法启动效应(例如,Messenger,Branigan,Mclean,2012a;Kidd,2012)。Segaert,Kempen,Petersson 等(2013)指出,语言产生中的任务,主要是通过重复启动句的结构,加工目标句时减轻认知资源,加快讲话者的反应倾向。比如较快地选择与启动句相同的语法时态(主句/被动句)或相同的与格结构(双宾 double object,DO/介宾 prepositional object,PO),或者在重复结构时速度加快。而语言理解中的句法启动却反应在看图片时的眼球运动、快速阅读以及给歧义短语进行图片匹配选择等任务中,而理解任务中 ERP 研究显示 P600 幅值减小是句法加工的结果(Segaert,Kempen,Petersson,et al.,2013)。

语言产生和语言理解中的句法启动机制是否相同?两者是不同的还是相似的?Tooley 和 Bock(2014)指出,这两种观点均有大量实验证据支持。

语言习得中语言理解先于语言产生、神经心理研究失语症证明两种方式的不同,表现任务中语言产生比语言理解更难支持前一种观点。但是似乎更多的证据支持语言理解和语言产生具有实质相似性。语言习得中良好的神经控制可以解释时间上的差异(理解先于产生),神经心理方面言语障碍表明一般认知资源不足可能掩盖理解与产生的内在一致性,明显的困难差异则有可能是因为在听过之后和说话之前的时段内,人们往往不能产生那么多的表征性细节,即使这些细节是可以理解的(Bock,Dell,Chang,et al.,2007;Kempen,Olsthoorn,Sprenger,2012)。一些实验证据也表明,产生和理解之间未发现不同效应,理解和产生中的句法启动并没有根本上的不同,那么说明理解和产生是由相同的句法加工神经结构推动的(Kim,Carbary,Tanenhaus,2013;Segaert,Kempen,Petersson,et al.,2013)。Hsu(2014a)考察了 5 岁汉语儿童 SVO 句和把字句的转换时句法启动现象,研究表明产生到产生和理解到产生时表现出可靠的结构启动,联合分析发现没有通道效应。曾涛等发现,算式结构对汉语特定句型的产出和理解均存在结构启动效应,这也再次证明了语言产生和语言理解之间的结构启动并没有实质差别(曾涛,刘荣凤,冒雯,等,2015;Zeng,Mao,Liu,2018)。Litcofsky 和 van Hell(2019)用 ERP 技术考查了从理解到产生以及从产生到理解的结构启动,发现产生和理解共享加工的各个方面,并且在个体内部相互关联。

针对句法启动在语言产生和语言理解之间存在的分歧,如理解中的启动效应仅存在于目标句和启动句含有相同的动词时,而语言产生中的句法启动在没有动词重复的情况下也可以发生,这意味着理解中的分析过程是词汇驱动的,而产生中的形成过程却是句法驱动的,即词汇独立的。Tooley 和 Bock(2014)认为,上述理解和产生之间的不同假设的弱点在于实验目的是启动量的差异建立在启动实验操作不同上,启动句结构也有差异,启动方法也不相同。因此,为了减少因上述差异造成的影响,他们设计了动词重复和不重复情况下阅读理解和口语说话中的结构坚持实验方案,使用相同的呈现程序,相同的句法结构和句子,使用相同的被试。实验证明,语言产生和语言理解中的句法启动量均有显著效应,但没有发现之前的由于动词重复造成产生和理解中句法启动量的差异,即产生和理解中的句法启动没有实质上差异。

而对于具体的语言产生和语言理解中的句法启动量的差异,有可能是具体的实验任务造成的。至于在理解中动词不重复情况下句法启动消失,则有可能是一些未知变量的影响,使被试对结构坚持失去了敏感性。而词汇增益效应的差异则可能是至今无法解释的词汇关系的不同造成的。另外,语言产生和语言理解的评估方法本身也会造成局限差异。例如,语言产生的评估是根据产生的句子形式以及所产生的句子结构的质量,而理解的评估则依赖于阅读时间,评估指标的不同会影响语言的产生和理解的比较。而用相同的指标来评估语言产生和理解的情况就是对大脑的观察,这就使句法启动的评估具有相同的方法和生理源(Segaert, Menenti, Weber, et al., 2012; Segaert, Kempen, Petersson, et al., 2013)。

总之,语言理解和语言产生之间的联系是当前结构启动和结构坚持研究的焦点之一。Tooley 和 Bock(2014)区别了结构启动和结构坚持的意义,前者是指句法结构的伴随经验,后者是指对相同结构的容易适应,即是经验的结果,两者都对说者和听者产生结果。无论是启动的结果还是启动的机制,都是当前争论的焦点。那么,句法启动具有怎样的机制呢?

1.1.3 句法启动研究的范式及其常用材料

1.1.3.1 常用的研究范式

根据使用研究技术的不同阶段,把句法启动研究范式分为以下几种:
(1) 早期的范式(1986—2000)
早期范式主要有图片描述范式,包括传统的图片描述范式和同盟者脚本技术(confederate-scripting technique)、句子补全范式、句子回忆范式(详见陈庆荣,2012)。
(2) 中期的范式(2000—2008)
这个时期,早期的实验范式仍在使用,只不过又出现了一种新的范式。视觉情境眼动范式(visual-world eye-tracking)将听觉语言刺激和视觉情境进行跨通道结合,采用眼球运动追踪技术实时监控被试在理解听觉语言的同时对视觉情境的注视,以此考察自然情境中口头语言理解的心理加工过程。Scheepers 和 Crocker(2004)使用视觉情境眼动范式考察了语言理解中的句法启动效应。实验中,研究者首先要求被试大声阅读书面语的德语启动句,其结构是 SVO(subject verb object)或者 OVS(object verb subject),然后以听觉形式向被试呈现目标句,与此同时呈现一幅描述两种事件的图片。研究发现,启动句的句子成分顺序会影响被试对图片的注视轨迹。具体而言,如果启动句是 SVO 结构,那么被试会更多地注视图片中充当受事的角色。后来,又用该范式研究从数学表达式到法语关系从句语言结构的跨域结构启动,数学和语言在非常高的抽象层次上共享句法结构的各个方面(Pozniak, Hemforth, Scheepers, 2018)。Arai, van Gompel 和 Scheepers(2007)采用视觉情境眼动范式考察了阅读理解中及物句子结构的启动效应,如图 1.1(a)所示。实验中,书面语句子是启动刺激,口语句子和视觉场景作为目标刺激,结构均为双宾 DO(double object)或者介词宾语与格结构 PO(prepositional object)。除动词外,启动句和目标句的内容词没有重复。结果发现,句法启动效应仅仅存在于启动句和目标句动词重复的条件下,这说明不同于句子产生中的句法启动,阅读理解中的句法启动效应由词汇驱动。Thothathiri 和 Snedeker(2008a)进一步采用视觉情境眼动范式考察了口头语言理解中的句法启动效应,如图 1.1(b)所示。实验中,启动句和目标句使用不同的动词和名词。研究发现,被试听到 DO 启动句后会更多地注视接受者,这表明在线语言理解中存在动词独立的句法启动效应。Ziegler 和 Snedeker(2019)认为理解中的结构启动根据情境需求的不同而表现不同,反映了在不同压力下不同水平表征的激活。接触具有相同或不同句法结构的句子时,暴露于多个启动可以导致更少的启动相关的期待,这表明关注视觉信息和理解口语信息之间的联系可能并不直接(Fernandes, Coco, Branigan, 2019)。

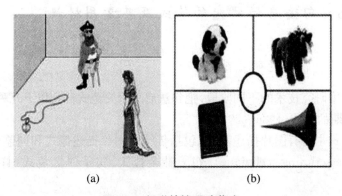

(a)　　　　　　　　(b)

图 1.1　视觉情境眼动范式

(资料来源:Arai, van Gompel, Scheepers, et al. , 2007;Thothathiri, Snedeker, 2008a)

较之于上述几种考察句法启动的研究范式,视觉情境眼动范式的实验任务比较自然,生态程度高,能够在不干扰语言输入的情况下,实时监控和测量语言理解过程,在线反馈除反应时和正确率之外多种有效的时间和空间指标,如注视时间、注视次数、眼跳次数、眼跳广度和眼动轨迹图等,有助于研究者理解和阐明语言加工的内部过程(陈庆荣,2012)。

(3) 现当代研究范式(2008年至今)

随着科学技术的发展,句法启动研究中也开始使用眼动、ERP和fMRI等先进技术手段,来探究其内部机制。Traxler和Tooley(2008)使用眼动实验证明了句子理解中的句法启动不是策略的作用,而是内部加工的结果。Traxler,Tooley和Pickering(2014)同样使用眼动追踪技术证明了句子理解中句法启动存在词汇增益效应。类似的眼动追踪实验还有很多(Tooley,Traxler,2018;Tooley,Pickering,Traxler,2019;Zhang,2020;Tooley,2020)。Ledoux,Traxler和Swaab(2007)使用ERP技术研究句子理解过程中的句法启动。被试阅读含有缩减的关系从句的目标句,每句之前先呈现含有相同动词的缩减的关系从句结构或主句结构。缩减的关系从句启动句比主句启动句产生了更大的正波。先呈现主句的缩减的关系从句目标句比先呈现相同结构的缩减的关系从句目标句产生了更大的正波。另外,句法启动效应与动词重复是分离的。有研究用ERP技术探讨跨模式结构启动,发现产生和理解共享加工的各个方面,并且在个体内部相互联系(Litcofsky,van Hell,2019)。

随着时代的发展,ERP技术和眼动追踪技术相结合研究语言问题成为趋势(陈庆荣,2012)。Tooley,Traxler和Swaab(2009)使用ERP和眼动技术探讨了句子理解中的启动效应。被试读两个理解困难并含有歧义的句子(一个启动句和一个目标句),启动句和目标句要么含有相同的动词要么意义上非常接近的动词,当动词重复时启动效应更大。ERP实验中,当目标句和启动句动词相同时,P600振幅减小,但动词相近时并没有减小。在眼动追踪实验中,当目标句和启动句动词相同时,解歧区的阅读总时间减少,但当动词相近时并没有发生阅读总时间的减少。缩减的关系从句中动词重复大大促进启动效应可能暗示动词论元结构在分析中有重要的作用。有人使用了同样的方法即眼动追踪和ERP结合考察了在线句子理解中的干扰句启动证据和介词短语结构启动(Tooley,Swaab,Boudewyn,et al,2014;Boudewyn,Zirnstein,Swaab,et al.,2014)。Chen,Xu,Tan等(2013)使用了ERP技术,探讨了汉语中的句法启动效应。结果表明,含有相同动词的目标句发生了P600减少效应,而相近动词却没有发生这种效应。汉语中动词重复而不是意义上相近才能产生句法启动效应,论元结构理论能够解释这个现象。

功能磁共振成像(functional magnetic resonance imaging,fMRI)也被用来研究句法启动。一项fMRI研究则显示(Newman,Ratliff,Muratore,et al.,2009),跟名词相比,动词对促进句子理解过程影响更大,特别是句法加工层面。启动效应仅当动词重复时发生,说明名词和动词是在位于不同脑区的两种不同词类。动词重复导致与语言相关大脑区域的句法重复增强效应增加,同时导致了词汇和语义处理相关领域的重复增强效应,这可能反映了建立和加强神经网络以处理新的句法结构和词汇项的机制(Weber,Christiansen,Petersson,et al.,2016)。另一项研究显示,当有动词重复时,可以观察到主动句和被动句的启动效应;无动词重复时,仅被动句可以观察到,而且产生和理解之间未发现不同效应。那么说明理解和产生是由相同的句法加工神经结构推动的(Segaert,Kempen,Petersson,et al.,2013)。语言和算术之间的跨域结构启动不仅通过行为实验在具体语言中得到证实(Pozniak,Hemforth,Scheepers,2018;Zeng,Mao,Liu,2018),而且通过fMRI技术在神经激活方面也得到了证实,有力地支持了算术和语言共享处理句法结构的神经基础的观点(Nakai,Okanoya,2018)。汉语的fMRI研究显示,启动相关激活抑制见于左颞极、左额下回和左中央前回,表明汉语的句法表征独立于语义表征,与印欧语言一致(Sun,Shi,Guo,et al.,2021)。

近年来又出现了一种新的技术——虚拟现实(virtual reality,VR),提供了对现实世界中无法精细控制参数的实验控制,在心理语言学中的应用可以提供在严格控制的语境中研究人与类人化身之间的语言交互。一项研究用句法启动任务考查了人机语言交互与虚拟现实中的人机语言交互的对比,发现虚拟现实中的类人化身和人类伙伴之间的启动效应相当,但是与去除人类表情和行为的计算机交互时,启动效应显著降低,这项研究表明,虚拟现实是以生态有效的方式进行语言研究和研究对话交互的有效平台(Heyselaar,Hagoort,Segaert,2017a)。另外一项关于社会舆论如何影响句法处理的研究表明,作为陌生度的函数,被动语态的结构启动幅度呈倒U形曲线:参与者对中等陌生语态的启动效应最大,与最陌生或最陌生的化身互动时,启动效应减小。因此,社会感知和启动量之间的关系可能是非线性的。在陌生感中似乎有一种"快乐媒介",引发了最大的启动效应,但没有发现启动量与任何社会感知之间存在显著的交互作用(Heyselaar,Hagoort,Segaert,2017b)。

1.1.3.2 常用的实验材料

1. 主动和被动句

Bock(1986)发现了言语产生中存在主动和被动句式间的启动效应。如果首先向被试呈现被动句式的启动句,那么被试在随后描述一幅图片中的事件时就会更倾向于使用被动句式。Scheepers和Crocker(2004)采用视觉情境眼动范式考察了被试阅读理解德语主动和被动结构句子的认知过程。研究发现,启动句的结构特点会显著影响被试对图片刺激的注视轨迹。有研究发现结构持久性仅适用于被动式,称为反向偏好效应(Segaert,Wheeldon,Hagoort,2016),又称为抽象句法启动。可能因为与主动句相比,被动句更不常见,容易引起人们的好奇和注意,通过大量暴露这类句子,内隐学习会使人们掌握这类句子的结构选择(Branigan, Messenger,2016;Teixeira,Buchweitz,2019)。受此启发,后来的研究关注了异常话语或异常结构引起的启动现象和机制(Ivanova, Wardlow, Warker, et al., 2017; Weber, Christiansen, Indefrey, et al., 2019; Jacobs, Cho, Watson, 2019; Fazekas, Jessop, Pine, et al., 2020)。

2. 双宾句和介词宾语与格句

Bock(1986)首先采用双宾(double-object,DO)和介词宾语(prepositional-object,PO)结构的句子证明,言语产生领域存在句法启动效应。实验中,研究者首先给被试呈现 PO 和 DO 结构的启动句,被试大声复述启动句后,再呈现一幅图片,被试需要描述图片的事件内容。结果表明,启动句的句法结构影响目标句的句法结构。如果被试先听到或者先说出一个 DO 或者 PO 结构的启动句,譬如"The man gives the woman the flower"和"The man gives the flower to the woman",那么,被试更可能产生一个包含 DO 或者 PO 结构的目标句。在语言产生领域,后续研究者发现,当启动句和目标句的介词不同时,PO 结构的启动句对产生 PO 结构的目标句仍然存在启动作用;表示地点的 PO 结构的启动句可以启动不包含表示地点的 PO 结构的目标句,但是韵律结构相似的启动句和目标句之间不存在这种效应(Bock,1986,1989;Bock,Loebell,1990;Branigan,Pickering,Cleland,2000)。研究者认为,被试加工 DO 或者 PO 结构的目标句所产生的增益效应,不是词汇或者韵律结构重复的结果,应该归因于启动句和目标句具有相同的句法结构。在语言理解中,研究者采用眼动等技术考察了 DO 和 PO 结构句子理解中的启动效应。研究结果发现,不论启动句和目标句是否存在词汇重复,启动句的句法结构显著影响目标句的信息选择和加工过程(Arai, van Gompel, Scheepers, 2007; Carminati, van Gompel, Scheepers, et al., 2008; Thothathiri, Snedeker, 2008; Chen, Branigan, Wang, et al., 2020)。许多研究者利用这种材料研究了词汇增益现象,Pickering 和 Branigan(1998)的剩余激活模型表明,词汇增益只应发生在双及物介词宾语(PO)/双宾语(DO)结构中的句法核心(动词)重复时,但 Scheepers, Raffray 和 Myachykov(2017)发现,词汇增益也发生在非句法核心的名词重复时。Carminati, van Gompel 和 Wakeford(2019)操纵了主语和动词短语(VP)内部参数(主题或接受者)在 PO/DO 结构中的重复。动词有的重复有的没有重复。结果表明结构信息与句法核心(动词)相关,但与非核心(如主语名词和 VP 内部参数)无关。

3. 主句(main clause,MC)和缩减的关系从句(reduced relative,RR)

在语言理解领域,很多研究者使用不同类型的关系从句考察启动效应的性质和机制。Traxler 和 Tooley(2008)采用眼动技术和移动窗口技术考察阅读理解中的启动效应,试图回答其究竟是句法启动还是一种策略启动。实验中,研究者使用了缩减的关系从句(7a)和主句(7b):

(7a) The lawyer sent by the government arrived late last week.
(7b) The lawyer sent the files to the governor late last week.

结果表明,阅读理解中的启动效应是由句法因素驱动的。也有人用缩减的关系从句和主句来研究句子理解中句法启动的词汇增益效应(Traxler,Tooley,Pickeriing,2014),结果表明,当启动句和目标句含有相同动词时,在线句子理解的启动效应更大。有些行为和电生理研究表明,启动句和目标句的关键词汇重复会显著提高句法启动效应(Pickering,Traxler,2004;Ledoux,Traxler,Swaab,2007;Traxler,Tooley,Pickeriing,2014)。

4. 高-低附加句(high-low attachment)

在句子(8)中:

(8) The waitress is prodding the clown with the umbrella.

一种解释是"The waitress is using the umbrella to prod the clown",介词短语"with the umbrella"修饰"prodding"时,是附加在动词短语VP(verb phrase)上,被称为动词附加或高附加,因为VP在句法结构树形图的高处,见图1.2中树形图(a),此时句子的意思是"服务员用雨伞捅了捅那个伙计";另外还有一种解释是"The clown has the umbrella","with the umbrella"修饰名词短语NP(noun phrase)"the clown",称之为名词附加或低附加,因为名词结构在句法结构树的低处,见图1.2中树形图(b),这时句子的意思是"服务员捅了捅那个带伞的伙计"。

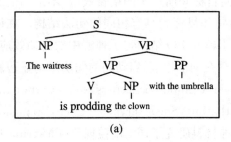 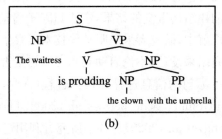

图1.2 高低附加句树形图

Branigan,Pickering和Mclean(2005)用这些材料考察了语言理解中的介词短语启动。结果表明,当读过一个高附加解释的启动句时,被试解释与启动句有相同动词的目标句中有歧义的介词短语时倾向于高附加解释,当动词不同时不会发生这种现象。Loncke,van Laere和Desmet(2011)用这类句子考察了介词短语的附加句启动了相同附加的关系从句目标句,这种跨结构启动不能用具体的短语结构规则甚至短语结构序列来解释。Lee,Hosokawa,Meehan等(2019)用这类句子在失语症患者中考查了抽象句法结构启动的发生和持久性保留,不管动词重复与否,即使启动句和目标句之间插入2个干扰句,仍然能观察到失语症患者的句法启动。

5. "修饰语-目标"暂时歧义句(modifier-goal ambiguities)

这类句子是 Traxler(2008b)首次使用,用来研究在线句子理解中的词汇重复时的句法启动。

(9) The girl tossed the blanket on the bed into the laundry this morning.

理解句(9)时,读者刚开始的时候有可能把第一个介词短语(prepositional phrase,PP)"on the bed"分析成一个论元,但是当他遇到第二个 PP "into the laundry"时,又把第一个 PP 当作名词 bed 的修饰语。通常读者在分析第二个 PP 时会遇到困难,因为原先把第一个 PP 当作目标位置,现在必须把它当作一个非目标位置的修饰语。Traxler(2008b)的眼动实验表明,当目标句和启动句有相同的句法结构,即均含有"修饰语-目标"的句子时,句法加工困难会增加。实验结果又表明这类句子含有相同动词时并没有词汇增益效应发生,支持词汇独立说。另一项研究使用这种方法,用 ERP 技术考察这类句子的句法促进是语义的还是句法,或者是两者结合的(Tooley,Boudewyn,Zirnstein,et al.,2014)。

6. 早-晚闭合句(early-late closure)

这类句子是 Traxler(2015)发现的。在句子(10)中:

(10) While Mary was knitting the sock fell off her lap.

"the sock"容易被当作动词"knitting"的宾语,但实际上它是后面主动词"fell"的主语。类似这样的句子,读者有晚闭合解释的偏好,把"the sock"之类名词处理为其前面动词的宾语(Frazier,Rayner,1982),这样当读者读到主动词"fell"的时候就会造成加工困难。因为如果"the sock"已被当作其前面动词的宾语的话,那么后面"fell"就没有主语,这在英语中是不允许的。为了修复这个问题,读者必须重新作句法分配或重新思考结构的可能。如果是早闭合解释,那么句首从句就会在从句动词"knitting"处闭合,从而让名词短语"the sock"自由地充当后面主句的主语。研究者把这类能够引起暂时歧义的句子叫早闭合句,早闭合句会消耗更多的认知资源和时间,因此能够用移动窗口技术、眼动和 ERP 等手段来详细观察句子的理解过程。Traxler(2015)使用移动窗口技术首次在英语中发现了这类句子中存在句法启动效应和词汇增益效应,这种现象是否在其他语言中存在,还需要被进一步验证。

7. 不同修饰成分的名词短语结构

Cleland 等考察了对话中名词短语结构的启动效应(Cleland,Pickering,2003)。实验 1 发现,较之于简单的名词短语"the red square",被试听到句法相似的名词短语后("the square that's green"或者"the diamond that's red"),在随后的对话中会更多地使用与先前句法结构相似的复杂名词短语"the square that's red"。实验 2 进一步发现,启动句和目标句包含语义相似的名词会明显提高启动效应("the sheep that's red"和"the goat that's red")。实验 3 发现,启动句和目标句采用语音相同("sheep"和"ship")而语义不同的名词不会明显提高启动效应。研究结果表明,句法编码很可能不受语音反馈的影响。Melinger和Cleland(2011)进一步考察了名词短语在句中的位置因素对句法启动效应的影响。研究发现,较之于句子末尾的名词短语,启动句初始的名词短语显著影响后续的句法决策。研究者认为,句法启动的首因效应表明加工句子早期成分需要投入更多的资源。

8. 补语成分标志缺失的句子

Ferreira(2003)采用句法启动范式研究口头语言的加工机制。研究者考察了句子产生任务中补语标志词汇"that"的使用概率"The mechanic mentioned(that) the antique car could use a tune up"和启动句句式结构之间是否存在启动效应。结果表明,包含词汇和句法功能相似的"that"的启动句会显著增加目标句中"that"的使用概率。但是,词汇相似"the company insured that farm for…"或者名词补语的启动句"the theory that…"不会显著增加目标句中"that"的使用概率。这说明,语言产生中句法启动效应不能简单地用词汇因素来解释。

9. 人工语言材料

近年来,句法启动研究领域又出现了人工语言材料,首次将人工语言材料用于句法启动研究的是Feher,Wonnacott和Smith(2016)。目标语言由四种句子类型组成:数字-名词,名词-数字,形容词-名词和名词-形容词。有两种类型的名词短语(包括两种修饰语类型,数字或形容词),它们在词序上都表现出不可预测的可变性。考查被试是否会在修饰语类型内和类型之间进行规则化这样一种语言,以及这种语言是如何受到输入不同词序概率的影响。对被试进行了人工语言培训,这些人工语言在词序上表现出不可预测的特点,随后让他们使用这些人工语言进行交流。利用人工语言学习来研究交际互动中的结构启动和语言规律之间的关系。在两种不同的语法结构以及在与人类和人机交互中均发现了结构启动的证据,这种方法开创了结构启动新方法新材料。Weber,Christiansen和Indefrey等(2019)进一步改进,采用句子学习和图片描述,被试学习一种跟自己母语一样映射关系的新语言,能够通过图片领会到所表达的意思。句子有两种结构形式:OSV(object subject verb),VOS(verb object subject),学习时间分Day1,Day2,Day3和Day9,有时重复句法和动词(Day2),有时不重复句法和动词(Day3和Day9),见图1.3。

结果表明,在学习的最初几天就可以发现句法加工的促进效应:句法和词汇启动效应揭示了被试对新词和词序的敏感性。进一步研究表明,人工语言和自然语言的学习和处理机制相似,这对第一语言和第二语言学习之间的关系具有启示。Muylle,Bernolet和Hartsuiker(2021a;2021b;2021c)多项跨语言研究显示,人工语言也存在语言内和跨语言结构启动,共享句法表征在学习之初就可建立,而且和自然语言一样,词汇重复对于建立抽象句法表征至关重要,人工语言和母语的频率对跨语言结构启动有不同影响。

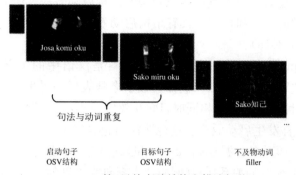

(a) 第2天的实验结构和描述细节

第2天的实验结构流程（左图）。以一个"+"号开始，随后呈现一个句子——图片配对描述同时呈现的启动句，随后呈现一个相同结构的目标句，启动句和目标句之间的句法和动词是重复的。

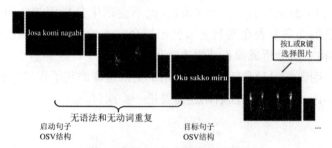

(b) 第3天和第9天的实验结构和描述细节

第3天和第9天的实验结构流程（右图）。以一个"+"号开始，随后呈现一个句子——图片描述的句子，一个空屏后，呈现一张图片，启动展示完毕。目标结构呈现时，先呈现一个目标句子，空屏后，两张图片同时呈现在屏幕上，被试必须按键选择跟前面句子一致的一张图片。启动句和目标句句法结构不同（启动句是OSV结构，目标句是VOS结构），动词也不同（启动句是"画"，目标句是"拍照"）。

图1.3　句子学习和图片描述

（资料来源：Weber,Christiansen,Indefrey et al.,2019）

10. 汉语研究材料

汉语有同印欧语言一致的地方，因此汉语句法启动研究材料也有主动句和被动句（Sun,Shi,Guo,et al.,2021），双宾、介宾与格句（Huang,Pickering,Yang,et al.,2016;Zhang,2020;Xiang,Chang,Sun,2022;Hu,Lv,Huettig,et al.,2021），另外还有语音启动（Zhang,Bernolet,Hartsuiker,2021）。此外，汉语中也有特殊的研究材料，比如朱火红，郑海燕，金志成等（2009）发现儿童中文被动句和功能词"把"的词法启动效应。查芸芸，吴思娜（2014）用同样的方法和材料在成人中也发现了汉语句法启动现象和"把"字句启动效应。Hsu（2019）使用 SVO 和"把"字句（SbaOV）研究了3岁、4岁和6岁儿童的结构启动，结果3个年龄组中表现出与"SVO—把"相似程度的结构启动效应，没有延迟或延迟1天时，他们表现出类似程度的累积结构启动效应。"曾涛，刘荣凤"冒雯等（2015）使用数学算式为启动项，以汉语句型"NP1＋有＋NP2＋很＋AP"为切入点，分别选取汉语成人和儿童受试，检验简单算术对汉语母语者产出或理解该句型的结构启动效应。研究发现,算式结构对汉语特定句型的产出和理解均具有结构启动效应,儿童的启动效应比成人更强(Zeng,Mao,Liu,2018)。

Chen,Xu,Tan 等(2013)用 ERP 技术,材料是汉语中的关系从句(relative clause,RC)(包含"VP+的+NP"),例如,"数学老师表扬的男生不擅长唱歌"。结果表明,启动句和目标句的动词相同时,P600 效应减小,说明发生了启动效应;当动词相近时,却没有发生启动效应。这说明汉语包含"VP+的+NP"的关系从句的句法启动是词汇驱动的。岳明蕾(2011)和韩静(2013)使用汉语中包含"VP+NP1+的+NP2"的缩减的关系从句(例如,"小李研究鲁迅的文章")根据后续部分的不同,会产生暂时歧义。因汉语是 SVO 语言,读者读到"小李研究鲁迅的文章"时,会优先分析"研究鲁迅的文章"为动宾结构,那么此时如果后续"小李研究鲁迅的文章之后发表了意见"符合读者的预期,就不会产生分析困难。而如果后续是"小李研究鲁迅的文章发表在期刊上",就不符合读者的预期,读者就会再分析,把后面的动宾结构重新分析成偏正结构才能正确理解句子。这类句子可能启动效应更加明显,但岳明蕾(2011)和韩静(2013)用了类似这样的句子作实验材料,却得出了相反的结论,因此汉语的句法启动还需要进一步探讨。

1.2 句法启动研究的内容设计

1.2.1 研究问题的提出

句法启动首先发现于单语和语言产生领域,后来发现跨语言和语言理解也存在句法启动现象,而且语言理解中的启动渐成当前研究的热点。随着研究的深入,甚至有研究发现跨通道、跨学科、跨结构启动(Tooley,Bock,2014;Scheepers,Sturt,2014;Loncke,van Laere,Desmet,2011;曾涛,刘荣凤,冒雯,章敏,2015;Zeng,Mao,Liu,2018)。研究方法从纯粹行为的方法逐渐向多元化转变,眼动技术(实质上也是一种行为方法)、ERP、fMRI 等先进技术的应用,为揭开句法启动的深层机制提供了有力手段。句法启动在取得重大进展的同时,核心争论也愈加激烈。例如,句法启动是语义的还是句法的,是词汇驱动还是词汇独立,句法保持是短暂的还是长效的。这些问题的解决,有利于揭开句法启动的深层机制,对理解语言产生和语言理解有重要的作用。以上问题的探讨多集中在印欧语言中,汉语的句法启动研究较少,而且大多是综述研究,在核心争论问题上的证据更少,因此有必要进一步探讨。

1.2.1.1 语言共性问题

乔姆斯基认为,各民族、各地区虽然语言各异,但有相同的原则即人类语言存在普遍语法,存在共性,而各语言之间的差异只是参数不同而已(陆俭明,2013:225)。已有的研究表明,句法启动效应不仅存在于英语、德语、荷兰语等印欧语系中,也存在于汉语中。就句法启动研究的材料来说,汉语与英语既有共性又有差异性,如英语和汉语均有主动/被动结构,PO/DO 结构,但"把"字句是汉语中特有的现象。而英语中的具有不同修饰成分的名词结构("the red car"与"the car that is red"),汉语中似乎没有("红轿车"与"红的轿车",前者为词,后者为短语)。

Chen,Xu,Tan 等(2013)使用汉语中的关系从句(包含"VP+的+NP",例如,"数学老师表扬的男生不擅长唱歌")考察汉语句法启动,结果和英语为材料的研究一致(Tooley,Traxler,Swaab,2009)。研究者认为汉语和英语都是 SVO 语言,不过,由于词序不同(英语的被修饰词习惯在修饰语的前面,而汉语相反),再加上汉语的"的"不仅是所有格标记,它有时候也作为汉语的关系从句的标记,因此,当读者加工汉语句子"数学老师表扬的学生不擅长唱歌"时,在遇到"的"之前习惯于把句首结构分析为 SVO 语序,但当遇到"的"之后读者会放弃之前的做法而重新分析句子结构。

如果句法启动是人类语言的普遍特性,那么西方语言中的句法启动研究所用的材料汉语中是否有对应的材料?例如,英语缩减的关系从句,如句(11):

(11) The defendant examined by the lawyer was unreliable.

在分析过程中会造成暂时歧义现象,因为英语是 SVO 语言,读者习惯上把前面的句子分析为 SVO 结构,但当遇到"by"短语时会放弃前面的分析而重新构建句子结构,因此会消耗更多的时间和认知负荷。汉语中除了 Chen,Xu,Tan,Zhang 和 Zhong(2013)提到的包含"VP+的+NP"的关系从句(没有暂时歧义),还有能产生暂时歧义的结构如"VP+NP1+的+NP2",例如,"小王研究鲁迅的文章",根据后续部分的不同,会产生暂时歧义。根据汉语是 SVO 语言,读者读到"小王研究鲁迅的文章"时,会优先分析"研究鲁迅的文章"为动宾结构,那么此时如果后续"小王研究鲁迅的文章之后发表了意见"符合读者的预期,就不会产生分析困难。而如果后续的是"小王研究鲁迅的文章发表在期刊上",不符合读者的预期,读者就会再分析,把后面的动宾结构重新分析成偏正结构才能正确理解句子。岳明蕾(2011)、韩静(2013)均采用此结构对句法启动进行了研究,但得出的结果却不尽一致。结果前者发现了动词重复时才发生句法启动,支持词汇驱动说;后者则发现无论动词重复与否,均会发生句法启动效应,支持词汇独立说,相同的材料却得出相反的结论,因此需要改进实验设计,进一步探讨这类材料的句法启动现象。

1.2.1.2 应为核心问题提供更多的汉语研究证据

当前,句法启动虽然取得了一些重要进展,如句法启动不是由于被试的策略因素引起的(Traxler, Tooley, 2008), 但是在一些重大问题上还存在着争论, 如句法启动是语义的还是句法的?是词汇驱动的还是词汇独立的?句法启动的时间进程是短暂的还是长效的?研究发现, 句法启动由原来纯粹的结构启动观点到后来受题元角色特别是生命度的语义制约(Gámez, Vasilyeva, 2015), 说明句法启动是个非常复杂的过程。以汉语为材料探讨句法与语义之间关系的研究很少, 目前仅见 Chen, Xu, Tan 等(2013)的一篇和张积家、芦松敏(2012)的一项跨语言研究中涉及。Chen, Xu, Tan 等(2013)以汉语中的关系从句(包含 VP+的+NP)(如"院士称赞的博士显得非常谦虚")为材料, 以大学生为被试, 采用 ERP 技术探讨了汉语句子理解中的句法启动现象。结果表明, 当启动句和目标句动词相同时, P600 波幅会减小; 当动词意思相近时, P600 波幅并没有减小。这或许表明, 汉语理解中的句法启动是动词重复的结果, 而不是语义启动。张积家、芦松敏(2012)以句子-图片描述任务, 以成人大学生为被试, 探讨了汉-英双语者言语产生中的句法启动效应, 结果表明存在句法启动效应, 而且汉语对英语的句法启动效应受词汇标记、句子具体性和受动者的语义特征制约, 其中语义特征是指物体的生命度。上述两项实验均在大学生被试中进行的, 结论互相矛盾, 而且语义凸显程度不同。国外的研究表明, 物体的生命度是最基本的特征, 而且儿童对其更加敏感(Gámez, Vasilyeva, 2015)。张积家、芦松敏(2012)的研究是跨语言研究, 而双语表征和单语表征有可能是完全不同的(李荣宝, 2006)。近年来, 生命度信息如何影响句法加工已引起汉语研究者的兴趣, 如贾广珍等(2013)和金俐伶(2015)对语言加工中生命性信息的作用进行了较为详尽的综述, 但实验研究多集中在语言理解(何文广, 陈宝国, 2016; Zhang, Zhang, Min, 2012), 语言产生中的生命性信息如何影响句子形成却少有研究。国内的研究表明, 无论语言产生还是语言理解, 儿童比成人的结构启动效应都大(曾涛, 刘荣凤, 冒雯, 等, 2015; Zeng, Mao, Liu, 2018)。因此, 以纯粹的汉语材料为例, 对5~6岁汉语儿童进行句法启动中句法与语义(生命度)的关系考察是非常必要的。

很多研究发现, 阅读理解中的句法启动效应依赖于启动句和目标句之间存在词汇重复, 尤其是动词重复(又称词汇增益效应, 见综述 Pickering, Ferreira, 2008)。国内关于汉语词汇增益效应的研究仅见岳明蕾(2011)、韩静(2013)两项, 国外 Chen, Xu, Tan 等(2013)对汉语的词汇重复进行了研究, 以汉语的关系从句(包含"VP+的+NP")为实验材料, 采用 ERP 技术, 实验1以含有相同或相近动词为启动条件("院士称赞的博士显得非常谦虚"/"院士夸奖的博士显得非常谦虚"), 在阅读目标句("姑妈称赞的表哥还在国外读书")后发现, 当动词相同时, N400、P600 波幅减小; 说明动词重复时, 产生了句法启动效应(P600 波幅减小), 同时也有可能发生了语义相关的启动(N400减小), 然而 N400 减小也有可能是词汇重复造成的。为了排除语义启动的可能, 研究者对比了动词相近(语义相同)时句法启动效应。结果发现动词相近时, 没有发生 P600 波幅减小, 这说明句法启动不是语义引起的,而是依赖于动词重复。动词重复时波幅减小,说明阅读启动句能够促进目标句的加工。为了弄清楚汉语P600效应是否在读到关键词"的"处,研究者又设计了一个实验2,以一种新的句子类型——不需要重新分析的宾语关系从句(如,"那位毒蛇咬到的记者保住性命")作控制句与实验1的关系从句对比。如果实验1的结果是正确的,那么重新分析相对于不需要重新分析的条件下应该显示出P600效应,而且当结构被句法启动时这种效应应该减小,结果显示与假设相符。Chen,Xu,Tan等(2013)的研究仅对动词相同时是否发生句法启动效应作出判断,而没有比较动词不同时句法启动效应到底是否存在,对于汉语能引发读者重新分析的关系从句,花园幽径句(如"VP+NP1+的+NP2")则更容易引发这种效应(杨洁,2007;林鹏,2015)。

Traxler,Tooley和Pickering(2014)利用眼动技术,以英语的缩减的关系从句(reduced relative,RR句)和主句(main clause,MC句)启动研究了词汇增益效应。与Aria,van Gompel和Scheepers(2007)与Tooley,Traxler和Swaab(2009)不同的是,Traxler,Tooley和Pickering(2014)使用的是全部含有相同动词的RR句和MC句。结果表明,加工RR句比加工MC句困难,MC句无论是在MC启动句还是RR启动句之后加工都一样快。但是,被试在加工RR目标句之前很快呈现另一个含有相同动词的RR启动句,那么目标句加工会变得容易。实验2在没有首动词重复的条件下,目标句加工是否会发生促进效应。结果表明,当首动词不被重复时,暂时歧义RR目标句在呈现另一个RR句时并没有比呈现MC句更容易。

汉语和英语都是SVO语言,其中MC句和RR句(汉语中一般不叫缩减的关系从句,而称为暂时歧义句,但为了叙述方便和分析比较,本研究把汉语类似的关系从句也称为RR句)较为普遍,而RR句被认为是在研究语言理解中的句法启动最早和最普适的句子(Traxler,Tooley,Pickering 2014)。岳明蕾(2011)、韩静(2013)以及Chen,Xu,Tan等(2013)均采用汉语关系从句(relative clause,RC)句,其中前两项研究使用能产生暂时歧义的结构"VP+NP1+的+NP2",后者使用包含"VP+的+NP"的关系从句,对句法启动进行了研究,但得出的结果却不尽一致,前者发现动词重复时才发生句法启动,支持词汇驱动说;后者则发现无论动词重复与否,均会发生句法启动效应,支持词汇独立说。而Chen,Xu,Tan等(2013)则采用ERP技术,研究了理解汉语的一般RC句(如"数学老师表扬的学生不擅长唱歌")时句法的启动效应,结果发现,启动效应依赖于动词重复,当动词相近时,启动效应消失,支持词汇驱动说。以上研究者对汉语理解中的句法启动进行的尝试,为人们认识和理解汉语的句法表征和汉语的句法启动实质提供了视角,同时也存在问题。首先,材料的严谨性值得推敲。Chen,Xu,Tan等(2013)的材料依据是英语缩减的关系从句,例如句(12):

(12) The defendant examined by the lawyer was not guilty.

因为英语里"examined"既可以做主动词(过去式),也可以做过去分词,英语是

SVO 语言，所以读者最初阅读以上例句时，会把"examined"分析为主动词，但当读到"by"短语时，发现并不合适，所以重新把"examined"分析为过去分词，特别是后面出现了整句的主动词"was"，更确信了"examined"是过去分词。但汉语例句"数学老师表扬的学生不擅长唱歌"，研究者认为，读者会期待"数学老师表扬"后面出现宾语，但当"的"字出现时，又把之前的句子成分重新分析为关系从句。然而，尽管汉语和英语一样也是 SVO 语序，但汉语不同于英语，汉语的动词缺乏形态、时态等变化，而且主语和宾语等成分在很多情况下可以省略，"数学老师表扬的（学生）"，省略不省略的情况都是可以说的，因此直觉上读者可能不会重新再分析句子结构。另外一种情况，也可能跟动词的配价有关，"数学老师表扬的学生"动词配价已得到满足，读者就不会再继续往后找句子的主动词，所以不会造成局部暂时歧义。但英语例句不同，读者读到"The defendant examined by the lawyer"，仍然不是一个完整的句子，因此还会继续往后寻找主动词，当找到主动词，他会确认自己的重新再分析，找不到则认为这是个错误的句子。因此汉语例句在此处造成的局部歧义可能并不典型，所以是否会造成句法再分析尚存疑问。岳明蕾（2011）和韩静（2013）使用的材料包含"VP＋NP1＋的＋NP2"（如"小王研究鲁迅的文章"），人们习惯上会把上述结构分析为述宾结构（SVO 结构），但是根据续接的句子，"小王研究鲁迅的文章发表了"，又会把上述结构重新分析为偏正关系，这在一定程度上会造成局部暂时歧义。但是他们没有考虑结构的偏向性，即如果续接之前的结构人们大多数认为是偏正型的更合理，那么续接成偏正关系就不会造成暂时局部歧义，如"怠慢客人的孩子"，将其分析成偏正结构比述宾结构更合理。还有一种是均衡型如"关心学校的教师"，将其分析成偏正或是述宾均是合理的（张亚旭，舒华，张厚粲，周晓林，2002）。这可能是两篇硕士论文尽管使用了相同类型的句子、相同的研究方法，却得出了截然相反的结论，因此在编制材料时语义合理性评定要考虑结构的偏向性和续接的相对性，确保材料不会引起局部暂时歧义。其次，研究方法的不一致。既有眼动和 ERP 技术方法间的差异，也有眼动追踪分析技术之间的差异，兴趣区的划分也不一致。再次，结论互相矛盾。解决的方法就是用相同的材料（含有相同或不同动词的汉语暂时歧义 RR 句和 MC 句），采用眼动和 ERP 技术相结合，能更加深入地探讨汉语句法启动中的词汇增益效应。

Traxler, Tooley 和 Pickering（2014）的研究展示了即时句子理解中的句法启动的具体加工过程，以及句法启动依赖于动词重复（Traxler, Tooley, Pickering 2014; Weber, Christiansen, Petersson, et al., 2016; Tooley, Traxler, 2018）。不仅正常人存在词汇增益效应，失语症患者也存在词汇增益效应（Yan, Martin, Slevc, 2018）。而另外的一些语言理解研究则显示没有动词重复也会发生句法启动效应（例如，Thothathiri, Snedeker, 2008a, 2008b; Traxler, 2008b; Kim, Carbary, Tanenhaus, 2013; Fine, Jaeger, 2016; Giavazzi, Sambin, Jacquemot, et al., 2018）。而汉语中的词汇增益研究较少，Yu 和 Zhang（2020）发现汉语口语产生中存在词汇

增益现象,而 Huang,Pickering,Yang 等(2016)结论却相反。Chen,Xu,Tan 等(2013)的研究证明汉语理解中也存在词汇增益效应,但有些研究却证明汉语中的句法启动是独立的,即不管动词是否重复,都产生了句法启动效应(Xiang,Chang,Sun,2022;Sun,Shi,Guo,et al.,2021)。因此,对句法启动中的词汇增益效应,特别是以汉语 MC 句子和暂时歧义 RR 句为材料,使用 ERP 和眼动追踪相结合的方法,多角度、多方位地研究,有助于对句法启动的实质深入了解,从而为考评句法启动是否为人类语言的普遍现象增添证据。

句法启动的时间进程尚无定论,有学者认为启动句和目标句中间只要存在干扰句,启动效应就会消失(Branigan,Pickering,Cleland,1999);有学者认为在启动句和目标句之间即使插入 3 句甚至 10 句干扰句,仍然可以观察到句法启动效应的存在(Bock,Dell,Chang,Onishi,2007);也有学者认为,启动效应至少可以维持一周(Kaschak,Kutta,Schatschneider,2011)。最新研究表明,句法启动在年轻人中可以持续一个月,但老年人最多只持续 1 周(Heyselaar,Segaert,2022),以上研究多关注于语言产生中的句法启动。语言理解中,Tooley,Swaab,Boudewyn 等(2014)使用 ERP 和眼动追踪技术,以 RR 句为实验材料,考察当启动句和目标句之间插入一个或更多不相关的填充句时句法启动的坚持。结果表明,存在 0 个或 1 个干扰句时,P600 值减小,表明加工启动句能促进目标句的句法形式加工。眼动追踪表明,当有 3 个干扰句时,仍然可以观察到目标句加工后的促进作用。最近,Bernolet,Collina 和 Hartsuiker(2016)又用荷兰语探讨了间隔句数分别是 0 个、2 个和 6 个时,句法结构分别为及物句、与格结构句和助词-分词的关系从句,结果表明,启动效应随着间隔句的增加而显著衰减;不管使用的核心动词是否相同,0 个间隔条件下的启动效应最强;2 个间隔条件下,只有与格结构能观察到启动效应;6 个间隔条件下,即使与格结构也很难发现句法启动效应,换句话说,6 个间隔条件下 3 种结构的启动效应均消失。

从目前的结果来看,语言理解中的句法启动时间进程最多只有 3 个干扰句插入时有启动效应被观察到,即使被试加工 3 个简单句,其记忆的时间大多不会超过 1 分钟,而 1 分钟以内的记忆属于短时记忆。在句法启动研究中,以短时记忆为主的句法启动机制支持剩余激活说,语言理解中的句法启动真的像语言产生中的句法启动一样能保持相对持久吗?

句法启动的时间进程研究可以进一步清理句法启动的实质,但是"剩余激活说"还是"内隐学习说",或者是"双机制说"? 此类争论多是在印欧语系中,目前汉语方面尚无证据。随着科学技术的发展,眼动和 ERP 技术应用于句法启动研究,为揭开句法启动的机制提供了技术手段。那么,汉语的句法启动机制在这些方面是怎样的,亟待研究与证明。

1.2.1.3 多种方法互证研究

目前很多对句法启动的研究主要还是通过行为研究的方法进行的,虽然这种方法也可以观察到句法启动效应,但结果的判定指标大多还是百分比。启动量的变化有时候很微弱,对某些精细效应来说,使用行为的方法可能就不够灵敏。如果可以利用眼动追踪、ERP 和 fMRI 等更为精确、敏感而直观的技术,可以精确地判断句法启动发生的时间和位置,这些实时技术有助于对更为精细的研究操纵进行有效考察(许丽玲,王穗苹,2014)。但是这样并不是完全排斥行为研究(比如被试的特殊性如儿童),有些正常无歧义的句子人们处理得非常迅速,转瞬即逝,很难研究,此时行为实验仍然是不错的选择(本研究的语义实验即采用此研究方法),它可以和高科技技术实验互为补充,互相佐证,从而使研究结果更可靠。

1.2.2 研究设计

本研究将行为实验和现代的研究方法如眼动追踪和 ERP 技术相结合,通过改进实验设计并选取更敏感的被试,探讨句法启动中争议较大的几个问题的重要影响因素,如语言产生中的句法启动是否受语义(生命度)的影响,语言理解中的词汇重复对句法启动的影响以及对研究较少的理解中的句法启动的时间进程进行研究,为句法启动的理论解释增添汉语证据。

基于以上考虑,本研究拟设计 3 组共 6 个实验(每组 2 个)来研究汉语句法启动中语义、词汇驱动和时间进程问题。

1.2.2.1 语义实验

由于儿童可能对句法启动更敏感,所以被试拟选取 5~6 岁儿童,采用图片描述,以汉语主动句/被动句的产生指标来判断句法启动的发生,语义通过操纵图片施事和受事的特点。该组 2 个实验是行为实验。

研究假设 1:被动句启动条件下产生更多的被动句,而且,有生命的受事/无生命的施事句比无生命的受事/有生命的施事句的启动量更大。

研究假设 2:当目标图片包含一个有生命的受事与无生命的受事时,说被动句的可能性更大,而且当启动句有相同的生命性特征时,这种效应更强。

1.2.2.2 词汇增益实验

被试拟选取校内大学本科生,材料为汉语中包含"VP+NP1+的+NP2"(如"小王研究鲁迅的文章"),根据续接的不同,分别组成暂时歧义的 RR 句("小王研究鲁迅的文章发表在期刊上")、主句 MC("小王研究鲁迅的文章之后陈述了意见"),分别考察动词相同时和不同时是否会产生句法启动。该组 2 个实验为眼动追踪实验。

研究假设 1:启动句和目标句含有相同动词时,暂时歧义句存在词汇增益效应,主句不存在词汇增益效应。

研究假设 2：启动句和目标句不含相同动词时，暂时歧义句和主句均不存在词汇增益效应。

1.2.2.3 填充句实验

本组实验被试与材料和词汇增益实验相同，考察启动句和目标句之间分别插入 0 个和 1 个填充句时，关键词区域的 N400 和 P600 效应以及插入 3 个填充句时启动句和目标句关键词区域的眼动指标，判断启动效应是否仍然发生。该组 2 个实验包括 1 个 ERP 实验和 1 个眼动追踪实验。

研究假设 1：启动句和目标句之间有 0 个或 1 个不相干的填充句时，可观察到目标句 P600 幅值减小。

研究假设 2：启动句和目标句之间有 3 个不相干的填充句时，启动句对目标句的加工没有促进作用。

1.3 句法启动研究的价值与意义

1.3.1 加深对汉语句法启动现象的认识

按照乔姆斯基普遍语法的观点，人类的语言能力是一种基于生物学本质的天赋能力，后天的语言经验为其提供生长的必备条件，儿童在不同的语言环境下成长就会习得不同的语言（刘丽萍，2006）。这种天赋的语言能力表现为一些简单有效的规则，详细说明所给定语言中的音义关系的规则系统，可以称为这种语言的"语法"，也可以叫作"生成语法（generative grammar）"，语法在人头脑中的表征就是之前提到的天赋的语言能力。语言使用者通过"有限规则的无限使用（洪堡特语）"（《语言与心智》，Chomsky 著，熊仲儒、张孝荣译，中国人民大学出版社，2015）可以生成无限多的句子，从而使得人们借助语言实现交流和思考成为可能。后天语言环境提供的合适"土壤"，使得儿童头脑中的语言机制得以成长，从而由初始的状态发展为最终的稳定状态。由语言的生物学本质决定的人类语言初始状态都是一样的，是一种"普遍语法"，各种具体语言之间的差异只是有限的"参数"设置的不同（刘丽萍，2006）。普遍语法的原则，必须能得到特殊语法的证明。

句法启动现象首先在英语中被证明存在，后来一些印欧语言也陆续证明存在句法启动现象，而且其特点和产生机制引起了世界上心理语言学家的持续关注。作为世界上被最大群体所使用的语言——汉语，更应该加入对该现象的探讨，通过研究，找寻汉语句法启动的产生机制以及有别于印欧语言的一些特点，一方面丰富句法启动研究的知识体系,有助于进一步理解和认识句法启动现象;另一方面,也有利于发现汉语句法启动的独特性。

1.3.2 揭示汉语言内部和语言间的通达机制

语言运用中的所有层面中,词是最熟悉的,心理语言学家把词在长时记忆中的表征称为内部词典,它存在于人们的头脑中。当人们在头脑中寻找一个词的时候,就需要利用与这个词相关联的属性,这些属性一般包括这个词的意义、拼写以及与其他词的关系,这些相关信息的意义在寻找的过程中得到激活,该过程就叫做词汇通达(lexical access)。词汇通达最有代表性的是 Bock 和 Levelt(1994)提出的扩散激活模型,它结合了词汇和概念两个方面的内容,是涉及语音、句法和词法等信息在内的比较完整的模型。其核心思想是,词的相关信息存在三个水平:第一个水平为概念水平,即词的知识是由许多相关的节点组成的,表征概念的节点构成概念水平;当人们在头脑中提取一个词的时候,就会发生扩散激活过程,即从一个节点开始,扩散到该词网络的任何部分,而且这种激活跟词的意义距离有关,距离越大,激活程度越弱,因此,意义较远的概念就没有关系密切的概念更容易激活。第二个水平被称为词条水平。词条水平与单词知识的句法有关(Bock,Levelt,1994;Levelt,1989)。说明动词的句法一般比名词复杂,例如,动词"吃"一定要有主语(比如说"艾维吃");但是有些动词既需要有主语又需要有宾语,例如,"打"(不可以说"乔治打"而必须说"乔治打威廉姆")。这些句法特征都包含在词条水平。最后是词位水平。词位表明了词的语音特征,或者说词是怎么读的。Bock 和 Levelt(1994)的模型对于了解语言理解和语言产生中的词汇通达提供了一个合理的框架。

句法启动研究也特别关注词汇在其中的作用,因此有词汇独立和词汇驱动之争,特别是关于动词的重复是否相关。通过对汉语句法启动现象的探讨,发现影响和制约汉语句法启动的种种因素,对于语言理解和运用过程中更好地有效表达具有重要意义。同时,通过汉语句法加工过程中词汇的通达机制的研究,也会对跨语言的通达机制研究提供借鉴。只有深入了解汉语句法的通达机制,才能更准确、更全面地进行跨语言通达机制的研究。而遗憾的是,国内句法启动研究却在汉语本身的研究极其缺乏的情况下,更多地集中在双语间的跨语言句法启动研究,这无疑会事倍功半。

1.3.3 检验汉语句法表征的相关理论学说

乔姆斯基认为句法结构是语言知识的核心。他把句子的水平结构分成表层结构(surface structure)和深层结构(deep structure)。表层结构指表面的成分安排,表现词的线性顺序；深层结构是传达句子意思的基础结构。例如，主动句和被动句可以看成同一深层结构的两种表现形式。深层结构和表层结构通过特定的心智操作加以实现，就是通过"语法转换"(grammatical transformation)，所以这种语法又叫"转换生成语法"(transformational-generative grammar)。

根据 Levelt(1989)的理论，可以将言语的产生区分为四个阶段：概念化、制订计划、发音和自我监控。针对这个语言产生模型，序列模型(serial model)认为，人们产生话语是分序列阶段的，每一阶段代表着不同水平的语言分析。Bock 和 Levelt(1994)，Dell(1986)等提出了与之对立的并行分布加工模型(PDP, parallel distributed processing)，也可以称为交互作用模型(interactive activation models)。该理论认为，人们在产生言语的过程中，言语处理会在多个层面上进行，言语的各个层面是同时进行的。在人们的长时记忆中，存在着词汇知识四个层面的相关节点：语义、句法、词法和语音，在每一层面上都有所欲表达的信息的独立表征，这点和序列模型是相同的。所不同的是，这些表征是并行工作的。当某个层面上的节点被激活时，该节点就可以激活在同一层面或其他层面上的其他节点(《语言心理学》，卡罗尔著，缪小春译，2007)。

语言理解的重要方面是对句子的理解。理解句子的第一步是将句子表层结构的各个成分归属于相应的语言学范畴，这个过程叫做语法分析。关于句子理解的理论主要有两种：模块模型和交互作用模型。模块观点的核心思想是，分析者把理解作为一个整体，其中有很多模块组成，不同模块有不同的作用，每个模块负责理解的某个方面。这样看来，语法分析即句法分析是由句法模块来执行的，虽然句子有上层情境模块的作用，例如句意或生活常识的影响，但是句法模块却不受此类上层情境变量的影响。另一种观点的核心思想是，在语言理解的过程中，存在着句法和语义的交互作用，其中一种交互作用的观点被称为基于制约的模型(Trueswell, Tanenhaus, Garnsey, 1994)。其思想是，在开始对句子进行语法分析时，人们就会同时利用句法的、词汇的、语篇的等语言信息，还有非语言信息和情境信息等。

本研究以汉语主动句/被动句的产生为对象，考察句法启动的特点是否受语义的影响，这在一定程度上可以验证 Levelt(1989)的语言产生模型。而以汉语包含暂时歧义的关系从句为材料的研究，可以考察汉语花园幽径句的表征特点，为什么相同结构的暂时歧义短语，根据后续的句子不同却能产生不一样的加工难度，词汇的重复对句法启动何以产生那么大的影响，语义是否也参与到句法理解的过程，以及起作用的程度如何，对花园幽径句的理解过程中，主要是短时记忆还是长时记忆起作用，等等，本研究在探寻汉语句法启动现象的产生及其特点的基础上，还将对相关的理论假说（模型）进行检验，以说明相关假说的普适性以及不足，并尝试提出新的解释。

1.3.4 为汉语阅读教学的改革提供启示

查阅了改革开放以来国内核心期刊上特别是心理学视角的语言研究成果,发现语言产生的研究最少,语言理解研究虽然多,但是其中的句子理解研究最少(孙颖,葛明贵,2018a)。

儿童掌握语言的过程中,被动句的学习和掌握可能是一个难点。本研究揭示的句法启动现象可能给儿童教学提供一些启示,例如,先给儿童展示一个图片或例句(启动句),然后给一个类似的图片或句子,让儿童说出句子或者判断。还可以在图片上下功夫,制作一些结合物体生命度特点的图片,以便儿童容易组织被动句语言。

汉语的花园幽径句,即包含暂时歧义的关系从句,对青少年和外国留学生来说,理解起来有一定困难,因此,在教学中要特别留意。本研究揭示的句法启动现象,可能为这类句子的理解提供一些帮助。例如,对引起加工困难的位置给予足够的重视,应重点讲解;关键动词的使用以及哪些词组是人们头脑中形成偏好,怎样续接的句子,应给予例句讲解,并且即时给予操练和巩固。

从应用价值来看,本研究所得出的一些结论对于汉语的语言教学与学习,尤其是对于汉语中儿童与成人掌握语言的正确表达方式和理解一些特殊句法现象具有启迪作用。

第 2 章 语言产生中汉语句法启动与语义(生命度)的关系

句法启动首先是在语言产生领域被发现的,在结构上,先前的语言经验对后续语言结构的选择产生影响,那么,还有什么会影响人们的语言产生？语义会参与到句法过程中吗？句法启动会依赖于动词重复吗？本章从语言产生的视角,探讨语义内容(生命度)与句法启动过程的关系以及句法启动过程中是否依赖于动词重复。本章设计了两个行为实验,并对表述对象的生命度特点、动词进行操纵。

2.1 引言

语义内容是研究者最早关注的内容之一(Bock,1986)。语言产生中的语义通常指题元角色(thematic roles)和生命度(animacy)(Pickering,Ferreira,2008)。题元角色是动词论元在句子描述事件中的语义角色,如施事、受事、目标、主题、位置等。语言理解中的语义,通常是指词或短语本身具有的意义(Tooley,Traxler,Swaab,2009；Traxler,Tooley,Pickering,2014)。

在语言产生的相关研究中,句法启动技术被证明是用来探索句法本质及其与语义水平加工存在关系的有效手段(Pickering,Ferreira,2008)。这种实验方法是给被试一种既定结构(即启动句),然后看这种结构的某些方面是否会在被被试随后说出的句子中重复。

Levelt(1989)关于语言产生的深层机制框架模型假设,在语言产生之前有一个明显的语言准备阶段,即说话者把要表达的信息概念化。这些概念化的表征可能包含事件的题元角色(如施事或受事)和生命度特点(Pickering,Ferreira,2008)。正是在这个阶段,说话者选择能表达他们的意思的字词,并给这些字词分配相应的句法角色,进而连词成句。尽管该模型提供了语言产生过程的大致框架,但是语言产生中的语义和句法过程的关系尚不明确。

在句法形式的重复(即句法启动效应)与刺激的语义特征无关的情况下,人们可能会认为,句法处理的水平是与语义信息分离的,另一方面,如果句法形式的重复对语义特征操作敏感,那么这就意味着处理水平之间具有相互作用。人们一般认为,在英语等语言中,题元角色映射可以独立于句法结构、词汇内容和生命性而启动,句法信息是独立于语义信息进行处理的(Ziegler,Snedeker,2018)。Bock 等以成人为被试,证明结构启动是在不同词汇内容(包括介词)进行抽象的句法短语结构的基础上发生的,并且不受语义角色的影响(Bock,Loebell,1990;Bock,Loebell,Morey,1992),而张积家和芦松敏(2012)以汉语为材料、以成人为被试的跨语言句法启动研究显示,汉语句法启动效应受受动者的语义特征(生命性)制约。但几项国外研究却显示,和印欧语言一致,汉语的句法信息和语义特征(生命度)是独立的(Huang,Pickering,Yang,et al.,2016;Chen,Branigan,Pickering,et al.,2019;Xiang,Chang,Sun,2022;Sun,Shi,Guo,et al.,2021)。有人认为,之所以出现没有句法启动效应与语义信息的交互作用或分歧,很可能跟成人的前语言经验有关(Gámez,Vasilyeva,2015)。为减少前语言经验的影响,Gámez 和 Vasilyeva(2015)以 5~6 岁儿童为被试,用英语被动句的句法结构考察了儿童语言产生中的句法与语义(生命度)的关系,结果显示,句法结构启动效应受生命度特点的影响,这一点也得到了其他研究的证实(Ziegler,Bencini,Goldberg,et al.,2019)。一项发展研究显示,3 岁儿童的结构启动受生命度的调节,3 岁和 5 岁儿童句法启动受目标句名词顺序和生命度是否匹配的影响,但是成年人的句法启动不受生命性名词顺序和生命性语义角色映射的影响,这说明句子的产生依赖于语义信息(如名词生命度)和句法框架的激活,这些信息和句法框架规定了语法功能的顺序(如主语在宾语之前),生命度线索可以独立于句法结构,并通过与句法的交互作用影响说话人的语序,这些过程会发生发展变化(Buckle,Lieven,Theakston,2017)。用启动范式操纵生命度特点来考察对句法结构的影响,在其他语言中尚未得到证实。本研究试图采用汉语材料来检验在儿童语言产生中是否存在重复启动句的句法结构,而且是否会受到启动句的生命度组合特点的影响。

国内句法启动研究成果较少,尤其是实证研究以及关于儿童的句法启动研究更少(孙颖,葛明贵,2018a;2018b)。曾涛、刘荣凤、冒雯等(2015)的研究材料用数学算式作为启动项,以汉语句型"NP1+有+NP2+很+AP"为材料,10~11 岁儿童为被试。朱火红、郑海燕、金志成和莫雷(2009)选取的被试是 4~6 岁幼儿,虽然使用了主动/被动句启动图片,但是对图片的语义特征(如生命度)并没有进行精心设计,因此无法对句法启动和生命度的关系作进一步研究。据周国光、孔令达和李向农(1992)的研究显示,2 岁儿童始现被动句,到 5 岁时已相当成熟。因此,本研究以汉语 5~6 岁儿童为被试,以被动句这个特殊结构作为句法启动的切入点,设计了两个实验来考察语言产生中的生命性特征如何影响句法启动。

此外,语言理解中的启动大多依赖于词汇重复,特别是首动词的重复,语言产生中的启动效应大多不依赖于词汇重复,因此实验中设计启动句和被动句动词不同,观察语言产生中的句法启动是否是词汇独立的。

2.2　实验 1:图片生命度特点匹配下的行为实验

2.2.1　实验目的

因为与主动句相比,被动句是不常见结构。因此,本研究设计了启动图片的施事和受事的特点与目标图片的特点相一致,考察幼儿被动句的产生数量,在匹配条件下,哪种图片特点能引起更多的启动量。

2.2.2　实验方法

2.2.2.1　实验对象

从某师范大学附属幼儿园大班中随机选取 44 名儿童(18 男,26 女),年龄分布在 5 岁 3 个月至 6 岁 4 个月(平均年龄 5 岁 10 个月),所有被试母语为汉语,以上信息均由儿童父母提供,实验之前家长需签署知情同意书(图 2.1)。

实验知情同意书

亲爱的家长朋友:

我们是×××大学×××学院×××老师带领的课题组成员，研究的课题是汉语语言学习的相关问题，有一部分要选儿童作为被试，主要考察 5~6 岁儿童对汉语主动句和被动句的表达情况，为促进幼儿语言发展和掌握特定句型提供依据，也为幼儿教师的教学提供参考。实验之前我们需要获知幼儿的性别和年龄(周岁，具体到月份)，实验内容是简单的图片描述（一共 12 张图片），如：小朋友打翻了牛奶/牛奶被小朋友打翻了，为了记录句型特点，实验过程中需要录音，以便之后进行转写和分析，整个实验过程每个幼儿仅需约 5 分钟，实验结果没有好坏对错之分，不会对您的孩子造成任何不利影响。我们承诺：实验获得的信息和结果仅供研究之用，不会泄露个人信息。

谢谢您的支持！

附:

您的孩子姓名:__________　性别__________

出生年月:__________　家长签名:__________

图 2.1　实验知情同意书

2.2.2.2 实验材料

共使用 24 张描述动作(如建造,搬运,泼、溅,捉住等)的黑白图片,如图 2.2 所示。

图 2.2　生命度特点匹配的启动和目标图片

该实验材料系基于 Gámez 和 Vasilyeva(2015)的实验所使用的材料改进而成,并由专业美工绘制成图。本实验材料结合中国国情体现了本土化的特点,例如,河狸是国内儿童不熟悉的动物,我们把它换成了山羊;我们一般不认为雪人是有生命的,因此我们把雪人图片删除,并用一个有生命的人物替代等。有关物体和动作相关的词汇项目均是高频词(http://bcc.blcu.edu.cn/)。所有图片分为 2 套,一套(12 张)是主试用(主试描述作为启动句),另一套(12 张)为儿童描述用,即目标句,且两套有相同的生命性特点,主试图片动词不同于被试图片所用动词。每套包括 4 种组合特点:有生命的受事/有生命的施事,有生命的受事/无生命的施事,无生命的受事/有生命的施事,无生命的受事/无生命的施事。每种组合有 3 张卡片,为了降低词汇重复造成的影响,主试所用的描述物体和动作的图片均可以用两个句子来作为启动句:主动句和被动句。2 种类型的启动句用相同的物体名称和动词描述指定的图片。

2.2.2.3　实验设计和程序

实验采取 2(启动条件:主动句和被动句)×4(生命度特点:有生命的受事/有生命的施事,有生命的受事/无生命的施事,无生命的受事/有生命的施事,无生命的受事/无生命的施事)混合实验设计,其中启动条件是组间变量,4 种组合特点的图片为组内变量,考察儿童产生的句子形式。儿童被随机分配到主动句或被动句的启动条件下,且人数相等均为 22 人。在两种条件下,主试告诉儿童,他们将轮流描述图片。每一轮中,主试先给儿童展示一幅图片并用一个启动句描述它(或者是主动句,或者是被动句,依据启动条件而定),然后给儿童看一张新图片,并让他/她来描述。一共 12 轮,主试的图片在整个实验中会随机呈现,每一轮儿童图片中的生命度特点和主试的相匹配。

2.2.2.4 实验数据处理

实验过程是单独测试(每人4~5 min)(min 即 minute 的简写,分钟),并进行录音。实验完成后进行转写,儿童的反应被转写成句法形式。为了增加信度,2 个研究者分别独立对 10 个被试(23%的样本)的反应进行转写和解码,转写的一致性为 95%。

将儿童的反应归为三类:主动句、被动句和其他。主动句包含一个主语位置的施事,然后跟一个及物动词和一个宾语位置的受事(如"小狗在咬鞋子")。被动句包含一个主语位置的受事+被(叫/让/给)+一个宾语位置的施事+及物动词+了(如"大树被雷电劈倒了")。不能归入以上两类的划为其他(如有的无反应,有的用的不及物动词,如"树断了,小孩哭了"等)。

2.2.3 结果与分析

2.2.3.1 不同启动条件下儿童句子反应的差异

对被试产生句子的类型进行统计,结果见表 2.1。在 2 种启动条件下,大多数反应是及物句,且儿童显示了对主动句的偏好选择,这和已有的研究结果一致(Huttenlocher,Vasilyeva,Shimpi,2004;朱火红,郑海燕,金志成等,2009),也和日常话语观察保持一致。

表 2.1 两种启动条件下产生的句子类型

启动条件	人数	及物句子类型					
		主动句		被动句		其他	
		个数	占比	个数	占比	个数	占比
主动条件	22	223	85%	19	7%	22	8%
被动条件	22	178	67%	77	29%	9	4%

注:主动和被动句启动条件下均各产生 22×12=264 个句子反应。

进一步分析表明,儿童产生的句子的不同类型随着启动条件不同而变化,卡方检验表明句子类型与启动条件差异显著($\chi^2=4.51, p<0.05$),在被动启动条件下产生的被动句明显多于在主动启动条件下产生的被动句($\chi^2=33.84, p<0.001$),反之亦然,主动句在主动启动条件下比在被动启动条件下产生了更多的主动句($\chi^2=4.83, p<0.05$)。

2.2.3.2 儿童句法启动的生命度效应

统计了不同启动条件和不同生命度组合特点下产生的被动句百分比,如图

2.3所示。

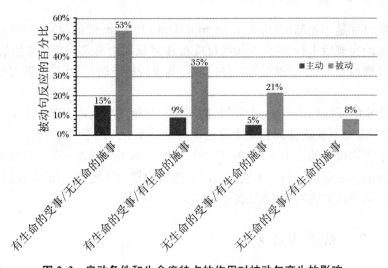

图 2.3 启动条件和生命度特点的作用对被动句产生的影响

从图 2.3 中可以看出,在主动句启动条件下,生命度特点对被动句的产生影响百分数为 0～15%。相反,在被动启动条件下,生命度特点对被动句的产生百分数为 8%～53%,当启动句和目标句含有一个有生命的受事/一个无生命的施事时,被动句产生的频率最高,达到 53%。进一步的统计检验表明,当呈现有生命的受事/无生命的施事的图片时,主动句和被动句启动条件之间的被动句产生有显著的不同($M_1=0.45, SD_1=0.80, M_2=1.64, SD_2=1.00; t=-4.32, p<0.001$),被动启动条件下产生的被动句显著高于主动启动条件。相反,当刺激呈现无生命的受事/有生命的施事时,这两种启动条件的差异并不显著($M_1=0.00, SD_1=0.00, M_2=0.23, SD_2=0.69; t=-1.56, p>0.05$)。可以认为存在生命度特征的启动效应。

参照前人的研究,采用混合效应分析,为了比较启动条件(被动句与主动句)vs 即 versus 的缩写,表示相对照,对立的意思)和生命度(有生命的受事/无生命的施事与无生命的受事/有生命的施事)的效应差异,做了一个混合效应分析(Gámez, Vasilyeva,2015)。固定效应包括启动条件(被动=1,主动=0)是被试间因素,生命度关系(有生命的受事/无生命的施事=1,无生命的受事/有生命的施事=0)是被试内因素。被试和项目被看做随机效应。为简化表达,第 1 种条件称为有生命的受事,第 2 种称为无生命的受事,如表 2.2 所示。

表 2.2 实验 1 混合模型分析结果

固定效应	估　算	SE	z	p	置信区间
A 主效应					
截距	0.42	0.07	6.37	0.000	[0.29,0.55]
启动条件	0.34	0.08	4.47	0.000	[0.19,0.49]
生命度	-0.52	0.08	-6.86	0.000	[-0.67,-0.37]
B 加上交互作用					
截距	0.32	0.07	4.34	0.000	[0.17,0.46]
启动条件	0.55	0.10	5.26	0.000	[0.34,0.75]
生命度	-0.32	0.10	-3.07	0.003	[-0.52,-0.11]
启动条件×生命度	-0.41	-0.15	-2.79	0.007	[-0.70,-0,12]

注:启动条件(被动=1,主动=0),生命度(有生命的受事=1,无生命的受事=0)。

启动条件和生命度均有显著效应,并且存在显著的交互作用效应。交互模型的拟合度(Akaike information criterion[AIC] = 73.592,Bayesian information criterion[BIC] = 76.023),对比仅有主效应模型(AIC = 79.103,BIC = 81.546),AIC、BIC系数均减小,暗示了交互模型有更好的拟合度,显著提高了模型(χ^2 = 5.51,$p<0.05$)。

2.3　实验 2:图片生命度特点不完全匹配下的行为实验

2.3.1　目的

在实验 1 中,主试的图片中启动句子的施事/受事的生命度与描述目标图片中的生命度组合方式是完全匹配的。结果表明在被动句启动之后,儿童更可能产生一个有生命的受事/无生命的施事的被动句,而最不可能产生一个无生命的受事/有生命的施事的被动句。因此还不能决定到底是启动图片还是目标图片的生命度组合方式的匹配性导致了句法启动效应。因此设计实验 2 来解决这些问题。

由于生命度效应在被动句启动条件下更加明显,因此实验 2 只检验儿童在被动句启动条件下的表现,同时操纵启动句和目标句的生命度关系。期望呈现有生命的受事/无生命的施事目标图片能够使被动句的产生增加。而且,假设目标图片中有生命的受事和启动图片中有相似特点的组合时,与启动图片和目标图片生命度组合相反的情况进行比较,前者将会使被动句的产生有增加效应,即假设匹配的启动可能会增加目标句中被动句的反应量。

2.3.2 实验方法

2.3.2.1 实验对象

20名儿童(10男,10女),年龄分布在5岁3个月至6岁4个月(平均年龄为5岁8个月)。儿童来自与实验1同一个幼儿园,且均未参加实验1,家长签署实验知情同意书,由父母提供的信息得知所有的被试儿童母语均为汉语。

2.3.2.2 实验材料

24张描述及物动作的黑白图片,12张设计为主试用,12张目标图片设计为儿童所用。实验2图片中一半来自实验1,另一半是新图片。

2.3.2.3 实验设计和程序

采用完全被试内实验设计,对所有被试进行4种水平的处理。4种水平即生命度操纵产生的4种条件,其中的2种条件(启动句和目标句均是有生命的受事/无生命的施事和无生命的受事/有生命的施事)与实验1相同,而另外2种条件,启动句的生命度特点和目标句的生命度特点不同(启动句包含有生命的受事/无生命的施事,目标句包含无生命的受事/有生命的施事,或者相反),如表2.3所示。

除了所有被试接受被动句启动条件外,实验程序与实验1相同。

表2.3 实验2的4种处理条件及举例

4 种 水 平	举 例
启动句:有生命的受事/无生命的施事 目标句:有生命的受事/无生命的施事	启动句:小猫被门夹住了。 目标句:小熊被树枝卡住了。
启动句:无生命的受事/有生命的施事 目标句:无生命的受事/有生命的施事	启动句:拉面被厨师拉长了。 目标句:鞋子被小狗咬了。
启动句:有生命的受事/无生命的施事 目标句:无生命的受事/有生命的施事	启动句:小松鼠被雪盖住了。 目标句:草被山羊吃了。
启动句:无生命的受事/有生命的施事 目标句:有生命的受事/无生命的施事	启动句:书被医生捡起来了。 目标句:猴子被石块砸了。

2.3.3 结果与分析

描述统计表明,240句中(20个儿童×12轮实验),144句(占比60%)是完整主动句,76句(占比32%)是完整被动句,20句(占比8%)属于其他。虽然本实验中给被试呈现的都是被动启动句,幼儿的大多数反应却是主动句,反映了幼儿在日常话语中对主动句形式的喜爱。4种条件下被动句反应的分布如图2.4所示。

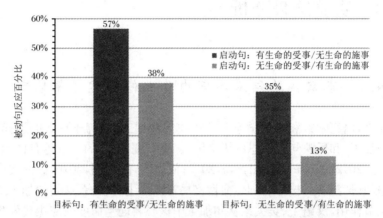

图2.4 启动句和目标句的生命度匹配作用对被动句产生的影响

从图2.4中可以看出,启动句和目标句中生命度组合一致,2种条件的结果重复了实验1中类似条件的结果。在启动句和目标句均包含有生命的受事/无生命的施事时,被动句反应最高(占比57%),最低的是生命度特点相反(占比13%)。当目标句和启动句中生命度关系不匹配时,38%的被动句是在目标句含有有生命的受事/无生命的施事时产生的,18%是在目标句含有无生命的受事/有生命的施事时产生的。

进一步的统计检验表明,启动句和目标句的受事在有相同的生命度特点时比有不同的生命度特点时,儿童产生了更多的被动句($M_1 = 1.70, SD_1 = 0.87, M_2 = 1.15, SD_2 = 0.81; t = 2.07, p < 0.05$)。相反,当目标句中包含无生命的受事时,和启动句的生命度作用的表现没有显著不同($M_1 = 0.55, SD_1 = 0.76, M_2 = 0.45, SD_2 = 0.89; t = 0.383, p > 0.05$)。目标句含有有生命的施事时,更容易产生句法启动效应。

为了比较启动句和目标句中生命度关系造成的被动句反应的可能性,根据实验结果做了混合模型分析。如表2.4所示,该模型表明,启动句的生命度主效应不显著($p > 0.05$)。

表2.4 实验2混合模型分析结果

固定效应	估计值	标准误差	z 值	p 值	置信区间
截距	0.89	0.08	10.45	0.000	[0.72, 1.06]
目标句生命度	−0.48	0.09	−5.01	0.000	[−0.66, −0.29]
启动句生命度	−0.13	0.09	−1.32	0.192	[−0.31, 0.06]

注:启动句和目标句生命度特点,均为有生命的受事/无生命的施事=1,无生命的受事/有生命的施事=0。

2.4 实验结果分析

2.4.1 本章实验结果与国内外相似研究结果比较

近年来,语言学家和心理学家开始关注句法加工(如句子形式的选择、主宾关系从句的加工)和反映句子意思的语义因素(生命度)之间的关系等具体问题(张积家,芦松敏,2012;Gámez,Vasilyeva,2015;何文广,陈宝国,2016)。何文广和陈宝国(2016)的研究表明,核心名词生命性格局对汉语主、宾关系从句的加工难度有着显著的调节作用,汉语主、宾关系从句加工中核心名词生命度效应主要发生在语义信息提取、论元关系建构阶段。启动是研究语言表征的有力工具(如 Branigan, Pickering,2017),本研究使用启动范式,探讨句法启动受生命度的制约,与何文广和陈宝国(2016)的非启动范式研究结果基本一致,即句法加工受生命度的调节。但是本研究与另一些研究不一致(Huang,Pickering,Yang,et al.,2016;Ziegler, Snedeker,2018;Chen,Branigan,Wang,et al.,2020;Xiang,Chang,Sun,2022; Sun,Shi,Guo,et al.,2021),这可能是因为实验所用的材料不同(Ziegler,Bencini, Goldberg,et al.,2019),这些不同大多是采用与格句作为实验材料。也可能因为存在语言和实验对象的差异,例如儿童的结构启动受生命度的调节,而且句法启动受目标句名词顺序和生命度是否匹配的影响,但是成年人的句法启动不受生命性名词顺序和生命度语义角色映射的影响(Buckle,Lieven,Theakston,2017)。Ziegler,Bencini,Goldberg 等(2019)认为共享的抽象、无内容的结构不足以发生被动启动,那些支持抽象启动的研究结果,一旦考虑到生命度、语义事件结构、共享形态学、信息结构和节奏的影响,则证据的范围将会大大缩小,甚至消除。

  Gámez 和 Vasilyeva(2015)以英语为材料,以 5～6 岁儿童为被试,对句子形式选择(主动/被动)和生命度的关系做了深入探讨,结果表明,与主动句启动条件相比,儿童在被动句启动之后会产生更多的被动句,而且这个启动效应当启动句和目标句均包含有生命的受事/无生命的施事时更强。本研究以汉语为材料,与Gámez 和 Vasilyeva(2015)的研究结果非常一致,说明这一现象具有跨语言性,符合普遍语法的理论。

  张积家和芦松敏(2012)以成人为被试的跨语言启动研究表明,汉语被动句能够启动英语被动句,且受受动者的语义特征(有无生命性)的制约。本研究显示,汉语被动句对汉语被动句有很强的启动效应,而且受物体的生命度的制约,不管是受事还是施事的生命度都会对被动句产生直接的影响,而且这种启动效应在 5～6 岁的儿童身上就已经明显地表现出来了。

实验1中,不仅重复了之前的句法启动效应研究结果(Huttenlocher,Vasilyeva,Shimpi,2004;朱火红,郑海燕,金志成,等,2009),与主动句启动条件相比,儿童在被动句启动之后会产生更多的被动句,而且进一步揭示了这个启动效应在启动句和目标句均包含有生命的受事/无生命的施事时更强。说明当儿童概念化目标图片中的信息时,信息水平表征捕捉到场景的语义特征如生命度特征更容易通达,会比没有生命的实体更早地进入下一阶段即语法编码阶段,尤其是在有生命的受事/无生命的施事这种组合时。

在实验2中,交叉了启动句和目标句中的受事/施事的生命度特点,结果显示在被动句启动条件下,儿童被动句的产生强烈受目标图片的生命度特点影响,与启动图片的生命度特点关联度较小,主效应不显著,这个结果与Gámez和Vasilyeva(2015)的结果稍有差异。Gámez和Vasilyeva(2015)的结果显示与启动图片的生命度特点边缘显著,当目标图片中含有一个有生命的受事比一个无生命的受事时,儿童更可能产生一个被动反应,而且当启动句中也包含一个有生命的受事时,这种效应更强。两个实验结果证明句子的句法和语义特点相互作用决定了一个被动句产生的可能性。

2.4.2 本研究揭示的语言内在机制

2.4.2.1 句法启动模型

对语言产生中汉语句法启动与语义(生命度)的关系的研究表明,语言产生中的句法启动首先是一种结构启动,表现在被动句的启动效应。但是它又不是一种纯粹的句法启动,因为受到语义生命度的影响。已有研究表明,当用生命的受事描述一个及物动作时,讲话者更容易产生一个被动句(Lempert,1990;Prat,Sala,Branigan,2000)。这些研究中发现的生命度特点可以用信息通达方法来解释(Bock,Loebell,Morey,1992)。当儿童概念化目标图片中的信息时,信息水平表征捕捉到场景的语义特征,如生命度特征更容易通达,会比没有生命的实体更早地进入下一阶段,即语法编码阶段。这样,选择一个被动句形式,受事出现在句首位置,可能反映了在句法处理阶段过程中语义信息的通达顺序。

本研究还发现,语言产生中的句法启动是词汇独立的。词汇独立(lexically indep-endant)是指启动句和目标句没有重复的词汇,只要结构相同,启动效应就会发生;这是相对于词汇驱动(lexically priming)而言的,词汇驱动是指启动句和目标句必须有重复的词汇,启动效应才能发生。本研究图片描述中被试和主试所用的动词不同,仍然发生了启动效应。对于这个问题,我们用剩余激活说来解释。Pickering,Branigan,Cleland等(2000)认为,产生话语涉及可能的(即允准的)句法结构的信息,该信息被编码为句法规则,这些规则的初始激活与词条(lemma)选择的过程有关。

　　Roelofs(1992,1993)与 Levelt, Roelofs 和 Meyer(1999)却提出了一个词汇产生中的语言信息表征模型,其中词条层(lemma stratum)编码句法信息,但他们没有提供关于这个层级(stratum)内部结构的更多细节。Pickering 和 Branigan (1998)扩展了这一模型来解释范畴信息(例如动词)、特征信息(例如复数)以及关于动词如何组合的信息。在 Pickering 和 Branigan(1998)的模型中,通过组合节点对允准这两种结构的语法规则进行编码,对主动句结构进行允准的规则,通过"施事＋咬＋受事"组合节点编码,通过"受事＋被(给)＋施事＋咬"组合节点对被动句结构的允准规则进行编码,任何可以出现在主动结构中的动词都被连接到"施事＋咬＋受事"组合节点,出现在被动结构中的任何动词都与"受事＋被(给)＋施事＋咬"组合节点相连。当一个词条(lemma)节点被选择,相关的组合节点也被选择。例如,当"咬"的词条节点被选择,那么"施事＋咬＋受事"节点或者"受事＋被(给)＋施事＋咬"节点都有可能被选择。如果前者被选择,那么主动结构就会被允许;如果后者被选择,那么被动结构就会被允许。Pickering 和 Branigan(1998)认为,当组合节点的激活不立即衰减时,就会发生句法启动。例如,在被动结构中动词的先前使用涉及"受事＋被(给)＋施事＋咬"组合节点的激活,如果该节点保留剩余激活,则在后续加工中更容易被选择,因为句法启动效应源于剩余激活,它们是为关于初始激活(引起剩余激活)发生的情况提供信息。

　　Pickering 和 Branigan 进行了一系列实验,其中之一是操纵启动句和目标句以观察是否有完全相同的动词形式。结果显示,不管是相同动词的不同形式(如"gave"与"gives"),还是不同的动词(如"gave"与"sent"),启动都不受动词形式变化的影响。因此,相同的句法规则在不同的特征信息的句子产生过程中被激活。此外,启动在包含不同动词的句子之间也能发生,例如本研究。这表明,当产生一个特殊的结构时,相同的句法规则就被激活,不管动词是否相同。因此,尽管规则和特定的动词激活有关(当该动词的词条被选择),但是被激活的规则适用于该结构中出现的所有动词。

　　总之,句法规则的初始激活(通过关联的组合节点)与任何可以被规则允许的结构中出现的动词选择有关,无论该动词的确切形式如何。

　　还有一种解释与内隐学习说有关。该理论认为,结构启动显然需要某些形式的记忆,因为必须存储足够长,启动效应才能影响目标句的加工。这种观点至少部分地反映了内隐学习机制的运作。其核心思想是,人们要产生和理解语言,就必须学习不同语言以及语言相关的表征是如何相互关联或映射的,日常语言经验可以推动学习这方面的知识。句法的内隐学习是相似的:为了产生和理解被动结构,语言使用者必须学习特定的意义关系(典型的为受事被施事做了什么)映射(mapping)到某些功能成分(主语或旁语),映射到关键特征的组合序列(名词短语或动词短语如何配置)等,这些映射是通过经验获得的。这样,如果一个人产生或理解一种话语,则在该话语中,特定的意义关系是通过与构建被动和主动结构相对应的特定处理程序来表达的,与其相应的映射表征应该得到强化,从而允许相同的意义关系通过处理程序和相同的句法特征再次表达。按照这种理论,结构启动是这个扩展过程的反映:听或说启动句强化了产生初始结构的处理程序,并且目标句加工反映了这种强化的知识。

由于本研究启动句和目标句紧密相邻,没有太多时间间隔,说明启动效应是即时的,并不是较为持久的现象,而且,内隐学习说不能解释下文中提到的"词汇增益"现象,因此,剩余激活说更能解释本研究揭示的现象。

2.4.2.2 相关语言产生模型

本研究发现生命度会影响句法启动效应,有助于理解语言产生的相关理论问题。

根据Levelt的模型(Bock, Levelt, 1994; Levelt, 1989),系统中有很强的模块化预设。在概念化阶段,前语言信息内容是既定的,包括卷入事件的实体及其特征,在这个阶段加工的语义因素如生命度,决定了信息的概念化内容以及可能影响哪些词汇项目可以进入下一阶段的顺序即构造阶段。除了这种影响,语义因素被看做不影响语法构造阶段的过程。这个阶段的关键目标是选择一个可以表达信息的句法形式。语法构造阶段影响成分结构选择的一个过程是句法启动。有特殊形式的启动句(如被动句)可以激活相应的句法结构,因而能增加说话者选择该结构来表达意思的可能性。本研究结果表明,启动句的句法形式效应(被动与主动),发生在语法构造层面,作为变化功能的生命度特点在概念信息层编码,表明这些层面存在相互作用。

除了Levelt(1989)的模型,还有其他的语言产生模型,也假设产生的不同阶段存在相互作用。例如,有的模型假设是"层间联合激活"(cascading activation between levels),也就是不同的层级之间可以同时操作(Vigliocco, Hartsuiker, 2002)。其他的理论假说,如"功能激活说"(functionalist account)认为,不是语义和句法表征之间存在相互作用,而是存在一个由句法和语义特征共同定义的语言表征(称为结构)(Goldberg, 1995)。根据这种观点,被动启动句不仅激活相应的句法结构,而且会把及物动作的焦点集中在受事上,因为受事出现在主语的突出位置。这样,启动句的句法结构和语义特征共同激活强调了受事的重点。当一个儿童给显示带有突出受事(因其生命度)的这种类型启动图片时,强调受事的图片描述可能性大大增加,即儿童更有可能说出一个被动句。

语言产生中的汉语句法启动现象,与普遍语法的假设是一致的,同时验证了在语言产生中,并行分布模型能够解释语义对句法启动有重要影响。

2.4.3 本研究与以成人为对象的实验结果比较分析

本书的对语言产生中汉语句法启动与语义（生命度）的关系的研究是以5~6岁的幼儿为研究对象的,研究结果与以成人为对象的研究不同。Bock,Loebell和Morey(1992)的研究显示,在被动句的产生中,生命度和句法启动存在主效应,但没有发现这些因素的交互作用,说明句法过程和生命度启动是彼此独立的。对这种分歧的一种解释是两个研究中的方法的差异。在Bock,Loebell和Morey(1992)的研究中,生命度特点在启动句中有变化,但目标句中却没有。相反,本研究中的实验2操纵了启动句的生命度特点,其中一个条件是启动句和目标句都有一个有生命的受事,同时满足另一个条件是启动句和目标句都有一个无生命的受事。像之前指出的,启动句包含一个有生命的受事会增加目标句中受事生命度效应,这个条件取得的结果与有相反的生命度组合截然不同。这样,在被动启动条件下,说话者句法选择上的生命度效应在目标句和启动句的生命度特点匹配时会更加明显。根据Pickering和Ferreira(2008)的说法,如果语义和句法因素影响句子产生但彼此独立时,我们只能发现句法启动和生命度的主效应,而不能观察到本研究中发现的交互效应。相反,本研究交互作用的发现,说明句子产生过程中,同时包括句法（句子形式选择）和语义（生命度）的加工过程,而不是彼此独立的句法效应和句子的语义加工。

另外一种可能的解释是,它反映了儿童和成人发展的差异。一项发展研究表明,儿童对句法和语义特征较为敏感,句法启动受生命度以及启动和目标句的生命度是否匹配的影响,但成人不受影响(Buckle,Lieven,Theakston,2017)。曾涛、刘荣凤、冒雯和章敏(2015)用数学算式作为启动项,以汉语句型"NP1 + 有 + NP2 + 很 + (AP)"为材料,对汉语成人和儿童进行了对比研究,结果是儿童比成人的启动效应更强(Zeng,Mao,Liu,2018)。他们认为,成人基于已有经验,可能形成语言的思维定式,从而更易受到语料本身的倾向性的影响,也有可能成人使用了简化的策略手段,从而削弱了启动效应,这也和结构启动比较容易存在于那些使用较少、新奇的结构中的观点不谋而合(Traxler,2015)。以俄语为材料,以儿童和成人为被试的研究表明(Vasiyera,Waterfall,2012),儿童在被动启动条件下,特别会激活及物动作的受事焦点,儿童会显著增加和启动句有相同强调受事的其他句法结构产生,而成人则不仅保留对受事的强调,而且会保留和启动句相同的句法结构。这样,具体的句法形式和语义特征的凸显以及它们之间可能存在的交互作用,可能会因前语言经验的不同而异,这可能是今后研究的一个方向。

综上,本研究的被试是5~6岁的儿童,根据国内外相似的研究结果,似乎可以推及成人,但是由于经验理解的影响,国内外的研究均证明成人不如儿童的启动效应大。但是就本研究而言,由于没有做成人对比,所以暂不可以推及成人。由于本研究属于语言产生领域,而儿童正是研究语言产生的最佳对象,如果将来有技术突破或新材料开发,可以尝试做成人的语言产生研究。

2.5 实验结论

通过两个实验研究了句法启动与生命度的关系,得出如下结论:

(1) 汉语被动句的句法启动受启动条件和物体的生命度的影响,而且二者存在交互作用。与主动句启动条件相比,被动句启动条件下,儿童产生更多的被动句,且当启动句和被动句均包含一个有生命的受事/无生命的施事时,这种启动效应更强,而不是相反的生命度特点组合。

(2) 在被动句的启动过程中,相比启动图片的生命度特点,目标图片的生命度特点更能影响启动效应,而且目标图片的生命度特点与启动图片的特点匹配时,这种影响更大。

(3) 语言产生中的句法启动是词汇独立的,并且受语义(生命度)的影响。剩余激活说和语言产生的交互作用模型可以更好地解释这个现象。

本 章 小 结

本章通过两个儿童实验,采用启动范式,探讨了生命度效应对句法启动的调节作用。结果显示,汉语被动句的句法启动受启动条件和物体的生命度的影响,而且二者存在交互作用。当目标图片和启动图片匹配时,目标图片的生命度特点更能影响被动句的启动效应。本研究揭示语言产生模型中的各个层面是相互作用的,且在概念层面编码的语义内容(生命度)会影响语法构造层面(主动与被动),符合语言产生并行模型之一的交互作用模型。本研究还揭示句法启动效应是词汇独立的,即启动句和目标句不包含相同的动词仍然发生了句法启动效应,剩余激活说可以很好地解释这个现象。句法规则的初始激活(通过关联的组合节点)与任何可以在该规则允准的结构中出现的动词选择有关,无论该动词的确切形式如何。当产生一个特殊的结构时,相同的句法规则就被激活,不管动词是否相同。因此,被激活的规则可以在该结构中出现的所有动词之间共享。当组合节点的激活不立即衰减时,就会发生句法启动。例如,在被动结构中动词的先前使用涉及"受事+被(给)+施事+咬"组合节点的激活,如果该节点保留剩余激活,则在后续加工中更容易被选择。内隐学习说虽然也可以解释语言产生中的句法启动现象,尤其是较为持久的句法启动,但是本研究启动句和目标句紧密相邻,没有太多时间间隔,说明启动效应是即时的,而不是较为持久的现象。

第 3 章 语言理解中汉语句法启动的"词汇增益"现象

从上一章了解到,语言产生中的句法启动与语义(生命度)存在互动关系,而且不依赖于动词重复,即启动句和目标句动词不重复也产生了句法启动效应,那么,语言理解领域的句法启动也是这样吗?关于语义问题,印欧语言和汉语均有研究较为一致的结论,即语言理解中的句法启动不是单纯的语义启动的,换句话说,语义在语言理解中的句法启动过程中贡献较小。但另一个问题,语言理解中的句法启动是否依赖于动词重复,仍然存在争议,结论互相矛盾。本章将探讨动词重复对语言理解中句法启动过程中的重要作用。本研究设计了两个眼动追踪实验,改进了研究方案。

3.1 引言

3.1.1 印欧语言中的词汇增益研究

句法启动发生在一个句子的结构信息会影响其随后句子的加工过程(Bock,1986)。句法启动研究开始于语言产生领域,后来在语言理解中也发现了句法启动现象(Pickering, Ferreira, 2008)。关于句法启动的产生机制,核心争论之一是词汇独立的还是词汇驱动的没有停止过(陈庆荣,2012;孙颖,葛明贵,2018b)。词汇独立(lexically independant)是指启动句和目标句没有重复的词汇,只要结构相同,启动效应就会发生(例如 Huang, Pickering, Yang, et al., 2016; Fine, Jaeger, 2016; Ziegler, Snedeker, 2019; Lee, Hosokawa, Meehan, et al., 2019; Xiang, Chang, Sun, 2022; Sun, Shi, Guo, et al., 2021),这是相对于词汇驱动(lexically priming)而言的。词汇驱动是指启动句和目标句必须有重复的词汇,特别是动词的重复,启动效应才能发生(例如 Tooley, Traxler, Swaab, 2009; Traxler, 2008a, 2008b; Tooley, Swaab, Boudewyn, et al., 2014; Traxler, Tooley, Pickering, 2014; Mahowald, James, Gibson, et al., 2016; Branigan, Mclean, 2016; Hardy, Messenger, Maylor, 2017; Carminati, van Gompel, Wakeford, 2019; Scheepers,

Raffray,Myachykov,2017；Tooley,2020；van Gompel,Wakeford,Kantola, 2023)。语言产生中,一般不需要词汇的重复,启动效应也会发生,这被称为词汇独立的句法启动；语言理解中,大部分研究结果表明,只有词汇重复时启动效应才会发生,这被称为词汇驱动的句法启动。

研究显示,结构启动不依赖于功能词像介词(如 to)和标句词(如 that)的重复,但是却因开放词类(如动词)的重复而启动量提高(Pickering,Ferreira,2008)。首次描述这个效应的是 Pickering 和 Branigan(1998),他们发现当动词相同时,启动效应显著提高。不仅如此,在复杂名词短语("the red sheep"与"the sheep that is red",Cleland,Pickering,2003)中的名词重复也有类似效应(Scheepers,Raffray, Myachykov,2017；van Gompel,Wakeford,Kantola,2023),Pickering 和 Ferreira (2008)的实验也证明词汇项目(尤其是动词)对于句法启动能产生显著影响,并将这一效应称为词汇增益效应(lexical boost)(Pickering,Ferreira,2008)。

在语言理解中,有句法挑战的句子加工时间通常比在其之前呈现的句法上相似的句子短(Tooley,Traxler,Swaab,2009；Traxler,2008a,2008b)。英语中包含缩减的关系从句的句子,如句(13)(Bever,1970)：

(13) The defendant examined by the lawyer was unreliable.

这类句子加工具有挑战性,因为句子开头就出现了加工困难,"the defendant examined"本来是指向一个主句解释,"the defendant"是动词"examined"的施事,而介词短语"by the lawyer"却违反了这种模式,需要句法和题元修复,"defendant"不是作为检查动作的施事,而是必须被处理为受事,而真正的施事是"by"短语里的名词"lawyer"。

这类句子研究结果表明,启动句会影响之后紧跟的目标句的即时加工过程(Tooley,Traxler,Swaab,2009；Traxler,2008b；Tooley,Swaab,Boudewyn,et al., 2014；Traxler,Tooley,Pickering,2014；Tooley,Pickering,Traxler,2019； Carminati,van Gompel,Wakeford,2019；Tooley,2020),启动效应会因为启动句和目标句含有相同首动词而变得更大。例如,Tooley,Traxler 和 Swaab(2009)进行的 ERP 和眼动追踪实验对启动句和目标句的动词重复进行了操作。一种条件下,启动句和目标句有相同的首动词,如句(14a)和句(14b)：

(14a) 启动句：The engineer examined by the board passed with flying colors.

(14b) 目标句(动词重复)：The defendant examined by the lawyer was unreliable.

另一种条件下,启动句的首动词和目标句的首动词是近义词如句(14c)和句(14b)：

(14c) 启动句：The engineer inspected by the board passed with flying colors.

(14b) 目标句（近义动词）：The defendant examined by the lawyer was unreliable.

结果显示，启动句和目标句有相同的首动词时，观察到了启动效应，而包含近义动词时却没有观察到启动效应。

一项眼动研究（Traxler, Tooley, Pickering, 2014）中，仍使用缩减的关系从句，但改进了实验设计，以下是两组启动-目标句对组成的一套句子，句（15a）与句（15c）含有缩减的关系从句且结构相同（reduced relative, RR），句（15b）与句（15d）不含有缩减的关系从句且是比较常见的主句结构（main clause, MC）：

(15a) The defendant examined by the lawyer was unreliable.（RR）
(15b) The defendant examined the glove but was unreliable.（MC）
(15c) The engineer examined by the doctor had a large mole.（RR）
(15d) The engineer examined the license in the doctor's office.（MC）

之前的研究是目标句（15c）在启动句（15a）或（15b）之后的阅读时间，这里即使句（15a）促进了句（15c）的加工，我们不能完全断定是由句法启动引起的，因为两个句子句长、具体单词词长、词频等均有差异。现在的操作是，交叉启动和目标句的类型可以产生4种启动-目标句对条件：RR-RR、MC-RR、RR-MC、MC-MC，其中句（15a），句（15b）分别作启动句和目标句与句（15c），句（15d）配对，这样得到8对启动-目标句对，那么要比较的是同一个句子在由不同结构的句（15c）和句（15d）启动后阅读时间与其作为启动句时阅读时间的差异：

(15a) 启动句：The defendant examined by the lawyer was unreliable.
(15a) 目标句：The defendant examined by the lawyer was unreliable.

主句的比较与此类似，这样就避免了之前的词长、词频、词义、句意等无关变量造成的影响，分析的解歧区也是同一个词组（by the lawyer）。

3.1.2 汉语词汇增益研究及需要进一步研究的问题

汉语句法启动也存在词汇重复效应，Yu和Zhang（2020）在汉语句子产生中发现了词汇增益效应。在语言理解领域，Chen, Xu, Tan等（2013）采用Tooley, Traxler和Swaab（2009）类似的方法，使用的材料是汉语中的关系从句（包含"VP+的+NP"），例如，"数学老师表扬的男生不擅长唱歌"。其理论假设是汉语像英语一样，也是SVO语言，当读者读到"数学老师表扬"的时候，会期望后面出现一个宾语（O），但是当"的"出现时，读者放弃之前的句法结构而进行再分析。这样，作者期望当启动句和目标句动词相同即句（6a）和句（6c），或相近时即句（6b）和句（6c），目标句比启动句的P600效应减小：

(6a) 院士称赞的博士显得非常谦虚。（重复动词启动句）
(6b) 院士夸奖的博士显得非常谦虚。（近义动词启动句）

(6c) 姑妈称赞的表哥还在国外读书。(目标句)

结果表明,启动句和目标句的动词相同时,P600效应减小,说明发生了启动效应;当动词相近时,却没有发生启动效应。这说明汉语包含"VP+的+NP"的关系从句的句法启动是词汇驱动的。

除了"VP+的+NP"的关系从句外,汉语中还有很多花园幽径句,更容易引起读者的再分析过程(孙颖,葛明贵,2018)。例如,"小王研究鲁迅的文章"(包含"VP+NP1+的+NP2"),根据后续部分的不同,会产生暂时歧义。根据汉语是SVO语言,读者读到"小王研究鲁迅的文章"时,会优先分析"研究鲁迅的文章"为动宾结构,那么此时如果后续"小王研究鲁迅的文章之后发表了意见"符合读者的预期,就不会产生分析困难。而如果后续的是"小王研究鲁迅的文章发表在期刊上",不符合读者的预期,读者就会再分析,把后面的动宾结构重新分析成偏正结构才能正确理解句子。这类句子可能启动效应更加明显,但岳明蕾(2011)和韩静(2013)用了类似这样的句子作实验材料,却得出了相反的结论,这可能与具体的实验设计、材料控制有关,而且上述两项研究均是眼动研究,兴趣区划分也不一样。所以,很多实验结果的分歧不一定是实验现象本身造成的,而有可能是无关变量造成的,例如,启动句和目标句本身会有词频、词长、句子长短等的差异。因此,可以优化研究设计,控制无关变量的干扰,例如,可以通过改进实验设计,研究同一个句子既作启动句又作目标句(Traxler, Tooley, Pickering, 2014)的情况,对汉语的句法启动中词汇重复效应进一步研究。

本研究采用眼动技术探讨理解中的启动效应是否取决于启动句和目标句中的词汇重复,解决汉语句法启动中的词汇增益现象的争议问题,有助于更好地理解汉语理解过程中促进加工的认知机制和过程以及比较其与印欧语言的句法启动现象的异同。

3.2 实验1:首动词相同条件下的眼动追踪

3.2.1 实验目的

在实验1中,被试阅读RR句(缩减的关系从句,有暂时歧义的句子)或者MC句(主句,没有暂时歧义的句子),再阅读另一个有相同动词的RR句或MC句。问题是:被试在读过类似RR句(16a)和MC句(16b)之后再读目标句(16c),哪种条件下阅读得更快?同理,读过句(16b)和句(16a)后再读目标句(16d),两种句子是否能促进句(16d)的阅读?

(16a) 主管表扬员工的措施没有一点新意。

(16b) 主管表扬员工的措施之后进行了投票。
(16c) 师父表扬对手的胸怀感染了弟子。
(16d) 师父表扬对手的胸怀之后鞠了个躬。

3.2.2 实验方法

3.2.2.1 实验对象

来自国内某高校的 40 名本科生自愿参加实验,所有被试母语均是汉语,眼睛散光 50 度以下,无阅读和听力方面的神经或者生理疾病障碍。实验开始之前该项目通过了本校学术伦理委员会的审查,如图 3.1 所示。

伦理学审查报告

我校拟开展"汉语句法启动的产生机制研究"的科研工作。该项目涉及人的认知加工实验研究,我校学术伦理委员会对该项目研究相关的伦理学问题进行了审查。

项目信息:
研究项目名称: 汉语句法启动的产生机制研究
承担单位: ×××大学×××学院   项目负责人: ×××
职称: 教授   研究起止时间: 2018.1~2019.6

涉及人的认知加工研究的主要内容:
1. 汉语句法启动的"词汇增益"研究——来自眼动的证据,需用大学生被试 40 名。
2. 汉语句法启动的时间进程——来自ERP的证据,需用大学生被试 16 名。
3. 汉语句法启动的时间进程——来自眼动的证据,需用大学生被试 34 名。

审查评议意见:
经我校学术伦理委员会审议,该研究的实验设计和实施方案充分考虑了人的认知加工实验的基本伦理学原则,研究内容不构成对被试的身心伤害。研究过程中人的认知加工实验的实施将完全遵守国际通用的操作规范和我国关于实验被试管理和使用的相关法规,遵循自愿原则,尽最大限度给予被试人文关怀和安慰,保证实验过程中让被试有充分休息的权利和随时有权退出实验的权利,完全尊重被试的选择。

结论:
该研究中,人的认知加工实验的实施符合国际通用的实验伦理要求及我国关于实验被试管理和使用的相关法规,同意该项研究工作按计划进行。

×××大学学术伦理委员会
2018 年 1 月 9 日

图 3.1 伦理学审查报告

3.2.2.2 实验材料

材料是由 48 个启动-目标句对组成,如(16a)~(16d)。

为保证所选句子的语义合理,选取 16 名非中文专业且未选修过类似专业的大学生进行语义合理性评定,这些被试没有参加正式实验。编制了动词相同的启动-目标句对 60 对,共 120 个暂时歧义结构句。评定时要求被试仔细阅读句子,并对句子语义的合理性做出五级评定(1 代表非常不合理,5 代表非常合理)。根据被试评定结果,保留 48 对启动-目标句对,这些句子在 5 点量表上得分的平均数 4.13,其中最大值 4.86,最小值 4.05,标准差为 0.39。

交叉启动句和目标句的类型可以产生 4 种启动-目标句对条件:RR 启动,RR 目标(RR-RR);MC 启动,RR 目标(MC-RR);RR 启动,MC 目标(RR-MC);MC 启动,MC 目标(MC-MC)。这些句子被分配到 8 个列表中,且每一个句子只作为启动句和目标句各呈现一次,这样被试就不会看到超过一个版本的每个句子。例如,一部分被试会看到句(16a)或句(16b)作为启动句,那么句(16c)或句(16d)作为目标句。另一部分被试将会看到句(16c)和句(16d)作为启动句,句(16a)和句(16b)就是目标句。这种设计意味着每个句子都在自己的控制下出现,能够直接比较启动句和目标句的加工。启动句-目标句对和 61 个各种类型的填充句一起呈现。填充句不包含暂时歧义结构,且和启动句首动词不同。每个启动-目标句对之间至少插入一个填充句。

3.2.2.3 仪器和程序

采用德国公司 SMI 生产的 iView Hi-Speed 眼动仪,如图 3.2 所示,采样率为 1 250 Hz。

图 3.2 眼动实验仪器 SMI

实验程序采用 E-prime2.0 呈现刺激材料,使用 BeGaze3.5 软件合成、提取和分析眼动数据。

被试进入实验室后,先测试优势眼,然后主试调整眼动仪的设置。一个 PC(personal computer)显示屏在被试眼睛 70 cm 处,呈现刺激材料,屏幕为黑底白字,字体为 40 号宋体加粗。实验开始时,被试坐在跟踪器前,下巴放在托盘上固定,头部放松并尽量减少头部运动。采用 9 点校准,双眼误差均小于 1 度才能通过,跟踪器校准后实验开始。被试读每个句子之后按鼠标左键继续,每轮实验开始之前,电脑屏幕上会出现一个红色"+"号,提示被试当前的注视位置,实验流程如图 3.3 所示。如果跟踪器没有对齐,主试应重新校准才能开始接下来的实验程序。为检测被试对句子的理解程度,每个列表中穿插了 24 个问题句,被试需要按键回答,且不给予反馈。每个被试所有问题的回答正确率 80% 以上才进入正式数据计算。

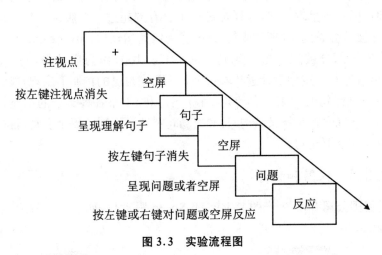

图 3.3 实验流程图

3.2.2.4 数据处理与分析

报告句子的 3 个区域:

首动词区域:如"表扬"。

暂时歧义区:首动词之后的短语,如"员工的措施"。

解歧区:紧跟在歧义短语后面的一个词语,暂时歧义句中的第二个动词,如"没有";非暂时歧义句中的副词"之前""之后"等。

不像之前的这类句子眼动研究划分的解歧区(岳明蕾,2011;韩静,2013),本研究仅分析解歧区的动词,因为此处是句法解歧的关键。

兴趣区的划分举例如图 3.4 所示。

采用的眼动指标 4 个:

首次通过时间(first-pass time,FPT),是指阅读者的注视点首次跳向另一兴趣区之前,对当前兴趣区的所有注视点的注视时间之和。

首次回视率(first-pass regression proportion,FRP),又称为第一遍回视率(first-pass-regression proportion),是指阅读中从当前兴趣区引发回视(越过当前兴趣区左侧边界)的被试比率,一般限于对该兴趣区的首次通过阅读过程(闫国利,熊建萍,臧传丽,2013)。

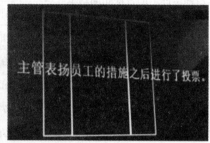

图 3.4　兴趣区划分示例图

回视路径时间(regression-pass time,RPT),是从某个兴趣区的首次注视开始到最早一次从该区域向右的眼球运动之前的所有注视时间之和(Traxler,Tooley,Pickering,2014),BeGaze3.5 软件说明上则把回视路径时间定义为记录某区域向左的注视到返回当前区域最早的注视点之间的注视时间。

总时间(total time,TT),是指对某个区域的所有阅读时间之和。

删除所有注视点时间小于 80 ms(ms 即 millisecond,毫秒)或大于 3 000 ms 的数据(Rayner,Pollatsek,1989),因此剔除 7.4 %的数据。

3.2.3　结果与分析

表 3.1 列出了目标句的 4 个指标的平均数。

为了评估句法结构效应和启动类型效应,设计了 2(目标句类型:RR 与 MC)×2(启动类型:RR 与 MC)重复测量方差计算。每个兴趣区的指标独立计算,分别分析 F_1(被试)和 F_2(项目)的随机效应,所有因素处理为被试内和项目内效应,之后作平均数比较个体条件之间的差异,方差分析见表 3.2。

动词区:被试和项目均没发现显著效应。

歧义区:启动最明显的证据发现启动句的形式影响目标句歧义区的阅读时间。目标句首次回视比启动句要少,回视路径时间和总时间比启动句要短,启动句和目标句类型均存在交互作用。

进一步简单效应分析表明,RR 目标句在 RR 启动句之后比主句启动句之后更容易加工,首次回视的方差分析表明,$F_1(1,39) = 8.69$,$p < 0.01$,MSE = 697(MSE 代表均方差);$F_2(1,39) = 10.15$,$p < 0.01$,MSE = 357。回视路径时间

$F_1(1,39) = 5.56, p < 0.05, \text{MSE} = 42\,072; F_2(1,39) = 5.16, p < 0.05, \text{MSE} = 47\,929$。总时间 $F_1(1,39) = 10.72, p < 0.01, \text{MSE} = 46\,493; F_2(1,39) = 11.92, p = 0.001, \text{MSE} = 50\,856$。

表 3.1 实验 1 目标句的各兴趣区及启动条件下的 FPT,FRP,RPT 和 TT 的平均数

各启动条件下的目标句的结果	兴 趣 区		
	首动词区	NP1 + 的 + NP2	解歧区
首次通过时间(ms)			
MC prime-MC target	291	303	292
MC prime-RR target	283	304	326
RR prime-MC target	277	291	256
MC prime-MC target	278	275	241
首次回视率			
MC prime-MC target	26.7%	64.1%	44.1%
MC prime-RR target	25.1%	74.3%	45.9%
RR prime-MC target	23.4%	68.3%	36.8%
MC prime-MC target	20.9%	67.5%	30.1%
回视路径时间(ms)			
RR prime-RR target	412	809	775
MC prime-RR target	432	941	932
RR prime-MC target	404	756	617
MC prime-MC target	409	720	587
总时间(ms)			
RR prime-RR target	557	903	536
MC prime-RR target	615	1058	624
RR prime-MC target	529	790	499
MC prime-MC target	527	773	461

注:RR 表示包含暂时歧义句;MC 表示主句。

主句目标句不管在主句启动句之后还是 RR 启动句之后加工都一样快($p_s >$ 0.1)(p_s 代表 p 的复数形式)。除了首次通过时间,目标句类型在首次回视、回视路径时间和总时间上均存在主效应($p_s < 0.01$),证明 RR 句比主句更难加工。

表 3.2 实验 1 2(目标类型:RR 与 MC)×2(启动类型:RR 与 MC)方差分析结果

变量	首动词区		NP1+的+NP2		解歧区	
	F_1(MSE)	F_2(MSE)	F_1(MSE)	F_2(MSE)	F_1(MSE)	F_2(MSE)
首次通过时间(ms)						
目标类型	3.26(5557)	3.11(4025)	0.07(5350)	0.09(6573)	8.24**(8425)	16.16***(5711)
启动类型	0.00(9686)	0.27(7953)	0.60(23338)	1.69(9227)	0.51(5668)	0.31(6671)
启动类型×目标类型	1.51(3566)	0.72(4392)	1.92(5705)	2.34(6063)	2.09(5749)	1.89(6277)
首次回视率						
目标类型	2.96(469)	2.96(310)	12.10**(328)	25.54***(446)	4.68*(395)	11.70**(514)
启动类型	1.35(744)	2.01(373)	2.47((897)	3.48(404)	2.64(624)	1.36(284)
启动类型×目标类型	0.52(339)	1.26(370)	4.34*(697)	12.34*(357)	3.06(*)	4.37*(719)
回视路径时间(ms)						
目标类型	3.12(11521)	3.59(15718)	36.4***(35846)	43.5***(34772)	19.56***(101852)	15.15***(146907)
启动类型	0.01(23807)	0.05(15176)	2.28(60701)	2.57(54091)	0.83(147146)	2.68(65834)
启动类型×目标类型	1.44(9320)	1.32(15583)	4.63*(42072)	4.68*(47929)	0.001(76420)	1.05(114341)
总时间(ms)						
目标类型	4.33*(22962)	10.6**(31080)	19.1***(70546)	24.8***(65885)	14.74***(32671)	14.94***(60418)
启动类型	0.05(27445)	0.08(35573)	7.90**(84234)	7.91**(47503)	0.23(49810)	0.46(32540)
启动类型×目标类型	2.12(22513)	1.60(36675)	5.25*(46493)	4.11*(50856)	0.11(80187)	1.00(56542)

注:$dF_1=(1,39)$;$dF_2=(1,47)$;$*p<0.05$,$**p<0.01$,$***p<0.001$;$(*) 0.05<p<0.1$。

解歧区:此区域的目标句,在所有指标上存在目标类型主效应。这些效应表明 RR 目标句比主句的全面加工困难。另外,启动句和目标句类型在首次通过回视率上存在交互作用。解歧区的 RR 目标句在 RR 启动句之后比在主句启动句之后有较少的回视。简单分析表明,$F_1(1,39) = 5.91, p<0.05, \text{MSE} = 291; F_2(1,39) = 6.392, p<0.05, \text{MSE} = 719$。相反,解歧区的主句目标句在启动类型上不存在显著效应($p_s>0.1$)。

实验 1 表明被试加工含有相同首动词的暂时歧义句时,这个暂时歧义句跟在一个相同结构的 RR 句之后比跟在主句之后更容易加工。这些效应在读者遇到歧义区时即开始出现(即歧义区的首次回视率、回视路径时间和总时间;解歧区的首次回视率)。这样,语法形式的重复可以快速促进目标句的加工。注意这些效应均没有在动词重复效应的位置上出现,因此它们不可能反映不同条件下动词效应的差异。

3.3 实验 2:首动词不同条件下的眼动追踪

3.3.1 实验目的

为了解释是什么导致了实验 1 中的促进加工的表征和内在机制,需要知道是句子的哪些方面需要重复。因此实验 2 提出首动词不重复的条件下,目标句的加工促进效应是否还能发生?

实验 2 与实验 1 完全相同,除了启动句和目标句的首动词不同。

3.3.2 实验方法

3.3.2.1 实验对象

32 名被试,来自同一高校相同年级和专业的本科生,与实验 1 同质,且均未参加实验 1。

3.3.2.2 实验材料和程序

句子和实验 1 相同,但是组成启动句和目标句的两个句子动词不同。其他设计和程序同实验 1。

3.3.3 结果与分析

确定排除数据方法同实验 1,6.1% 的数据被删除。表 3.3 显示了 4 种指标在不同兴趣区和条件下的平均值。

表 3.3 实验 2 目标句的各兴趣区及启动条件下的 FPT,FRP,RPT 和 TT 的平均数

各启动条件下的目标句的结果	兴 趣 区		
	首动词区	NP1 + 的 + NP2	解 歧 区
首次通过时间(ms)			
MC prime-MC target	274	256	280
MC prime-RR target	317	241	267
RR prime-MC target	261	270	230
MC prime-MC target	294	250	263
首次回视率			
MC prime-MC target	15.7%	87.0%	42.3%
MC prime-RR target	23.1%	79.4%	48.1%
RR prime-MC target	20.5%	80.6%	45.1%
MC prime-MC target	19.8%	65.7%	39.2%
回视路径时间(ms)			
RR prime-RR target	330	919	756
MC prime-RR target	384	895	868
RR prime-MC target	326	750	670
MC prime-MC target	371	707	679
总时间(ms)			
RR prime-RR target	473	1148	580
MC prime-RR target	561	1124	526
RR prime-MC target	501	825	488
MC prime-MC target	579	756	436

注:RR 表示包含暂时歧义句;MC 表示主句。

表 3.4 显示了 2(目标类型:RR 与 MC)×2(启动类型:RR 与 MC)的方差分析。与实验 1 形成鲜明对比,没有重复效应发生。启动和目标类型在被试和项目上均没有交互作用。

表 3.4 实验 2 2(目标类型:RR vs MC) × 2(启动类型:RR vs MC)方差分析结果

变量	首动词区		NP1 + 的 + NP2		解歧区	
	F_1(MSE)	F_2(MSE)	F_1(MSE)	F_2(MSE)	F_1(MSE)	F_2(MSE)
首次通过时间(ms)						
目标类型	3.55(5153)	2.19(4621)	1.44(4183)	0.77(5791)	9.78**(6503)	13.10***(9960)
启动类型	1.00(12775)	0.26(12848)	0.04(6296)	1.07(9046)	2.83(5749)	0.13(10448)
启动类型 × 目标类型	0.16(7022)	0.67(5507)	0.16(4181)	1.78(4362)	0.02(3797)	0.05(5783)
首次回视率						
目标类型	0.27(207)	3.00(294)	11.62**(251)	9.62**(405)	0.21(225)	0.09(597)
启动类型	0.04(670)	0.30(227)	0.63(590)	0.05(482)	1.19(1033)	0.92(691)
启动类型 × 目标类型	0.52(276)	0.01(295)	0.10(231)	0.23(414)	0.44(359)	0.00(345)
回视路径时间(ms)						
目标类型	3.02(6627)	2.91(13616)	19.43***(36741)	6.40*(44822)	23.70***(31233)	4.00*(149553)
启动类型	3.53(26736)	2.01(24973)	2.01(55346)	0.33(53551)	0.002(147495)	0.18(148494)
启动类型 × 目标类型	0.70(12613)	0.00(12770)	0.94(42412)	0.62(35681)	0.07(70699)	0.01(68369)
总时间(ms)						
目标类型	4.52*(47865)	4.16*(38471)	64.47***(45035)	8.17**(90246)	7.71**(26337)	8.56**(32329)
启动类型	2.93(96972)	2.85(64752)	1.59(217912)	2.80(121421)	0.65(101630)	0.08(48419)
启动类型 × 目标类型	2.16(53094)	2.08(40873)	2.68(81291)	1.88(50856)	0.42(28711)	0.11(23339)

注:$dF_1 = (1, 39)$;$dF_2 = (1, 47)$;* $p < 0.05$;** $p < 0.01$;*** $p < 0.001$。

首动词区域：RR 句比主句在动词区的加工总时间更长，说明 RR 句的加工困难。

歧义区：歧义区的数据显示目标类型效应，证明 RR 句比主句的相应区域加工困难。这个效应出现在首次回视率、回视路径时间和总时间。然而，没有句法启动的证据出现在这个区域，因为目标句和启动句没有交互作用。

解歧区：RR 句的加工困难延伸到解歧区，解歧区的 RR 目标句比主句有较长的首次通过时间。

当首动词不重复时，局部暂时歧义 RR 句紧跟一个相同结构的 RR 句时比紧跟一个主句时加工更难。这些效应与 Traxler, Tooley 和 Pickering(2014)研究得出的结果是一致的，也与 Tooley, Traxler 和 Swaab(2009)的研究结果是一致的，他们的研究结果表明启动句和目标句的首动词是近义词。

实验 1 和实验 2 的结果表明句子的句法表征必须和相关首动词的词汇信息相协调一致。这种说法对动词重复的启动效应比动词不重复时意义更大。

3.4 实验结果分析

3.4.1 本章节实验结果和国内外相似研究结果的比较分析

两个实验，用眼动追踪探讨了注视时间和回视条件下受之前句子的影响。实验 1 显示当启动句和目标句使用相同的首动词时，包含暂时歧义的关系从句的目标句发生了启动效应。实验 2 当启动句和目标句使用不同的首动词时，没有发现启动效应，和 Traxler, Tooley 和 Pickering(2014)的研究结果是一致的，动词重复会影响暂时歧义关系从句目标句的启动效应，不管是英语还是汉语。

之前的研究结果表明，当两个句子含有相同的首名词时(Traxler, Tooley, 2008)，关系从句结构并没有被启动。名词相关的句法结构是否能够被启动成为理解中的一个争议问题，有些研究确实存在名词相关的词汇增益效应(Cleland, Pickering, 2003; Scheepers, Raffray, Myachykov, 2017)。Scheepers, Raffray 和 Myachykov(2017)使用 PO 和 DO 与格句，理解到产生启动范式，质疑在启动句和目标句之间重复动词应该比重复名词更能促进 PO/DO 启动的观点。研究了核心成分(动词)与非核心成分(论元名词)对英语双及物结构启动的促进作用是否不同。实验 1 表明，重复的主体或接受者名词(以及在较小程度上重复的主题名词)的词汇增益与重复动词的词汇增益相当。实验 2 和实验 3 表明，随着启动词和目标词之间共享内容词数量的增加，结构启动的程度也随之增加(同样，动词重复没有"特殊"贡献)。词汇增益效应并不能断定是特定词汇的句法表征，即不支持动词在词汇增益双及物中发挥特殊作用的假设。但是 Tooley, Pickering 和 Traxler (2019)使用了不同于 PO 和 DO 与格句的更多类型的句子,包括含有分词结构的歧义句非歧义句、简单关系从句、含有复杂结构的被动句以及含有完成时态的句子材料,即从词汇、句法、题元和动词形式重复考查对促进目标句子处理的程度。当启动词和目标词共享动词和抽象句法结构时,无论启动词的歧义性如何,都可以观察到词汇驱动的句法启动。重复的题元角色分配导致了句法启动程度较低,动词形式重复促进了词汇而非结构加工。理解中的启动涉及词汇相关的抽象句法表征,以及动词和题元角色促进的过程。Carminati, van Gompel 和 Wakeford (2019)研究则表明,当动词被重复时比没有重复时的启动效应更强。然而,没有任何实验表明,当 VP 内部论元之一被重复时启动更强。这些发现支持了这样的观点,即结构信息与句法核心(即动词)相关,但与非核心(如主语名词和 VP 内部参数)无关。本研究表明,相同的首动词能够促进目标句的加工,可能因为与动词相联系的句法表征在句子的边界被激活,或者遇到目标句中的解歧信息时这种联系更容易被检索或重新激活。此时,有证据说明,暂时歧义关系从句中句子结构重复与动词重复非常关键。

在本研究中,汉语启动效应也只有当启动句和目标句有相同的首动词时启动效应才能被观察到,这和英语材料是一致的(Arai, van Gompel, Scheepers, 2007; Tooley, Traxler, Swaab, 2009; Traxler, Tooley, Pickering, 2014; Scheepers, Raffray, Myachykov, 2017; Yan, Martin, Slevc, 2018; Tooley, Pickering, Traxler, 2019; Tooley, 2020; van Gompel, Wakeford, Kantola, 2023; van Boxtel, Lawyer, 2023),也和汉语某些研究结果是一致的(Chen, Xu, TAN, et al., 2013; 岳明蕾, 2011)。将其孤立看,这些结果意味着句法结构信息与单个词汇条目紧密相关(Vosse, Kempen, 2000)。然而,从其他的即时理解研究(Thothathiri, Snedeker, 2008a, 2008b; Traxler, 2008b; 韩静, 2013; Fine, Jaeger, 2016; Ziegler, Snedeker, 2019; Lee, Hosokawa, Meehan, et al., 2019; Xiang, Chang, Sun, 2022; Sun, Shi, Guo, et al., 2021)和语言产生研究(Pickering, Ferreira, 2008)的启动效应研究表明,当启动句和目标句没有内容词重复时启动也能被可靠地观察到。因此,一个更为稳妥的结论是,词汇重复并不一定是启动发生的必要条件,但重复的效果比没有重复的效果更大。因此,语言理解中的启动似乎显示了"词汇增益效应"。

Traxler, Tooley 和 Pickering(2014)认为,启动句的处理可能会削弱阅读者对暂时歧义关系分析采用更简单、更常见(主句)的倾向,也可能会影响被试恢复这些花园幽径句子的句法分析和主题分析的容易度(即启动可能影响句法分析,句法再分析,或者两者都有),这些效应可能出现在对目标句最初的句法分析建构中,也可能出现在句法再分析过程(即花园路径的重获)中。其实验结果表明,两种过程可能都有贡献。以英语为材料的启动效应显示,目标句加工较快,在解歧区的首次通过时间上和解歧后区的首次通过回视上,可能表明阅读启动句影响了读者在早期句法处理中考虑缩减的关系分析的可能性。

但本研究表明,汉语句法启动发生的主要区域为暂时歧义区,在首次通过时间上并没有出现启动效应,这可能跟汉语的材料有关,汉语包含"名词1+的+名词2"的暂时歧义关系从句加工困难主要出现在相对"晚"期的指标,即首次回视率、回视路径时间和总时间,提示读者加工这类句子时困难发生在再分析过程,而不是首次建构过程,本研究把这种现象称为"回溯效应"。而且,汉语的每个区域的首次通过时间均比英语的对应区域短,也说明,汉语暂时歧义关系从句加工困难是再分析过程。

进一步解释这些结果之前,必须首先解决句法启动研究中反复出现的一个问题,即被试的策略对目标句的影响。Tooley,Swaab,Boudewyn等(2014)认为,可能因为反复暴露于包含缩减的关系从句,或者反复暴露于含有相同动词的启动-目标句对,被试可能会采取策略来更快地理解目标句。然而,许多实证结果排除了这个假设:

(1)启动效应在没有可靠的策略线索下的眼动追踪实验中发生(Pickering,Traxler,2004;Traxler,2008a)。

(2)眼动追踪实验,第一个试次、第一对试次的启动效应跟整个实验的效应一样大(Tooley,Traxler,Swaab,2009;Chen,Xu,Tan,et al.,2013),这表明策略线索不是启动效应发生的必要条件。

(3)在有明确的策略线索的情况下启动效应并没有发生(Tooley,Traxler,Swaab,2009)。例如,重复主语名词而不是关键动词,并没有促进介词短语解歧区的加工。

(4)明确警告被试预测即将到来的缩减的关系从句并没有促进介词短语解歧区的加工(Traxler,Tooley,2008)。

后来的结果表明,策略线索并不足以使启动效应发生。如果即时句子理解中,策略提示既不必要也不足以使句法启动发生,那么所观察到的启动效应的解释必定存在于其他方面。

3.4.2 本章实验揭示的语言机制

3.4.2.1 句法启动模型

动词重复时有更大的启动效应表明,分析者使用的是词条有关的句法表征(Traxler,Tooley,Pickering,2014)。支持存储的短暂激活说(Branigan,Pickering,Mclean 2005),也叫"剩余激活说",认为语言产生和理解中的效应包括词汇表征的词条层的加工过程。根据这个理论,句法选择被编码为一个词的词汇表征的一部分,图3.5表示了动词词条(lemma)、句法结构表征(syntactic structure representations)和形态方面(aspects of morphology)的可能关系。在这个图中,词条"examine"的基本表征连接两种不同的结构可能性:表示主要动词语法和关系从句语法。在主要动词语法方面,动词"要求"要么左边是一个关系标记词,要么右边是一个介词短语,在英语句子如句(17)关系标记词 that/who 省略不出现,而在介词短语里会出现一个施事:

(17) The defendant examined by the lawyer was unreliable.

根据剩余激活假说,当人们说出或者理解句子时,他们激活词条节点之间的连接(图3.5最左边的椭圆),编码一个词汇项目(如"examine")的句法结构表征可以跟其他项目结合(如"defendant""lawyer""glove"),这些项目用什么顺序表达,以及它们如何曲折变化等。加工一个启动句,能够使结构表征激活的暂时性增加,同时也能在句子中形成单词之间的依赖关系。如果遇到的目标句需要相同的结构表征,则加工过程就会被促进。

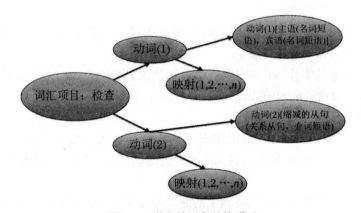

图 3.5 潜在的词条结构联系

(资料来源:Traxler,Tooley,Picking,2014)

如何给一个词汇项目(如"examine")编码的句法结构表征可以跟其他项目结合如"defendant""lawyer""glove"。例如,既可以组成"The defendant examined the glove"这种 MC 句,也可以组成"The defendant examined by the lawyer"这种包含被动意义的 RR 句。这些项目用什么顺序表达以及它们的形态如何变化取决于句法结构。

句法结构表征与词级(词汇)表征的关联提供了产生词汇增益的手段(当启动句和目标句分享同一个词汇项目时启动效应更大)。换句话说,当启动句和目标句需要相同的结构表征时,启动效应就有可能发生,但是如果目标句的一个词给分析者发回了与启动句相同的词条,这将会增加启动效应,因为句法结构表征和词条之间的关联享有同等程度的剩余激活概率。

3.4.2.2 语言理解模型

论元结构理论能够解释本研究中观察到的启动效应(Chen, Xu, Tan, et al.,

2013)。Boland 和 Blodgett(2006)认为句法结构的词汇表征仅限于论元关系。论元结构是一种由词条投射的句法结构,它连接了意义和句法。论元结构理论认为,动词的意义是一个带有固定论元的谓词,句法是词汇要求的投射。因此,动词的句法结构是动词意义的表层反映。当读者激活句子中的每个词条时,他们也会自动激活相应的句法信息。例如,在本研究中,被试使用初始信息(如"表扬员工的措施")激活动宾结构,但是,当了解到当前的论元结构与即将到来的句子结构之间相矛盾时,被试会放弃最初选择的句法结构而进行再分析,只有被试将其分析成偏正结构才能正确理解句子的意义。在此过程中,可能包括三个处理阶段(Tooley,Traxler,Swaab,2009):第一阶段,读者重新访问他们的心理词典;第二阶段,他们抑制最初激活的论元结构和动宾结构语法;第三阶段,他们进行在线句法修正,使句子进行句法转换。大多数论元结构理论认为,动词的词汇表征包含了基于该动词的所有可能结构的信息。本研究中,当被试在目标句中加工重复动词时,前句(启动句)中的论元和句法结构的激活,会便于随后为目标句构建正确的论元结构。这非常类似于先前遇到的特定动词的结构和其组合节点之间连接的剩余激活(Pickering,Branigan,1998;Traxler,Tooley,Pickering,2014)。但是,当启动句和目标句之间的动词不同时,必须访问不同的记忆存储地址,并激活不同的论元结构。这意味着先前结构的剩余激活不能促进目标句的加工,因此,观察不到目标句中的启动效应。本研究揭示的现象符合语言理解的交互作用模型——激活扩散模型。

3.4.3 语言理解和语言产生中的句法启动效应比较

语言理解中的句法启动似乎均与动词重复有关,启动句和目标句动词相同时,能够观察到句法启动效应;动词不同时,则不能观察到句法启动效应。但语言产生中的句法启动对词汇重复要求不高,即不管动词相同与否,均会出现句法启动现象。Levelt,Roelofs 和 Meyer(1999)提出句法信息在词条层编码过程中在产生和理解之间共享,使得理解和产生系统利用相同的句法信息进行存储。根据剩余激活假说,理解一个特定结构的启动句,意味着该特定结构的初始信息的激活,这种激活不会立即消失,它会对接下来的目标句产生影响,在语言产生方面表现为更快地选择这种结构,在语言理解方面则表现在对目标句加工的促进。

至于语言产生和语言理解之间为什么会存在词汇重复的差异,可能基于以下两点:

第一,材料的差异。语言产生研究中大多使用简单的主动/被动结构或者双宾/介宾结构,这些结构的规则一旦被激活,则可以在该结构中出现的所有动词之间共享,因此它不需要启动句和目标句之间必须包含相同的动词。但是语言理解研究的材料大多是包含暂时歧义的句子,读者对句子意义的理解本来就很困难,它与具体的动词关系密切。加工启动句激活的动词信息以及动词的论元结构信息,在处理目标句时,能够减轻读者的认知负担,有利于目标句加工的促进,但动词不同时,则没有这种促进作用,所以,语言理解的句法启动大多依赖于动词重复。

第二,语言产生和语言理解本身的过程是不同的,因为理解特定句法形式的程序和产生该形式的相关程序是不同的(Pickering,Branigan,2000)。当理解一个包含暂时歧义结构的句子时,不仅要对暂时歧义结构如"VP + NP1 + 的 + NP2"敏感,而且要对特定的动词敏感,加工启动句能够激活该动词结构的信息和其组合节点,加工相同结构的目标句时,当动词相同时,访问相同的记忆地址,能够减少读者的加工负担,从而促进目标句的加工。当动词不同时,则必须访问不同的记忆存储地址,并激活不同的论元结构。这意味着先前结构的剩余激活不能促进目标句的加工。然而,语言产生的过程比语言理解的过程更加复杂,除了要对听到的启动句进行加工之外,还要经过概念化、制订计划、发音和执行监控等一系列复杂的加工过程,才能完成语言的产出。因此,在这个过程中,说话者可能要对特定的结构(例如被动句)高度敏感,从而忽略一些次要信息,比如具体动词的意义。因此,在语言产生过程中,个体可能更关注结构,而对结构是否包含相同的动词则可以忽略。

第2章的两个实验结果表明,语言产生中的句法启动受到语义(生命度)的影响,但语言理解中的句法启动是否受语义的影响,还有待进一步研究。之前的研究(Tooley,Traxler,Swaab,2009;Chen,Xu,Tan,et al.,2013)表明,语言理解中的句法启动不是语义启动的,因为如果不是这样,启动句和目标句包含相近动词(即意义相同)时,应该能够观察到启动效应,但事实上不是这样,仅当动词相同时能观察到句法启动效应,动词相近时则不能。英语材料是包含缩减关系从句的句子,而Chen,Xu,Tan等(2013)所用的汉语材料则是包含"VP + 的 + NP"的关系从句。本研究中两个实验结果表明,在动词区的眼动指标均没发现明显的启动效应,那么使用本研究的包含"VP + NP1 + 的 + NP2"的暂时歧义关系从句的电生理指标能发现明显的启动效应吗?是N400(语义上)还是P600(加工难度上)?下一章将对这个问题进行探讨。

3.5　实验结论

两个眼动追踪实验,使用汉语包含"VP + NP1 + 的 + NP2"的暂时歧义关系从句,探讨启动句是否能促进暂时歧义关系从句目标句的加工。结论如下:

(1)汉语暂时歧义关系从句启动句能促进目标句的加工。启动效应依赖于启动句和目标句中的词汇重复,有相同动词的主句启动却没有产生启动效应。

(2)启动句和目标句没有词汇重复时,启动效应不会发生,但包含暂时歧义的关系从句比主句加工困难。基于剩余激活假说的动词论元结构理论可以解释这个现象,验证了语言理解的激活扩散模型。

(3) 汉语暂时歧义句分析困难发生在再分析过程,而不是首次建构过程,即"回溯效应"。

本 章 小 结

两个眼动追踪实验,采用汉语包含"VP + NP1 + 的 + NP2"的暂时歧义关系从句,控制了启动句和目标句包含首动词重复与否的条件,考察启动效应量的大小。结果显示,当启动句和目标句包含相同的首动词时,启动效应能够被观察到;当首动词不同时,启动效应消失,也就是发生了词汇增益效应。加工一个启动句,能够使结构表征激活的暂时性增加,如果随后遇到的目标句需要相同的结构表征,则加工过程就会促进,从而发生观察到的启动效应。句法结构表征与词级(词汇)表征的关联提供了产生词汇增益的手段,即当启动句和目标句分享同一个词汇项目时启动效应更大,就会产生词汇增益现象。本研究符合句法启动模型"剩余激活说",其内涵是句法结构表征的剩余激活不会持续太久,那么如何证明这个假说?下一章将会对这一问题进行探讨。

第4章 语言理解中汉语句法启动的时间进程

由第2章、第3章可知,语言产生中的句法启动不依赖于动词重复,语言理解中的句法启动却很大程度上依赖于动词重复。虽然"剩余激活说"也可以解释语言产生中的即时句法启动,但相当多的研究结果表明,语言产生中的句法启动能够保持较长时间,从而支持内隐学习说。语言理解中的句法启动保持时间较短,但也有实验结果表明,语言理解中的句法启动也可以保持较长时间,因此支持双机制说(即激活说和内隐学习说共同发生作用)。语言理解中的句法启动到底是短暂的还是保持较长时间的? 本章将用汉语暂时歧义句为材料,分别采用 ERP 和眼动追踪探讨不同间隔条件下句法启动的时间进程,来验证理解中的句法启动到底是剩余激活说还是双机制理论发生的作用。

4.1 引言

4.1.1 印欧语言产生和语言理解中关于时间进程的研究

句法启动的时间进程(the time course)是指句法启动的潜伏期(Tooley,Swaab,Boudewyn,et al.,2014),即句法启动维持的时间。研究者经常使用启动句和目标句之间插入若干个填充句(有的研究也称干扰句)进行研究。插入的填充句越多,暗示目标句和启动句之间的间隔越长,"内隐学习说"(implicit learning account)能够比较好地解释这一点。"内隐学习说"是解释语言产生中的句法启动现象较早的理论假说,特别是相对持久的启动效应。结构启动需要某种形式的记忆,因为启动效应必须存储足够长的时间,才能影响目标句的加工。Bock 和 Griffin(2000)的研究发现,不管插入2个还是10个填充句,也不管动词是否重复,句法启动都会发生,这被称为词汇独立的句法启动。Kaschak, Kutta 和 Schatschneider(2011), Kutta 和 Kaschak(2012), Kaschak, Kutta 和 Coyel(2014)做了一系列实验,得出启动效应是长时效应,甚至可以持续一周,不管动词是否相同。这说明当读者接触大量的某种类型的句子时,获得语言和语言表征之间的映射关系,体验自动增强,这些关系的知识获得是潜意识的、偶然的、自动的,是由经验获得的,从而导致了句法启动(Picking,Ferreira,2008)。

针对上述揭示的持久性启动证据,Branigan,Pickering 和 Cleland(1999)研究发现,当启动句和目标句插入一个填充句时,启动效应立刻消失了,而且此时条件是启动句和目标句包含相同的动词。短期和长效启动的根本差异在哪里,一个关键因素似乎是启动句和目标句是否存在词汇重复,这引起了研究者的极大兴趣。Hartsuiker,Bernolet,Schoonbaert 等(2008)研究了当插入 0、2 或 6 个句子时,同时操纵了启动句和目标句动词重复和不重复的情况下的句法启动。结果发现,只有当动词相同时,且启动句和目标句在 0 个填充句条件下,才有启动效应,这被称为"词汇增益"现象,当被 2 个或 6 个填充句分开时,却没有发生启动效应。

针对相对长时效应的句法启动,研究者用内隐学习来解释。当暴露于大量的某种类型的句子时,分析者获得语言和语言表征之间的映射关系,体验自动增强,这些关系的知识获得是潜意识的、偶然的、自动的,是由经验获得的,从而导致了句法启动(Pickering,Ferreira,2008)。

但是内隐学习说不能解释理解中的句法启动现象,特别是"词汇增益"现象。因为假如是学习的作用,那么在实验的靠前部分试验的效果要好于后半部分,Tooley,Traxler 和 Swaab(2009)以及 Chen,Xu,Tan 等(2013)的研究证明这种情况不存在。因此,研究者们则用剩余激活说(residual activation account)来解释短暂的句法启动现象,而且理解中的句法启动多是在动词重复的情况下发生。

根据剩余激活假说,当人们产生或者理解句子时,会激活词条节点之间的连接,加工一个启动句,能够使结构表征激活的暂时性增加,同时需要在句子中形成单词之间的依赖关系,如果随后遇到的目标句需要相同的结构表征,则加工过程就会促进。剩余激活说反映了句法启动效应是短暂的,因为词条激活和分享相同动词会因为中间干扰材料的插入而消失(Branigan,Pickering,Cleland,1999)。

随着词汇增益的发现,理解中的句法启动也能相对持久,句法启动很可能是词汇的短暂激活和句法结构的长时效应并存,即双机制理论(dual-mechanism accounts)(Hartsuiker, Bernolet, Schoonbaert, et al.,2008;Traxler, Tooley, Pickering, 2014; Tooley, Swaab, Boudewyn, et al., 2014; Bernolet, Collina, Hartsuiker,2016;Tooley,Traxler,2018)。

最初语言产生中采用在启动句和目标句之间插入结构不同的填充句来研究(Branigan, Pickering, Cleland, 1999; Bock, Griffin, 2000; Branigan, Pickering, Stewart,et al.,2000;Bock,Dell,Chang,et al.,2007),后来采用时间延迟,有的长达一周甚至一个月(Kaschak, Kutta, Coyel, 2014; Branigan, Messenger, 2016; Heyselaar,Segaert,2022)。语言理解中的句法启动,大多持续时间较短,一般只能采用插入填充句来研究,目前最多插入 10 个句子(Bock,Griffin 2000))。

语言产生中,首先对这个问题进行研究的是 Branigan,Pickering 和 Cleland(1999)。采用句子完成形式,让被试使用两种句法形式中的一种补全句子。当立刻呈现两个连贯句时,他们倾向于产生相同的句法形式。但是当两个句子之间被插入其他不相关的句法形式时(即使1个填充句),这种倾向立刻消失。但更多的研究支持句法启动坚持会在不相关的填充句插入后依然存在,不管启动句和目标句中是否含有相同的词汇。Bock和Griffin(2000)的实验证明,不管两个句子之间插入2个还是10个填充句,句法启动仍然会发生,因此他们支持程序学习说而否定短时记忆说。Branigan,Pickering,Stewart等(2000)又做了一个实验,采用口语句子完成形式,对比无延迟、1个填充句和纯粹的时间上的延迟三种情况下的句法启动。结果显示三种情况均有强而相似的启动效应,支持口语启动更持久。Bock,Dell,Chang等(2007)改用听力呈现启动句,再次做了Bock和Griffin的实验。结果显示各种时间间隔下均发生了启动坚持,启动量跟Bock和Griffin当年观察到的几乎一样大。Kaschak(2007),Kaschak,Kutta和Schatschneider(2011),Kutta和Kaschak(2012),Kaschak,Kutta,和Coyel(2014)用一系列实验证明句法启动在语言产生任务之间(如从书写句子完成到图片描述或者相反)存在长时累积效应并至少持续一周,Branigan和Messenger(2016)的实验也证明儿童的累积效应长达一周。针对上述揭示的持久性启动证据,Branigan,Pickering和Cleland(1999),研究发现,当启动句和目标句插入一个填充句时,启动效应立刻消失了,而且此时条件是启动句和目标句包含相同的动词。短期和长效启动的根本差异在哪里,一个关键因素似乎是启动句和目标句是否存在词汇重复,这引起了研究者的极大兴趣。Hartsuiker,Bernolet,Schoonbaert等(2008)研究了插入0个、2个和6个句子时,并且操纵了启动句和目标句动词重复和不重复的情况下的句法启动。结果发现,只有当动词相同时,且启动句和目标句在0个填充句条件下,才有启动效应,这被称为"词汇增益"现象,当被2个或6个填充句分开时,却没有启动效应。有研究发现,结构启动在年轻人中至少持续一个月,但在健康老年人中仅能持续一周(Heyselaar,Segaert,2022)。

以上研究多是在语言产生中,而关于理解中是否也存在这种类似效应的机制很少被人关注。有研究表明,重复暴露于一种既定的句子类型有长时促进效应(Long,Prat,2008;Tooley,Traxler,Swaab,2009;Wells,Christiansen,Race,et al.,2009)。Bernolet,Collina和Hartsuiker(2016)再次探讨了句法启动的持久性,发现启动句和目标句中分别插入0个、2个、6个填充句时,即时启动的启动效应优于插入2个或6个填充句时的,即使使用不相关的动词,三个条件下都能看到启动效应的衰减。另外,视觉情境范式数据初步表明,当在启动句和目标句之间插入1个不相干的填充句后,启动句仍然可能会影响目标句的加工(Carminati,van Gompel,2009)。在两个ERP研究中,当在启动句和目标句之间插入1个理解问题时,表明句法启动效应的P600波幅减小(Ledoux,Traxler,Swaab,2007;Tooley,Traxler,Swaab,2009)。Tooley,Swaab,Boudewyn等(2014)使用缩减的关系从句,采用ERP和眼动技术相结合,考察句子理解中的启动效应受1个或更多填充句的影响时是否出现。实验1发现当没有填充句和只有1个填充句时,P600值减小,说明加工启动句能够促进目标句的句法加工。实验2和实验3用眼动追踪,显示当启动句和目标句之间有3个填充句时目标句仍然得到了促进,但眼动指标与没有插入填充句的实验结果有差异,插入3个填充句时仅在总时间上有明显差异。

Tooley和Traxler(2018)使用缩减的关系从句(花园幽径句)和主句,研究理解中的即时启动和累积结构启动,针对同一批被试做了5个眼动追踪阅读实验,每个实验之间有1到6天的延迟,以此考查被试的累积结构启动效应。在不同实验中,对启动句中具有句法挑战性部分的总注视时间减少,表明被试内隐地学习了结构。在目标句子的关键区域也观察到了额外的启动,这种效应的大小在5个实验中没有变化。这些发现表明,长期的结构适应和短期的词汇中介启动效应是由不同的理解机制引起的,句法启动效应的双重机制可以更好地解释这些结果。

越来越多的研究表明,语言理解中的句法启动似乎只有当启动句和目标句包含相同动词时才会发生(Tooley,Swaab,Boudewyn,et al.,2014;孙颖,葛明贵,宣宾,2020)。研究显示,理解中的句法启动也可以持续一定的时间。Tooley,Swaab,Boudewyn等(2014)发现,当在启动句和目标句之间插入0个和1个填充句时启动效应差别不大,甚至插入3个时仍然可以观察到启动效应,不过仅仅体现在总时间上。Bernolet,Collina和Hartsuiker(2016)使用三种结构的句子研究则发现,0个间隔条件下,句法启动效应最强;2个间隔条件下,只有一种结构的句子可以观察到启动效应;6个间隔条件下,所有的启动效应消失。针对上述实验结果,假如仅用剩余激活说来解释,那么无法解释间隔2个、3个填充句条件下仍然存在句法启动效应。增加间隔填充句,仍然可以观察到启动效应,有力说明不是剩余激活一种机制起作用,而是也有内隐学习的参与,即被试接触大量的暂时歧义结构,自动地习得了这种结构的理解。因此,研究者们采用了双机制假说来解释这种效应,启动现象是外显的记忆和内隐的学习共同作用的结果(Tooley,Swaab,Boudewyn,et al.,2014;Bernolet,Collina,Hartsuiker,2016)。他们采用了双机制假说来解释了这种效应是外显的记忆和内隐的学习促成了这种结果。

基于内隐说和基于激活说是解释句法启动现象的有代表性的两种学说,两者不是互斥关系。在较早的语言产生研究中,大量实验证明,结构启动是因为接触大量结构相同的启动句以后,促进了目标句的结构选择,而且这种启动效应持续数天(Bock,Griffin,2000)。一些学者便采用内隐学习来解释这个现象,这就是内隐说。

更多的研究表明,动词重复时才发生启动效应(Tooley,Swaab,Boudewyn,et al.,2014;孙颖,葛明贵,宣宾,2020)。剩余激活说解释:当加工一个启动句时,激活动词的词条表征和词条节点之间的连接,能够使结构表征的激活暂时增加,随后加工结构相同的目标句,则加工过程就会显示促进效应。这便是激活说。

近年来的研究表明,语言理解中的启动似乎也可以持续一定的时间,例如,当启动句和目标句之间插入2个或3个填充句时,句法启动仍然存在,但是启动效应比0个时要小,因此有学者认为,内隐学习说和剩余激活说并不排斥,它们可同时存在于语言理解的过程中,这种现象又被称为"双机制说"(Tooley, Swaab, Boudewyn, et al., 2014)。

综上,句法启动在语言产生和语言理解中均有发生,但是关于这种效应的机制和详细加工过程却一直存在争议,厘清理解中引发句法启动的机制和过程可以更好地理解词汇和句法表征是如何组织的,也能帮助了解语言理解加工过程和语言产生过程的对比。

4.1.2 汉语相关的句法启动研究以及进一步研究的空间

汉语句法启动研究起步较晚,较早的实验研究在语言产生领域(朱火红,郑海燕,金志成,等,2009;芦松敏,张积家,2012;查芸芸,吴思娜,2014)。语言理解领域,Chen, Xu, Tan 等(2013)用分别以眼动和 ERP 技术,采用 Tooley, Traxler 和 Swaab(2009)类似的方法,使用的材料是汉语中的关系从句(包含"VP + 的 + NP"),例如,"数学老师表扬的男生不擅长唱歌"。其理论假设是,汉语像英语一样,也是 SVO 结构性语言,当读者读到"数学老师表扬"的时候,会期望后面出现一个宾语"O",但是当"的"出现时,读者放弃之前的句法结构而进行再分析。这样,作者期望当启动句和目标句动词相同句(10a)和句(10c)或相近时句(10b)和句(10c),目标句比启动句的 P600 效应减小:

(10a) 院士称赞的博士显得非常谦虚。(重复动词启动句)

(10b) 院士夸奖的博士显得非常谦虚。(近义动词启动句)

(10c) 姑妈称赞的表哥还在国外读书。(目标句)

结果表明,启动句和目标句的动词相同时,P600 效应减小,说明发生了启动效应;当动词相近时,却没有发生启动效应。这说明当汉语包含"VP + 的 + NP"的关系从句的句法时,启动是词汇驱动的。

除了"VP + 的 + NP"的关系从句外,汉语中还有很多花园幽径句,容易引起读者的再分析过程。例如,"小王研究鲁迅的文章"(包含"VP + NP1 + 的 + NP2"),根据后续部分的不同,会产生暂时歧义。根据汉语是 SVO 语言,读者读到"小王研究鲁迅的文章"时,会优先分析"研究鲁迅的文章"为动宾结构,那么此时如果后续"小王研究鲁迅的文章之后发表了意见",符合读者的预期,就不会产生分析困难。而如果后续是"小王研究鲁迅的文章发表在期刊上",就不符合读者的预期,读者就会再分析,把后面的动宾结构重新分析成偏正结构,才能正确理解句子。这类句子启动效应可能更加明显,但岳明蕾(2011)和韩静(2013)用类似这样的句子作实验材料,却得出了相反的结论。

在眼动追踪实验中,缩减的关系从句句法启动效应被发现在句法解歧"by"短语处阅读时间的减少,而且在"by"短语之前的动词阅读总时间减少;汉语暂时歧义关系从句(如"小王研究鲁迅的文章发表在期刊上")眼动追踪研究表明,启动效应仅在动词相同,句法相同时,发生在"的+名词"区域,第一遍通过时间、回视路径时间、总注视时间和第一遍回视次数,相对于启动句和目标句句法结构不同时,均有显著减少(岳明蕾,2011)。但韩静(2013)的研究结果表明,动词相同时,在歧义区(名词1+的+名词2)处和解歧区(歧义区后面的部分)均产生了句法启动效应,其中歧义区仅在总时间上显著减少,解歧区在第一遍通过时间和总时间上显著减少。

在ERP研究中,当目标句与启动句有重复动词时,目标句电极反应与启动句电极反应比较,显示目标句句法加工困难减少的关键解歧词的P600波幅减小。Chen,Xu,Tan等(2013)的汉语研究发现,句法启动效应被发现在关系从句(包含VP+的+NP)"的"处,目标句"的"处的P600波幅减小。

发现汉语中的关系从句(包含"VP+的+NP",(例如,"数学老师表扬的男生不擅长唱歌")这类句子的即时理解中产生非常强的句法启动效应(即目标句紧跟着启动句的实验,且动词相同时),英语材料也是如此(Tooley, Traxler, Swaab 2009; Traxler, Tooley, 2008)。Tooley, Swaab, Boudewyn,等(2014)认为,这些P600效应反映了"by"短语与前文的句法形式整合的难度。标准加工说认为读者更期望一个名词(如"The defendant examined the evidence"),而不是一个介词短语(关系从句的修饰语)。这种可能的或者简单语法化的预期结果与实际结果引发句法修复过程之间的冲突,从而产生了P600效应。在重复动词处也发现了N400效应,但是有可能是由于其后的句法解歧的相反极性导致的。Chen, Xu, Tan,等(2013)对汉语的解释与此类似,支持标准加工说和动词论元结构理论。

随着对句法启动研究的深入,句法启动的产生机制受到高度关注,特别是语言理解方面(孙颖,葛明贵,2018b)。句法启动的时间进程是对句法启动产生机制的深层理论解释,但汉语目前相关的研究和证据较少。在汉语产生领域,目前认为启动句的类型影响目标句的句法选择(张宁,张清芳,2020),在句子产生潜伏期上,仅发现当启动句和目标句句法结构相同时潜伏期缩短,即有启动效应,但并没有发现动词重复有促进作用(于宙,张清芳,2020),这又进一步验证了词汇独立现象,即产生中的句法启动不依赖于动词重复。在汉语理解领域发现了与外语材料相似的结果,即只有当动词相同时才能观察到句法启动效应,动词相近或不同时,均没有启动效应产生(Chen,Xu,Tan, et al.,2013;孙颖,葛明贵,宣宾,2020),有研究探讨了剩余激活说能解释这个现象(孙颖,葛明贵,宣宾,2020)。

直到目前,汉语句法启动的时间进程相关证据很少。只有一项语言产生中的研究涉及时间进程,使用"SVO"结构和"把"结构(S-把-OV)之间的汉语特定交替来研究说普通话的3岁、4岁和6岁儿童的结构启动。当使用具有相同结构的多个启动块时,结构启动以单个启动或累积方式发生。研究1的结果发现,这些学龄前儿童在3个年龄组中表现出与"SVO—把"交替相似程度的结构启动效应。研究2的结果表明,当他们对启动的理解与其目标描述之间没有延迟或延迟1天时,他们表现出类似程度的累积结构启动效应。结果还表明,参与者表现出比常规结构启动更强的累积结构启动。总之,这些结果表明,儿童在3岁时可以采用抽象句法表征来适应输入变化,这种适应作用于内隐学习机制(Hsu,2019)。

以上研究为理解汉语句法启动提供了视角,但没有直接涉及其深层的心理机制。韩迎春(2020)则探讨了汉语句法启动是适合剩余激活观点还是内隐学习观点框架下的适应观点,结论支持内隐学习观点框架下的预期-适应观点。但这种观点能否解释汉语句法启动的词汇增益现象,以及汉语中的句法启动机制如何,还需进一步研究。

传统的句法启动研究多是行为研究,眼动和ERP相结合是当前大势所趋(陈庆荣,2012)。ERP可以反映各种加工,包括词汇、语义、指称或句法等,可以定位启动效应的来源,有助于精细地观察到研究的效果(Tooley,Swaab,Boudewyn,et al.,2014)。N400和P600是语言加工的常用脑电成分。N400效应主要反映语义加工的ERP成分,反映了语义启动效应,P600反映了语义加工后期的语义整合(Wang,Zhou,Huang,et al.,2017)。P600波幅是评估句法操作过程中句法歧义、句法违例和句法复杂性的指标,被称为P600效应(Tooley,Swaab,Boudewyn,et al.,2014;Canette,Fiveash,Tillmann,et al.,2020)。

研究启动句和目标句之间插入不相干句子时发生什么有助于弄清这一理解中的句法启动原因,就像语言产生所做的那样。如果理解中的启动效应不存在大于0个间隔条件,这将表明,产生启动效应在理解和产生的机制和加工方面存在质的区别,如果存在0个间隔条件以上,那么跟产生中的启动效应保持时间一样长吗?以英语为材料的在线理解中的填充句研究显示,当插入0个和1个填充句时,启动效应没有显著变化,均有较强的启动效应;当插入3个填充句时,启动效应仍然存在。那么汉语在线句子理解中的句法保持如何?因此,本实验的主要目的就是确定在汉语句子(包含"VP + NP1 + 的 + NP2")理解中,当启动句和目标句之间插入不相关的句子时到底会发生什么。本研究采用事件相关电位(ERP)和行为方法(眼动追踪)来评估读者对如句子"主管表扬员工的措施没有一点新意"类型的暂时歧义关系从句的反应。

根据前人的研究,启动句和目标句只有在包含相同动词时,语言理解中的句法启动才会发生,根据剩余激活假说,激活动词的词条和节点之后,促进了目标句的加工,句法启动效应会迅速衰减。汉语的暂时歧义句跟英语中的缩减的关系从句类似,能引起读者的加工困难和重新再分析过程,能够更好地理解对句子的加工。汉语与英语材料不同,可能会存在具体的歧义消解词的位置不同,或者再分析发生的时间早晚差异,如汉语的再分析没有像英语那样发生在较早期的指标-首次通过时间(孙颖,葛明贵,宣宾,2020)。以上差异不一定会影响句法启动心理机制的探讨,因为词汇增益现象存在跨文化现象。

鉴于在同一实验中,比较启动句和目标句之间有无填充句时,句法加工的精细变化,因此本研究拟以汉语暂时歧义句为材料,改进实验设计(使启动句和目标句是同一个句子,以避免词频、词长等的误差,见后文的实验设计部分),探讨启动句和目标句之间 0 个和 1 个填充句的启动效应(分别简记为 Lag0 和 Lag1)。假设如下:

(1) 启动句和目标句首动词重复时会发生显著的句法启动效应。

(2) 包含"动词 + 名词 1 + 的 + 名词 2 + 解歧词"的暂时歧义句,句法启动的位置在"的"和"名词 2"处。

(3) Lag0 和 Lag1 条件下,可能均存在句法启动效应,但是 Lag1 条件下的效应比 Lag0 条件下的衰减。

4.2 实验 1:Lag0 和 Lag1 条件下的 ERP 实验

4.2.1 实验目的

实验 1 考察呈现一个启动句如何影响与其句法相同的目标句的神经生理反应。和前人理解中的句法启动 ERP 研究一样(Ledoux,Traxler,Swaab,2007;Tooley,Traxler,Swaab,2009),考察被试对缩减的关系从句的反应,被试反应用两种不同的条件来评价。第一种,0 个间隔条件,基本上与前人的 ERP 研究呈现相同,启动句和目标句立刻连着出现。另一种条件,1 个间隔条件,1 个不相干的填充句插入到启动句和目标句之间。通过计算启动句和目标句中关键动词和动词后的解歧词的 ERP,可以评价启动句的加工如何影响随后的目标句的神经心理反应。如果加工启动句能够加快目标句的加工过程,将能观察到目标句中重复动词后的解歧词比启动句中的相应词的 P600 的减小。

4.2.2 实验方法

4.2.2.1 实验对象

基于相关报告的被试数(Tooley, Swaab, Boudewyn, et al., 2014),结合采用 G*Power 3.1.7 对样本数进行计算,得样本量为 17,因采用拉丁方设计,故最后的样本量确定为 16。16 位来自某高校的本科生自愿参加实验(7 男,9 女,平均年龄 18.7~22.9 岁),所有被试是右利手,母语是汉语,无听力和神经/生理方面的疾病障碍。实验开始之前签署知情同意书并在实验结束之后获得一定报酬。

4.2.2.2 实验设备与实验刺激

实验程序使用 Eprime2.0 工具包编制,运行于 Windows 7 操作系统的计算机上。脑电数据记录采用美国 NEUROSCAN64 导电极帽的脑电采集系统同步记录和分析被试的脑电数据,用国际 10~20 系统扩展的 64 导电极帽记录脑电信号,设备如图 4.1 所示。

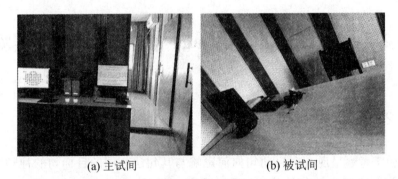

(a) 主试间　　　　　　　　(b) 被试间

图 4.1　ERP 实验室

参考电极置于左侧乳突,右侧乳突为记录电极,数据处理时转换为两侧乳突为参考电极。滤波带通为 AC-100 Hz,采样频率为 1000 Hz,头皮电阻降至 5 kΩ 以内。同时在左眉上下方和双眼外侧放置眼电记录电极,以记录垂直眼电(VEOG)和水平眼电(HEOG)。采集后的信号用 EDIT 4.5 分析和处理。

实验项目是 160 个暂时歧义句(简称 RR 句),组成 80 对启动-目标句对,其中 48 对来自词汇增益实验的材料,又编制了 40 对具有暂时歧义的启动-目标句对。与之前的材料一样,正式实验之前对新编制的 40 对句子也进行了语义合理性评定,选取 16 名非中文专业且未选修过类似专业、不参加正式实验的大学生进行评定。评定时要求被试仔细阅读句子,并对句子语义的合理性做出五级评定(1 代表非常不合理,5 代表非常合理)。根据被试评定结果,保留 32 对启动-目标句对,这些句子在5点量表上得分的平均数4.15,其中最大值为4.90,最小值为4.03,标准差为0.37。剔除语义合理性低的句对,最后保留32对,与之前的48对共计80对。

目标句要么直接跟在启动句后面,要么启动句和目标句之间插入1个填充句,所有启动-目标句对都包含相同的动词。被试直接按键阅读每个句子,例如:

Lag0条件下:
(a)启动句:主管表扬员工的措施没有一点新意。
(c)目标句:师父表扬对手的胸怀感染了弟子。

Lag1条件下:
(a)启动句:主管表扬员工的措施没有一点新意。
(b)填充句:杨静正在打印明天要用的会议文件。
(c)目标句:师父表扬对手的胸怀感染了弟子。

4.2.2.3 实验设计和流程

使用拉丁方设计,启动句和目标句在4个列表中平衡列出(列表见附录3),每个列表上的每种条件下的启动句在另一个列表上作目标句,启动-目标句对在一个列表上以Lag0呈现,在另一个列表上以Lag1呈现,项目以固定、随机顺序呈现给被试。通过翻转启动句和目标句,这样最后计算的启动句和目标句就是相同的句子,减少词频语义等引起的误差,例如:

Lag0条件下:
启动句:小李揭发组长的行为震惊了车间。
目标句:妻子揭发市长的举止激动了人心。

Lag1条件下:
启动句:小李揭发组长的行为震惊了车间。
填充句:崔红昨天晚上拔掉了卧室的插头。
目标句:妻子揭发市长的举止激动了人心。

其他两个列表分别翻转前两个列表里启动句和目标句的位置,最后分别计算启动句和目标句的ERP指标,而且启动句和目标句均是相同的句子,如:

启动句:小李揭发组长的行为震惊了车间。
目标句:小李揭发组长的行为震惊了车间。

每个列表均是80对启动句和目标句。每个被试选择4个列表中的一个进行测试,每个列表分配相同的被试。

除实验项目外,还有125个填充句,填充句是没有暂时歧义的主句结构,例如,"李明邮寄贺卡之前已经发出去了请帖。"填充句的动词与启动-目标句对的动词不重复。这个假设基于前面的"词汇增益"实验中当RR启动句和目标句没有相同的动词时不会发生启动效应,这样减少填充句带来的干扰。除了40个作为Lag1条件下的启动-目标句对之间的填充句外,其余的85个作为每一组启动句和目标句对之间的填充句,这样可以减少被试猜测规律答题。每组启动句和目标句以 1 个填充句开始,这样可以避免早期的口部肌肉运动对实验项目的影响。每个列表的开始都有 2 个填充句用于被试熟悉按键和问题选择,相当于"热身",以使被试更快更准确地进入实验状态。

被试进入一个电磁屏蔽且隔音的实验室,在舒适座椅上进行测试,屏幕在被试前面 70 cm 左右。刺激用 Eprime 2.0 软件呈现,屏幕为黑底白字,字体为 40 号宋体加粗。每个列表中有 25 个理解性判断对错题,以测试被试对句子的理解程度,不给予被试反馈。对错问题句不在启动句之后,也不在 Lag1 条件下,即只能在目标句之后或者填充句之后。填充句在启动-目标句对之间出现,每个启动-目标句对之间至少有 1 个填充句。句子以快速系列视觉呈现(rapid serial visual presentation,RSVP)方式呈现(Tooley, Swaab, Boudewyn, et al., 2014; Chen, Xu, Tan, et al., 2013),一次一个词。实验开始,在屏幕的中央,一个黑底白色的"+"出现 1 000 ms,之后被句子的第一个词替代,每个词呈现时间为 300 ms,间隔为 200 ms,最后一个词消失之后有 500 ms 的间隔,然后被试或者按键继续,或者在屏幕上快速出现一个对错理解问题,被试通过键盘做出反应,正确率 80%以上才被计算。要求被试身体尽量保持不动,目光注视屏幕中央,词汇呈现时尽量减少眨眼或者移动,以免头部移动或眼电过大影响到 EEG 信号。当固定"+"出现或问题句呈现时,被试被告知当"按键继续"或者理解问题出现在屏幕上时可以眨眼。实验流程如图 4.2 所示。

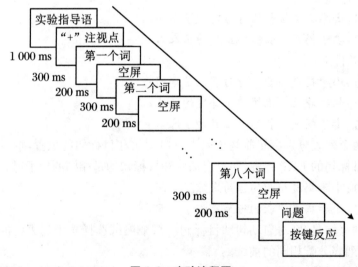

图 4.2 实验流程图

正式实验前有 14 个练习句子,不进行 ERP 记录,仅让被试熟悉实验流程和按键反应,问题反应全部正确才能进入正式实验。正式实验的 4 个列表中的每一个列表将被分成 9 个 Block 呈现,被试可以适当休息,每个 Block 中 Lag0 和 Lag1 启动-目标句对各 4~5 对,每个 Block 最多包含 32 个句子。每个条件下句子中关键词位置打上特定刺激代码,这些代码用于对 EEG 信号进行叠加平均处理,得到 ERP 信号。

4.2.2.4 数据处理

对记录到的 EEG 信号进行滤波,先用带通滤波器 0.01~40 Hz 离线滤波,去除肌电、眼电等伪迹,然后以关键目标词前 200~800 ms(或 1 300 ms 或 1 800 ms,根据所取基线的不同)分段(参照 Tooley, Swaab, Boudewyn, et al., 2014),基线校正、转换为两侧乳突为参考电极、去伪迹之后再次通过低通 25 Hz 滤波,最后对 ERP 进行叠加后平均,并对叠加平均后的 ERP 数据进行统计分析。

提取句子中的 5 个词:首动词(例如,"表扬"),歧义区的 3 个词"名词 1 + 的 + 名词 2",(例如,"员工的措施"),解歧区的动词(例如,"没有"),因为提取的 5 个词是被认为最有可能是句法启动发生的位置(Tooley, Swaab, Boudewyn, et al., 2014; Chen, Xu, Tan, et al., 2013; 孙颖,葛明贵,宣宾,2020),分析其事件相关电位。

分析启动句和目标句中首动词和歧义区(名词 1 + 的 + 名词 2)及解歧区的关键词,时间窗参考 Tooley, Swaab, Boudewyn 等(2014)的选取标准(用每个刺激呈现前 200~800 ms 时间窗分析的结果与此结果大致相同)。首动词时间窗取 300~500 ms(N400)和 500~800 ms(P600)。为了避免失真的影响,关键词"名词 1"用首动词锁时,使用首动词前基线,因此"名词 1"的 N400 和 P600 时间窗分别对应于锁时首动词的 800~1 000 ms 和 1 000~1300 ms。类似地,为了考虑基线失真来自"名词 1"的效应,分析"的"和"名词 2"时就锁定到"名词 1",使用"名词 1"前基线。因此,当锁时到"名词 1"时,"的"的 N400 和 P600 时间窗分别对应于锁时"名词 1"的 800~1 000 ms 和 1 000~1 300 ms;和"名词 2"相关的时间窗是 1 300~1 500 ms 和 1 500~1 800 ms。分析解歧区时,锁定到"名词 2",使用"名词 2"前基线,解歧区的 N400 和 P600 时间窗分别对应于锁定"名词 2"的 8 00~1 000 ms 和 1 000~1300 ms。

4.2.3 结果与分析

图 4.3 显示了 Lag0 和 Lag1 条件下动词重复处的 N400 效应。图 4.4 显示了 Lag0 和 Lag1 条件下"名词 1"的波形比较。图 4.5 显示了 Lag0 和 Lag1 条件下"的"和"名词 2"的启动效应。图 4.6 显示 Lag0 和 Lag1 条件下的解歧区的启动效应。绘制图表的基线和统计分析所用的相同。

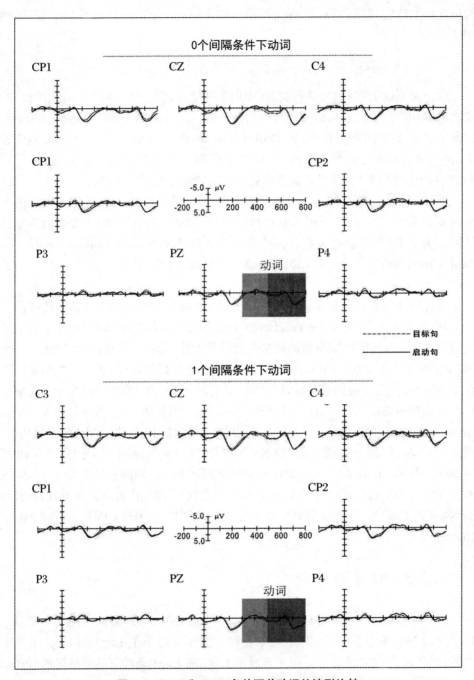

图 4.3 Lag0 和 Lag1 条件下首动词处波形比较

第 4 章 语言理解中汉语句法启动的时间进程 83

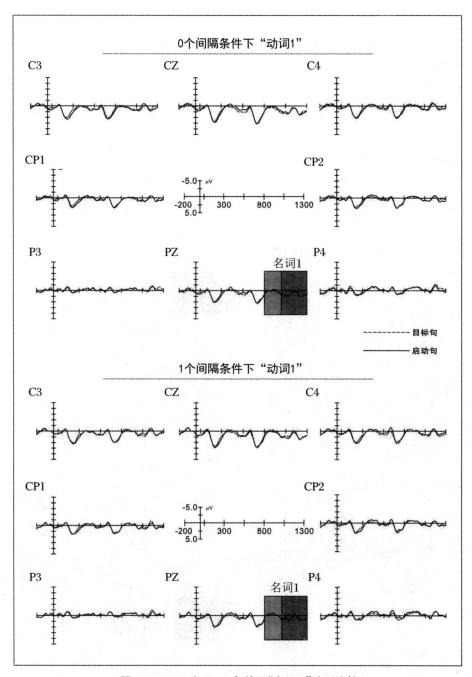

图 4.4 Lag0 和 Lag1 条件下"名词 1"波形比较

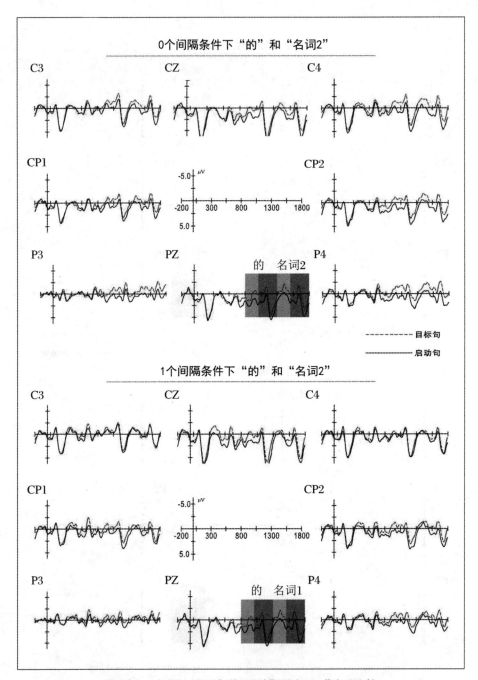

图 4.5 Lag0 和 Lag1 条件下"的"和"名词 2"波形比较

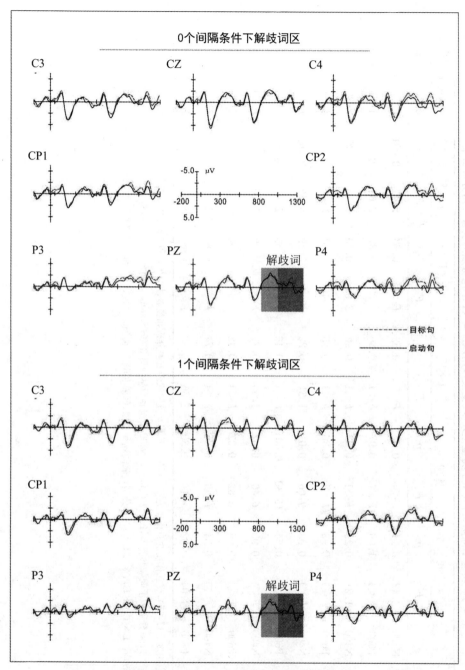

图 4.6 Lag0 和 Lag1 条件下解歧词区波形比较

对间隔(Lag0,Lag1)、类型(启动,目标)和电极位置(11 个中央电极位置)进行被试内因素重复测量方差的计算。11 个中央电极点分别为 C3,C4,CP1,CP2,CP5,CP6,P3,P4,CZ,PZ,POZ,被认为是 N400 和 P600 最大典型电极位置(Tooley,

表 4.1 实验 1 间隔条件、句子类型主效应、交互作用以及与 11 个电极点的交互作用分析结果

		Lag		Type		L×T		L×E		T×E		L×T×E	
		F	p	F	p	F	p	F	p	F	p	F	p
首动词	N400	2.43	0.14	$F<1$	0.37	$F<1$	0.52	$F<1$	0.63	**5.47**	**0.001**	$F<1$	0.74
	P600	$F<1$	1.00	$F<1$	0.97	$F<1$	0.36	1.32	0.27	2.61	0.07	1.11	0.36
名词 1	N400	1.21	0.29	$F<1$	0.93	$F<1$	0.92	2.02	0.10	1.13	0.35	2.30	0.07
	P600	$F<1$	0.93	$F<1$	0.36	$F<1$	0.45	1.46	0.23	$F<1$	0.56	1.80	0.15
的	N400	$F<1$	0.93	**9.06**	**0.01**	1.61	0.22	$F<1$	0.49	**4.45**	**0.003**	$F<1$	0.48
	P600	$F<1$	0.64	**15.30**	**0.001**	$F<1$	0.46	$F<1$	0.53	**2.51**	**0.05**	2.20	0.07
名词 2	N400	$F<1$	0.95	**6.40**	**0.02**	1.63	0.22	$F<1$	0.58	1.16	0.34	1.18	0.43
	P600	$F<1$	0.69	**6.82**	**0.02**	$F<1$	0.48	$F<1$	0.62	1.92	0.12	$F<1$	0.33
解歧区	N400	$F<1$	0.34	$F<1$	0.35	$F<1$	0.74	$F<1$	0.80	1.19	0.33	$F<1$	0.51
	P600	1.04	0.32	1.14	0.30	1.56	0.23	$F<1$	0.64	1.82	0.13	$F<1$	0.47

注:主效应自由度为(1,15),交互作用的自由度为(10,150)。F 和 p 分别代表方差分析和显著性的统计量,显著性结果用数字加粗表示,$p<0.05$ 具有统计学意义。Lag 和 Type 分别代表间隔类型和类型,E 代表电极点。N400 是指刺激呈现后 300~500 ms 时间窗的 N400 效应,P600 是指刺激呈现后 500~800 ms 时间窗的 P600 效应。L×T,L×E,T×E,L×T×E 分别代表间隔和类型、间隔和电极、类型和电极、间隔和类型和电极之间的交互作用。

Swaab,Boudewyn,et al.,2014)。Greenhouse-Geisser 校正用 F 检验,本文中相关分析报告分子自由度均超过 1。主效应的方差分析和句子类型(启动句与目标句)的交互作用结果如表 4.1 所示。

首动词结果:首动词的 N400 窗口和 P600 窗口均没有发现类型主效应($F_s<1$)。间隔也没有发现主效应($F_s<1$),首动词 N400 窗口发现类型与电极位置有交互作用,($F=5.47, p=0.001, \eta^2=0.27$)。

"名词1"结果:"名词1"的 N400 窗口($F_s<1$)和 P600 窗口($F_s<2.62$)均没有发现类型和间隔主效应,也没有交互作用。

"的"结果:"的"的 N400 窗口发现了类型主效应($F=9.06; p=0.01; \eta^2=0.38$),启动句中的"的"波形比目标句中的更正(图 4.7)。类型和电极有显著交互作用($F=4.45; p=0.003, \eta^2=0.23$)。"的"的 N400 时间窗口没有发现间隔主效应,也没有任何间隔交互作用($F_s<1$)。类似地,"的"的 P600 窗口发现了类型主效应($F=15.3; p=0.001, \eta^2=0.51$),启动条件的"的"波形比目标句的波形偏离的更大(见图 4.8)。这个类型效应和电极交互作用显著($F=2.51; p=0.05, \eta^2=0.14$),没有间隔效应和间隔交互作用($F_s<1$)。

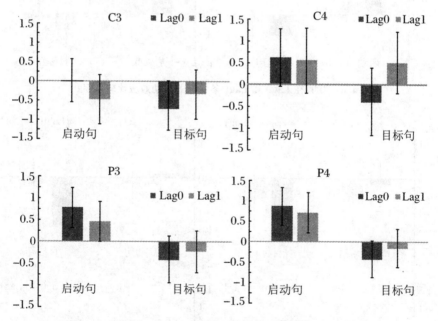

图 4.7 "的"在 Lag0 和 Lag1 条件下的启动效应比较(N400)

"名词2"结果:"名词2"的 N400 窗口发现类型主效应($F=6.4; p=0.02, \eta^2=0.30$),启动句中的"名词2"波形比目标句中的更正(见图 4.9)。类型效应和电极的交互作用不显著($F<1.2$)。"名词2"在 N400 窗口没有发现间隔主效应和间隔交互作用($F_s<1.2$)。类似的,"名词2"在 P600 时间窗发现了类型主效应($F=6.82; p=0.02, \eta^2=0.31$),启动条件的"名词2"波形比目标句的波形偏离得更大(图 4.10)。这种类型效应和电极位置没有交互作用($F<2.0$),没有间隔主效应及

其交互效应($F_s < 1.2$)。

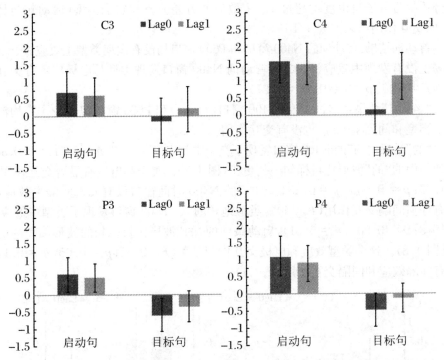

图 4.8 "的"在 Lag0 和 Lag1 条件下的启动效应比较(P600)

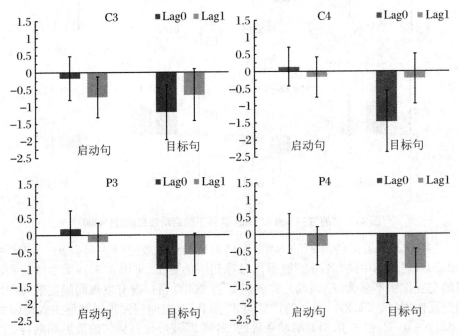

图 4.9 "名词 2"在 Lag0 和 Lag1 条件下的启动效应比较(N400)

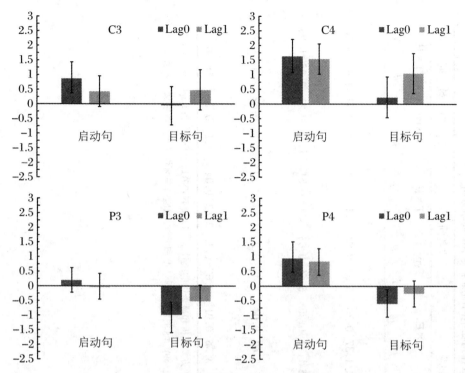

图 4.10 "名词 2"在 Lag0 和 Lag1 条件下的启动效应比较(P600)

解歧区结果:解歧区的 N400 窗口没有发现类型主效应和间隔主效应($F_s<1$),也没有任何交互作用($F_s<1.2$)。类似的,解歧区的 P600 窗口也没有发现类型主效应和间隔主效应($F_s<1.2$),也没有任何交互作用($F_s<1.9$)。

由以上分析可知,跟之前的研究一样,首动词重复时发生了句法启动效应。包含"动词+名词1+的+名词2+解歧词"的暂时歧义句,句法启动的位置在"的"和"名词2"处。

简单效应分析:为了检查每一个间隔条件下的启动效应,计算类型(启动,目标)的重复测量方差,电极位置(11个)作为被试内因素,每个间隔条件下分别计算[参照 Tooley,Swaab,Boudewyn 等(2014)的分析],如表 4.2 所示。

Lag0 条件下首动词结果:首动词的类型效应在 N400 和 P600 窗口下均没有达到显著($F_s<1$),N400 窗口发现和电极有交互作用($F=3.23,p=0.02,\eta^2=0.18$),P600 窗口也发现和电极有交互作用($F=2.84,p=0.04,\eta^2=0.16$)。

Lag0 条件下"名词1"结果:"名词1"的类型效应在 N400 和 P600 时间窗口下均没有达到显著($F<2.0$),N400 窗口发现类型和电极的交互作用达到边缘显著($F=2.38,p=0.06,\eta^2=0.27,\eta^2=0.14$)。

表 4.2 实验 1 句子类型与电极点的交互作用在不同间隔条件下的简单分析

	首动词				名词1				的				名词2				解歧词			
	Type		T×E		Type		T×E		Type		T×E		Type		T×E		Type		T×E	
	F	p	F	p	F	p	F	p	F	p	F	p	F	p	F	p	F	p	F	p
Lag0																				
N400	<1	0.89	**3.23**	**0.02**	1.11	0.30	**3.75**	**0.005**	**17.77**	**0.001**	1.37	0.26	**5.82**	**0.03**	<1	0.63	<1	0.41	1.42	0.18
Lag0																				
P600	<1	0.58	**2.84**	**0.04**	1.87	0.19	1.66	0.17	**10.07**	**0.006**	1.37	0.25	**5.66**	**0.03**	<1	0.51	1.72	0.21	**2.35**	**0.06**
Lag1																				
N400	1.21	0.29	1.79	0.17	<1	0.99	1.42	0.25	1.34	0.27	**2.62**	**0.04**	1.45	0.25	1.54	0.20	<1	0.62	<1	0.70
Lag1																				
P600	<1	0.63	1.10	0.35	<1	0.85	1.12	0.35	**7.80**	**0.01**	**3.36**	**0.01**	2.67	0.12	**2.62**	**0.04**	<1	0.74	<1	0.67

注：Type 代表类型，T×E 代表类型和电极之间的交互作用。F 和 p 分别代表方差分析和显著性的统计量。Lag0 N400，Lag0 P600，Lag1 N400 和 Lag1 P600 分别代表 0 个间隔，1 个间隔条件下刺激呈现后 300~500 ms 时间窗的 N400 和 500~800 ms 时间窗的 P600 效应。显著性结果用数字加粗表示，$p < 0.05$ 具有统计学意义。

Lag0条件下"的"结果:N400窗口发现"的"类型主效应($F=17.77;p=0.001,\eta^2=0.54$),这种类型效应和电极之间没有交互作用($F<1.4$),类似的,P600窗口发现"的"类型主效应($F=10.07;p=0.006,\eta^2=0.40$),和电极没有交互作用($F<1.4$)。

Lag0条件下"名词2"结果:N400窗口发现"名词2"类型主效应($F=5.82;p=0.029,\eta^2=0.28$),这种类型效应和电极之间没有交互作用($F<1.4$),类似的,P600窗口发现"名词2"类型主效应($F=5.66;p=0.03,\eta^2=0.27$),和电极没有交互作用($F<1$)。

Lag0条件下解歧区结果:解歧区的类型效应在N400和P600时间窗口下均没有达到显著($F<1.8$),N400窗口没有发现类型和电极有交互作用($F<1.5$),P600窗口类型和电极交互作用达到边缘显著($F=2.35,p=0.059,\eta^2=0.14$)。

Lag1条件下,5个报告区域的N400窗口未发现类型主效应($F<1.5$),在首动词处发现类型和电极有交互作用($F=3.30,p=0.02,\eta^2=0.18$),"的"处发现类型和电极有交互作用($F=4.00,p=0.004,\eta^2=0.21$);P600窗口仅在"的"处发现类型主效应($F=7.8,p=0.01,\eta^2=0.34$),类型和电极交互作用显著($F=3.36,p=0.01,\eta^2=0.17$),名词2处类型和电极交互作用显著($F=2.62,p=0.04,\eta^2=0.15$)。

由以上分析可知,Lag0和Lag1条件下,均存在句法启动效应,但是Lag1条件下的效应比Lag0条件下的衰减,例如,"名词2"处的句法启动已观察不到。

4.2.4 结果讨论

本研究显示,启动句和目标句包含相同的首动词时,加工一个暂时歧义目标句会受到相同结构启动句的影响即发生了显著的启动效应,表现在Lag0条件下目标句中"的"和"名词2"以及Lag1条件下"的"的P600波幅显著减小。其中Lag0条件下的启动效应跟之前的研究是一致的(Tooley,Traxler,Swaab,2009;Chen,Xu,Tan,et al.,2013;Tooley,Swaab,Boudewyn,et al.,2014;Traxler,Tooley,Pickering,2014;Bernolet,Collina,Hartsuiker,2016;孙颖,葛明贵,宣宾,2020),即产生了"词汇增益"现象(Traxler,Tooley,Pickering,2014;孙颖,葛明贵,2018b;孙颖,葛明贵,宣宾,2020)。Lag0和Lag1条件下,均存在句法启动效应,但是Lag1条件下的效应比Lag0条件下的有所衰减,例如,英语的"名词"和汉语"名词2"处的句法启动已观察不到。说明句法启动和"词汇增益"存在跨语言一致的现象。

理解中的句法启动的发生与首动词的重复有重要的关系,相同的首动词能够促进目标句的加工,可能因为与动词相联系的句法表征在句子的边界被激活,或者遇到目标句中的解歧信息时这种联系更容易被检索或重新激活,像这种句法结构信息与单个词汇条目紧密相关,支持存储的短暂激活说(Branigan,Pickering,

Mclean, 2005), 又称"剩余激活说"。根据这种假说, 人们理解句子时将激活词条节点之间的连接, 判断如何给一个词汇项目编码(如"表扬")的句法结构表征可以跟其他项目结合(如动宾结构"表扬/员工的措施"或者偏正结构"表扬员工/的措施"), 这些项目用什么顺序表达以及它们如何续接等。当续接为"主管表扬员工的措施之后进行了投票"时, 符合汉语"主谓宾"结构的预期, 把"表扬员工的措施"优先分析为动宾结构, 这是常见的主句结构; 当续接为"主管表扬员工的措施没有一点新意"时则要把"表扬员工的措施"分析为偏正结构, 如此读者才能正确理解句子的意思。加工一个启动句, 为了能够增加结构表征激活的暂时性, 需要在句子中形成词汇之间的依赖关系, 如果随后遇到的目标句(如, "师父表扬对手的胸怀感染了弟子")需要相同的结构表征, 就会促进加工过程。

汉语动词区没有发现 N400 和 P600 效应, 这可能因为英语和汉语的动词区域性质不同所致, 英语材料的"examine"既是动词又是歧义发生的位置, 因为读者最初可能把其理解为及物动词, 但是当遇到"by"短语时, 又必须把它分析为分词, 这个意义再分析过程可能导致了 N400 效应。但是汉语动词"表扬"是一个及物动词, 真正的歧义区在后面, 因此, 与歧义区相比, 动词区的意义变得不那么重要, 所以汉语首动词区没有发现 N400 效应。说明加工启动句的首动词, 并没有促进目标句的相同首动词的理解, 但是启动句和目标句包含相同的首动词, 又是句法启动产生的重要条件, 也是解释剩余激活机制的基础, 正是因为首动词的加工, 激活了其相关词条和组合节点, 根据后续部分的不同和读者的预期, 产生暂时歧义和消解, 从而出现了后面"的"字效应和"名词 2"效应, 即目标句中其 N400 和 P600 的幅值均显著降低, 是句法启动发生的具体位置, 其中"的"字效应与 Chen, Xu, Tan 等 (2013) 的研究结果是相似的。

本研究表明, 在 Lag0 条件下, 首动词、"名词 1"和解歧词区域均没有发现显著的启动效应, 但"的"和"名词 2"区域发现了显著的启动效应; 当 Lag1 时, 目标句的所有关键词区域的 N400 幅值变得不显著, 只有"的"处的 P600 幅值显著降低, 说明启动效应仍然存在, 但是显著衰减。这说明汉语中的"的"是标记关系从句的功能词, 句子根据后续的不同会产生不同的句子意义, 因此"的"能具有很强的句法加工性质, 能引起较强的 P600 效应。这是从心理语言学视角证明了"的"字是语言学界的研究热点和其用法和意义的复杂性。

Lag1 条件下, 启动效应仍然存在, 但显著衰减, 例如英语的"名词"和汉语"名词 2"处的句法启动已观察不到。这说明理解中的启动效应也可以持续一定的时间, 这就不能仅仅用剩余激活说来解释, 因此, 可能还有内隐学习机制的参与。根据这种理论, 潜在的句法结构表征的强度会随着接触适当类型的句子而增加, 这种类型的学习发生在不需要理解者有意识的努力和察觉之外(Long, Prat, 2008; Wells, Christiansen, Race, et al., 2009)。由于本研究只做了间隔 1 个填充句的实验, 所以结果暂时只能说可能符合双机制理论。假如只存在剩余激活说, 那么无法解释在 Lag1 条件下仍然存在句法启动效应,如果未来进一步增加间隔填充句,如 2 个、3 个或更多后仍然可以观察到启动效应,则会更有力地说明不是剩余激活一种机制起作用,而是内隐学习也有参与,即被试接触大量的暂时歧义结构,自动地习得了这种结构的理解。但是又不可能完全是内隐学习的结果,因为一方面无法解释"词汇增益"现象;另一方面,单独的内隐学习应导致,实验中靠前部分句子理解效果比后部分的更好,但即有的中外研究证明,这种情况是不存在的(Tooley, Traxler, Swaab, 2009; Chen, Xu, Tan, et al., 2013)。

本研究表明,加工一个暂时歧义目标句会受到相同结构启动句的影响。歧义结构"名词 1+ 的 + 名词 2"中的"的"是读者遇到结构困难的开始,这和 Chen, Xu, Tan 等(2013)的研究结果是相似的,目标句中"的"和"名词 2"波形减小成正性关系,这种效应发生在目标句跟在启动句之后的情况下,且当首动词相同时。当启动句和目标句中插入 1 个无关填充句之后,"名词 2"和"的"的启动效应会消失或者减小。零间隔条件下的启动效应和以外文材料的研究结果是一致的(Ledoux, Traxler, Swaab, 2007; Tooley, Traxler, Swaab, 2009; Tooley, Swaab, Boudewyn, et al., 2014),但在 1 个间隔条件下的启动效应很少被观察过,目前仅见 Tooley, Swaab, Boudewyn 等(2014)的 ERP 研究,但是其结果跟本研究是相反的,即前者的启动效应不受间隔条件的影响,而本研究则显示,插入 1 个不相关填充句后,启动效应会显著减小或消失,这可以从 N400 波形更大的负性和 P600 减小的正性得到证明(Tooley, Traxler, Swaab, 2009; Chen, Xu, Tan, et al., 2013; Tooley, Swaab, Boudewyn, et al., 2014; Traxler, Tooley, Pickering, 2014)。

Ledoux, Traxler 和 Swaab(2007); Tooley, Traxler 和 Swaab(2009)以及 Tooley, Swaab, Boudewyn 等(2014)及本研究中,P600 效应被发现在重复首动词之后的不同词中也值得注意。在 Ledoux, Traxler 和 Swaab(2007)研究中,ERP 信号改变出现在"by"短语内的名词(例如"lawyer");在 Tooley, Traxler 和 Swaab(2009)的研究中,类似效应出现在介词"by",这是句法解歧最早出现的地方;在 Tooley, Swaab, Boudewyn 等(2014)的研究中,在"by"短语中的限定词"the"处发现了 P600 效应,在名词"lawyer"处也发现了此效应;而在本研究中,在歧义短语的"的"处发现了 P600 效应,在"名词 2"处也发现了此效应。

由于本实验的目的是确定当呈现一个结构不同的填充句时,句法启动效应是否仍然存在,且 ERP 调整变化的句子中精确变化点并不重要。在许多用这种句子的眼动追踪研究中(例如,Tooley, Traxler, Swaab(2009),实验 2; Traxler, Tooley(2008)),在"by"短语中首次通过时间和首次通过回视效应出现了,但是这样的效应有时只出现在像总时间指标上,这个解释事件相对"晚"的指标。而且,眼动追踪分析区域包括单词"by",限定词,随后的名词,因此没有区分这 3 个词的不同效应。本研究中前两个眼动追踪实验,启动效应主要发生在歧义短语"名词 1+ 的 + 名词 2"中,而且首次通过时间上在所有的兴趣区内均没有发生启动效应,说明汉语这类句子加工困难发生在比较晚期的指标上。

本研究的重要目的是发现目标句中的某些关键词比启动句中的相同区域的 P600 值减小，但是在一个间隔条件下的 P600 值减小和零间隔条件下是不一样的。一个间隔条件下有些电极点的 P600 值并没有减小，有些电极点的减小幅度非常小，说明一个间隔条件下启动效应消失或者减小。

4.2.5 实验结论

本研究探索了汉语中包含"动词＋名词1＋的＋名词2"的暂时歧义结构，使用事件相关电位技术，探讨语言理解中汉语句法启动的产生机制问题，有助于更加全面和深刻地揭示汉语句法启动现象的本质和特点，为跨语言句法启动研究增添比较证据。研究结论如下：

（1）启动句和目标句首动词重复时会发生显著的启动效应。

（2）包含"动词＋名词1＋的＋名词2＋解歧词"的暂时歧义句，句法启动的位置在"的"和"名词2"处。

（3）在 Lag0 条件下，"的"和"名词2"处发现了显著的启动效应。在 Lag1 条件下，只有"的"处的 P600 幅值显著降低，说明启动效应仍然存在，但是呈现衰减的趋势。

4.3　实验 2：Lag3 条件下的眼动追踪实验

4.3.1 实验目的

ERP 实验提供了理解暂时歧义目标句的句法启动效应的证据，但是当启动句和目标句被 1 个不相关的干扰句分开时，启动效应减弱或消失，说明启动效应随着时间的延迟有衰减的趋势。鉴于 ERP 操作更多材料的困难性，第 2 个实验，用眼动追踪而不是 ERP 来检测被试的反应，设计进一步检测理解中的启动效应在更多不相关的材料中是否仍然存在。该实验也是用暂时歧义句作为启动和目标句，检测当启动句和目标句被 3 个不相关的干扰句分开时（文中统一表述为 Lag3），启动效应是否在较长间隔条件下仍然存在。之所以选 Lag3 作为间隔材料，是因为之前的很多实验中，都有填充句和理解问题需要被试反应，这样填充句就有可能充当了间隔材料。另外，Tooley，Swaab，Boudewyn 等（2014）以英文为实验材料做过 Lag3 的眼动追踪启动效应实验，而且得出结果在 Lag3 条件下启动效应仍然存在，而本研究用汉语材料已经做了 1 个 ERP 实验，发现 Lag1 条件时，启动效应会显著减小或消失。为周全考虑,本实验还应该做 Lag2 的实验,但鉴于预期实验目的以及如果被试任务时间太长会产生不适感,因此,本实验暂只做 Lag3 的实验。

4.3.2 实验方法

4.3.2.1 实验对象

来自某高校 34 位本科生自愿参加了实验,实验后有小礼物赠送。所有被试是右利手,母语是汉语,眼睛散光均在 50 度以下,无阅读和听力方面的神经或者生理疾病障碍。

4.3.2.2 刺激材料

本实验的 72 对启动-目标句对和 122 个填充句全部来自 ERP 实验材料,72 个项目如句(20):

(20) 主管表扬员工的措施没有一点新意。

每个被试读 72 个像句(20)的句子,36 个作为启动句,36 个作为目标句。在每个启动-目标句对中,目标句和启动句被 3 个填充句分开。这样,一轮实验就包括 1 个启动句呈现,3 个不相关的填充句和 1 个目标句。例如,一轮实验是这样呈现的(句子在电脑屏幕上逐句呈现):

启动句:主管表扬员工的措施没有一点新意。
填充句 1:郭明把重视专家的建议写进了报告。
填充句 2:刘太太下午到集市上买来了水果。
填充句 3:洪姓记者诽谤正直的保镖之后被处分。
目标句:师父表扬对手的胸怀感染了弟子。

通过在列表中旋转项目,一个列表上的每个启动句又可以作为另一个列表上的目标句,这样,启动句和目标句比较的就是相同的句子,这能够消除因个别词的长度和频率不同的相关误差;也可以消除暂时歧义句和主句额外的歧义效应。启动效应的评估是基于测得的读者对如以句(20)这种暂时歧义句作为启动句和目标句出现时的眼动指标,3 个不相关结构的填充句出现在启动句和目标句之间。

平衡的句子在列表中完成以下目标:

(1) 一个列表上的每一个启动句必须作为另一个不同列表上的目标句;

(2) 每个被试只能读任何句子一次,实验句子被随机分配到两个列表中的一个后,实验句和填充句按照固定顺序呈现给被试。

实验句子和 122 个各种类型的填充句一起呈现,填充句大部分是简单句,所有的填充句代表了相对比较常用的句子类型且有相当简单的语法属性。有的主句包含联合主语(如"小蔡和小王把两棵果树砍倒了"),有的包含介词结构(如"赵爽在超市里买了苹果和香蕉"),有的是"把"字句,有的带状语,句子长度控制在14至16个字,与实验句子长度相当。每个实验轮回之间至少有1个填充句插入,所有的填充句与启动、目标句不含有相同首动词。

4.3.2.3 仪器和程序

仪器与词汇增益实验相同。使用SMI眼动仪监测被试阅读句子时的眼球运动,正式实验前测试被试的优势眼,根据优势眼选择仪器上左右眼来进行监测。电脑显示器在离被试眼睛大约70 cm处显示句子材料。实验前,有14个练习句子,供被试熟悉实验流程和按键反应。练习完毕,被试坐在眼动追踪器旁,固定下巴和头部,尽量减少头部和下巴移动,然后进行眼动仪校准,横向和纵向误差均小于1度才算通过。每个句子呈现之前有一个红色"+"号呈现在屏幕中央,呈现时间为1 000 ms,被试按鼠标左键逐句完成句子。每个列表上有16个理解问题,被试用鼠标进行选择,并且得不到相关的反馈。对启动句和目标句及填充句提问的理解问题保持大致相等,正确率80%以上才纳入正式数据进行计算。实验过程中,主试坐在主试电脑前监视追踪器,如果没有对齐,开始下一个程序之前必须重新校准。

4.3.2.4 数据处理和分析

分析3个兴趣区。首动词区由关系从句的动词构成(如"表扬");歧义区由"名词1+的+名词2"构成;解歧区,像之前的这类句子眼动追踪研究划分的解歧区不一样(岳明蕾,2011;韩静,2013),本研究仅分析了解歧区的动词,因为此处是句法解歧的关键(孙颖,葛明贵,宣宾,2020)。

每个区域4种指标计算:

(1)首次通过时间(first-pass time,FPT),在一个区域开始首次注视,到读者的注视离开这个区域,向左或者向右;

(2)首次回视率(first-pass regression proportion,FRP),反映了首次注视后,通过一个区域的左边界的眼球运动(闫国利,熊建萍,臧传丽,2013);

(3)回视路径时间(regression-pass time,RPT),包括在一个区域首次注视时间到读者注视该区域右端某处所有的注视(Traxler,Tooley,Pickering,2014),这个指标包括再注视前面区域的时间;

(4)总时间(total time,TT),是一个区域所有注视时间长度,不论顺序。

在计算注视时间之前,删除个别注视长于1 000 ms和小于80 ms的注视,删除首动词区和解歧区内首次通过时间和总时间少于80 ms和超过2 000 ms的数据(Tooley,Swaab,Boudewyn,et al.,2014),删除歧义区小于80 ms和超过3 000 ms的数据(Traxler,Tooley,Pickering,2014,也与本实验的词汇增益实验删除标准相同),共删除了6.1%的数据。

4.3.3 结果与分析

分析了72个句子,36个启动句以及36个目标句,而且是相同的句子分别作启动句和目标句,分别计算每个兴趣区的首次通过时间、首次回视率、回视路径时间和总时间。

首动词和歧义区"名词1+的+名词2"和解歧区的首次通过时间、首次回视率、回视路径时间和总时间平均数见表4.3。

表4.3 不同兴趣区和条件下的 FPT,FRP,RPT 和 TT

	首 动 词 区	歧 义 区	解 歧 区
首次通过时间(ms)			
启动	375(22.1)	335(21.2)	313(15.8)
目标	365(25.1)	321(20.6)	299(11.2)
首次回视率			
启动	23.3%(4.84)	73.9%(3.49)	55.3%(4.50)
目标	22.8%(5.42)	77.8%(4.75)	55.0%(4.51)
回视路径时间(ms)			
启动	468(30.0)	822(27.4)	871(50.9)
目标	468(29.0)	818(41.1)	869(69.7)
总时间(ms)			
启动	841(61.1)	1 185(57.8)	689(51.8)
目标	824(51.5)	1 161(63.1)	658(47.9)

注:括号里为标准误差。

使用独立样本 t 检验,每个兴趣区的眼动指标独立计算,分别分析被试和项目上的显著性。任何区域的首次通过时间、首次通过回视、回视路径时间和总时间在被试上均没有发现统计意义上的显著效应(p_s>0.05),在项目上也没有发现统计意义上的显著效应(p_s>0.05)。

结果表明,当3个不相关的填充句出现在启动句和目标句之间,加工一个暂时歧义启动句并不能促进一个暂时歧义目标句的加工,即启动效应完全消失。

4.4 实验结果分析

4.4.1 本章实验结果与国内外相似研究结果的比较

4.4.1.1 动词区的差异

实验 1 中,对暂时歧义目标句中关键词处的 ERP 进行分析,在其之前是结构相同的启动句。启动句和目标句要么立即紧随呈现(Lag0),要么被一个不相关的句子分开(Lag1)。在 Lag0 条件下,没有发现首动词的 N400 效应,这与 Tooley,Traxler 和 Swaab(2009)以及 Tooley,Swaab,Boudewyn 等(2014)的研究不一致,这可能因为英语材料和汉语材料的动词区域性质不同所致,英语材料的"examine"既是动词,又是歧义发生的位置,因为读者最初可能把其理解为单纯的及物动词,但是当遇到 by 短语时,又必须把它重新分析为分词,因此此处应该有个意义再分析过程,所以英语材料中的动词会发现 N400 效应;而汉语的动词"表扬",仅仅是一个及物动词而已,真正的歧义区在其后面的"名词 1 + 的 + 名词 2"区域,因此与歧义区相比,动词区的意义变得不那么重要,所以汉语的动词区并没有发现 N400 效应。但 Chen,Xu,Tan 等(2013)以汉语为材料的 ERP 实验表明,动词相同时,发生了 N400 效应,动词相近时没有发生 N400 效应。本研究结果与 Chen,Xu,Tan 等(2013)的结果存在差异,可能因为材料的差异导致的,也可能因为分析的电极位置不同(Chen,Xu,Tan,et al.,2013)研究的电极位置是 F3,F7,FC3,FT7,F4,F8,FC4,FT8,T7,C3,CP3,P3,T8,C4,CP4,P4,Fz,Cz,Pz;本研究的电极点是 C3,C4,CP1,CP2,CP5,CP6,P3,P4,CZ,PZ,POZ;Chen,Xu,Tan 等(2013)使用的材料是汉语中的关系从句(包含"VP + 的 + NP"),例如,"数学老师表扬的男生不擅长唱歌"。其理论假设是汉语像英语一样,也是 SVO 语言,当读者读到"数学老师表扬"的时候,会期望后面出现一个宾语(O),但是当"的"出现时,读者放弃之前的句法结构而进行再分析。直觉上,这个结构不会产生暂时歧义,所以发生意义再分析的可能性不大,所以其结果 P600 的减小可能仅仅体现了句法上即结构上的再分析。而本研究使用的是汉语花园幽径句,例如,"主管表扬员工的措施"(包含"VP + NP1 + 的 + NP2"),根据后续部分的不同,会产生暂时歧义。根据汉语是 SVO 语言,读者读到"主管表扬员工的措施"时,会优先分析"主管表扬员下的措施"为动宾结构,那么此时如果后续"主管表扬员工的措施之后进行了投票"符合读者的预期,就不会产生分析困难;而如果后续的是"主管表扬员工的措施没有一点新意",就不符合读者的预期,读者就会再分析,把后面的动宾结构重新分析成偏正结构才能正确理解句子。因此本研究材料除了结构再分析之外,还有意义上的重新构建,因此加工困难更大,而这个加工困难主要集中在后面的歧义结构("名词1+的+名词2")上,并不是动词上,因此动词N400效应并没有像Chen,Xu,Tan等(2013)的结果明显。

尽管如此,本研究中的词汇增益眼动实验却表明,汉语材料的动词重复也非常重要,当动词相同时,启动效应发生,当动词不同时,启动效应消失。本研究的ERP实验也再次佐证了在Lag0条件下首动词重复会发生非常强的启动效应。这可能跟动词论元结构有关,说明动词和印欧语言一样,首动词重复对启动效应的发生也非常重要。

4.4.1.2 "的"字效应及句法启动的间隔差异

ERP实验分析了首动词、"名词1"、"的"、"名词2"和解歧词5个关键词区域的N400和P600效应,判断句法启动效应发生的依据是有无关键词的N400和P600特别是象征加工困难的P600的幅值减小。结果表明,当启动句和目标句之间没有插入填充句,即当Lag0时,首动词、"名词1"和解歧词区域均没有发现显著的启动效应,但"的"和名词2区域发现了显著的启动效应,即目标句中N400和P600的值均降低。在Lag1条件下,目标句的所有关键词区域的N400值变化不显著,只有"的"处的P600值显著降低,说明启动效应仍然存在,但是呈现变小的趋势,本研究把此现象称为汉语的"的"字效应。进一步统计分析表明,启动效应有间隔效应,即在Lag0条件下的启动效应显著强于在Lag1条件下的启动效应。

但是ERP实验的一个共性问题是,一次只出现一个单词(防止ERP信号出现眼动伪迹,产生水平眼电),并且以固定的速率出现,这可能干扰自然阅读过程。但是,词汇增益实验的眼动实验研究1验证了ERP的结果,因为较快的阅读时间(眼动实验中)和N400及P600发生变化的均在句子相似的位置,即歧义短语"名词1+的+名词2"中。这说明次优阅读条件(ERP实验)并没有显著改变即时阅读过程。因此,与启动句相比,目标句歧义短语的"的"处和"名词2"处的P600值减小,支持结论。如果先加工一个相同句法结构的句子,被试在加工歧义关系结构时遇到的困难较小。这是首次用ERP实验方法证明汉语包含"名词1+的+名词2"的暂时歧义关系从句的句法启动,而且首次研究汉语中当目标句和启动句之间插入一个结构不同的填充句的句法启动,得出与以英语为材料的类似研究结果不同的结果(Tooley, Swaab, Boudewyn, et al., 2014; Tooley, Traxler, 2018)。Tooley, Swaab, Boudewyn等(2014)的研究结果是不管有没有插入1个不相关的填充句,启动效应都会发生。Tooley等(2018)的句子理解研究则发现,被试即使延时1~5天,启动句中有句法挑战性的关键区注视总时间仍减少,目标句的关键区也发现了额外的启动效应,说明长期的结构适应和短期的词汇中介启动效应均参与了调节,是由不同的理解机制引起的,他们用句法启动效应的双重机制来解释。而本研究则表明,当没有填充句插入时,启动效应发生,但是当插入1个填充句时,启动效应存在显著变小的趋势。

ERP实验之后有一个眼动追踪实验,在眼动追踪实验中,目标句和启动句被3个不相关的填充句分开,所有的填充句不与启动句和目标句的首动词重复。结果表明,目标句的首动词区、歧义短语区、解歧区的四个眼动指标(首次通过时间、首次回视、回视路径时间和总时间)均没有显著减少。这与Tooley等(Tooley, Swaab, Boudewyn, et al.,2014;Tooley, Traxler,2018)的研究不太一致,他们的研究结果是前3个指标均没有显著效应,但总时间上显著减少,他们得出结论,尽管插入了3个不相关的填充句,加工启动句仍然能够促进目标句的加工。而本研究则表明,当插入3个不相关填充句时,启动效应完全消失。

4.4.1.3 语义对句法启动效应的贡献

进一步解释本研究结果之前,必须首先解决句法启动研究中两个反复出现的问题,即被试的策略影响和潜在的语义对目标句的影响。第1个问题已在第3章讨论过,不再赘述,下面重点讨论第2个问题。

理论上,本研究和Tooley等(Tooley, Swaab, Boudewyn, et al.,2014;Tooley, Traxler,2018)的研究结果表明促进目标句的加工能够反映语义加工的加速,因为均有N400效应出现,本研究中的启动效应明显关键区在"的"和"名词2",Tooley等(Tooley, Swaab, Boudewyn, et al.,2014;Tooley, Traxler,2018)研究的关键区在"by"短语中的限定词"the"和名词"lawyer"处。这种语义启动假说在一些实证文章中提到过(Ledoux, Traxler, Swaab, 2007;Traxler, 2008;Traxler, Tooley, 2008)。但是,Tooley, Traxler和Swaab(2009)以及Chen, Xu, Tan等(2013)分别以英语和汉语材料的实验表明,缩减的关系从句(汉语关系从句)当启动句和目标句的首动词重复时才会发生启动效应,但是当启动句和目标句的首动词是近义词时,ERP和眼动追踪实验中均没有发现启动效应。Tooley, Traxler和Swaab(2009)的研究和Chen, Xu, Tan等(2013)研究表明,至少在缩减的关系从句中(英语),包含"VP+的+NP"汉语关系从句中,启动句和目标句之间的语义关系不足以促进启动效应发生。然而,在Tooley, Swaab, Boudewyn等(2014)研究中"by"短语中的限定词"the"和名词处获得的N400效应,仅仅反映了启动句中的"the"和"名词比"目标句中的限定词"the"和"名词"有一个因更大正性转换(更大的P600波幅)所带来的更大的负性转换,并不是真正意义上的N400效应(Tooley, Swaab, Boudewyn, et al.,2014)。本研究中的"的"也是如此,因为"的"是标记关系从句的功能词,句子根据后续的不同会产生不同的句子意义,因此"的"能显示很强的句法加工难度,能引起较强的P600效应,而由"的"引起的N400效应可能仅仅是因为P600效应引起的,而不是真正意义上的语义N400效应。而"名词2"处的N400效应,可能预示了语义的参与,只是贡献较小(Tooley, Swaab, Boudewyn, et al.,

2014)。汉语包含"VP＋NP1＋的＋NP2"的暂时歧义关系从句中"名词2"处的N400效应，本研究认同有语义的参与，但与整个歧义结构引起的句法解歧比较，"名词2"处的N400效应贡献较小，具体的证据还需要进一步研究。

在Traxler和Tooley(2008)的研究中，主语名词语义重复产生了主语名词的重复启动效应，但是没有关系从句的启动效应被观察到。两项已发表的包含缩减的关系从句的ERP实验中(Ledoux, Traxler, Swaab, 2007；Tooley, Traxler, Swaab, 2009)，减小的P600波幅（而不是N400效应）指向的是句法，而不是语义效应。P600效应对句法歧义非常敏感，虽然P600效应也在题元加工或者选择限制违反的处理下发生（例如"…the eggs were eating…"），但这种句子不是目前要研究的材料。而且，在重复动词实验中(Tooley, Swaab, Boudewyn, et al., 2014和本研究)，如果没有重复的结构（如主句启动），没有证据表明促进加工效应，特别是在关系从句区域，即本实验与之前的类似实验中所获得效应的所在位置（英语中的介词短语区和汉语中的歧义短语区）。这些结果表明，抽象的关系从句结构，而不是语义或者功能词的重复，能够促进关系目标句的促进加工效应，再次表明这类结构中发现的促进行为实验（眼动追踪）结果和ERP结果是句法启动而不是语义启动的。因此，虽然可以找出大量实验证据表明促进加工效应反映了句法过程而不是语义过程，但没有证据表明语义重复产生相似的结果，特别在语言理解中更是如此。

4.4.2 本章实验揭示的句法启动理论假说

解释句法启动的理论有很多，其中主要有以下几种：

内隐学习说被看做对句法启动起作用的机制，尤其是相对持久的启动效应。一种可行性模型被用来解释语言产生研究中的长时启动模式(Chang, Dell, Bock, et al., 2000；Chang, Bock, Goldberg, 2003；Chang, Janciauskas, Fitz, 2012)。它也被用来解释儿童和成人的句法结构学习模式(Rowland, Chang, Ambridge, et al., 2012)。这个模型家族的基本处理体系根植于并行分布加工模式，特别是Elman的简单递归网络模型(Elman, 2004)，预测和基于错误的学习是这类模型的核心特征。至于理解，当遇到每个新单词时，模型就会预测下一个组成部分，当实际的输入和预测的输入不同时，例如当一个关系从句出现，而不是直接宾语NP时，模型就会改变输入、隐藏和输出单位之间的权重。这样，模型的预测可以因遇到的而改变，不同类型的句子的偏好可以增加或者减少。

根据这种理论，潜在的句法结构表征的强度会随着暴露于适当类型的句子而增加，这种类型的学习发生在不需要理解者有意识地努力和意识察觉之外。这种内隐学习可以解释当大量接触一种给定类型的句子时学习的促进作用(Long, Prat, 2008；Wells, Christiansen, Race, et al., 2009)以及对异常句法形式的偏好的变化(Kaschak, Glenberg, 2004; Kaschak, Kutta, Schatschneider, 2011; Ivanova, Wardlow, Warker, et al., 2017; Weber, Christiansen, Indefrey, et al., 2019; Jacobs, Cho, Watson, 2019; Fazekas, Jessop, Pine, et al., 2020)。

虽然基于预测和错误修正的模型可以解释很多与句法启动相关的现象,像Chang和其同事的模型,但是它不能解释词汇增益的机制。最根本的问题是,如果模型能够快速调整连接强度,从而产生试次之间的词汇增益效应,这将导致对先前学习模式的大面积遗忘。"高的学习率来解释大的词汇增益效应,会导致动词结构联系剧烈波动,从而最终对动词结构关联的频率知识的丢失(Chang, Janciauskas, Fitz, 2012)。"因为理解中的启动好像与"词汇增益"有关,因此理解中的句法启动可能更支持剩余激活说。以汉语为材料的本研究发现,启动句和目标句插入1个填充句也能显著影响启动效应,启动效应变小,甚至消失,当插入3个填充句时启动效应完全消失。所以,当前结果不完全支持内隐学习说,而是有剩余激活机制的参与。

"剩余激活说"也叫存储的短暂激活(Branigan, Pickering, Mclean, 2005),该理论在前面的章节中已讨论,在这里重新阐述一下。根据剩余激活假说,当人们产生或者理解句子时,他们激活词条节点之间的连接,如何给一个词汇项目编码(如"examine")的句法结构表征可以跟其他项目结合(如"defendant""lawyer""glove"),这些项目用什么顺序表达,以及他们如何曲折变化等。加工一个启动句,能够使结构表征激活的暂时性增加,需要在句子中形成单词之间的依赖关系。如果随后遇到的目标句需要相同的结构表征,则加工过程就会促进。句法结构表征与词级表征的关联提供了产生词汇增益的手段(当启动句和目标句分享同一个词汇项目时启动效应更大)。即当启动句和目标句需要相同的结构表征时启动效应就有可能发生,但是如果目标句的一个词给分析者发回了启动句相同的词条,这将会使启动效应增加,因为句法结构表征和词条之间的关联享有同等程度的剩余激活。

启动效应是和词条表征相关的组合节点激活有关(Pickering, Branigan, Mclean, 2002)。阅读一个启动句,能暂时激活相关组合节点,这些编码实际句法关系(句子最后的解释基础)的组合节点在激活到最大程度时结束,当输入被解析并选择适当的刺激组合节点时,词条和所选的组合节点之间的连接得到加强。当一个目标句立刻呈现在启动句之后,句法启动效应反映了启动句和目标句之间的共同组合节点的激活的暂时增加。以 Tooley, Swaab, Boudewyn 等(2014)的例子来加以说明:当前假设单词相关的知识,包括句法结构的可能性,以分布式形式编码(图 4.11 显示了词条和句法结构知识作为局部表征的),假设动词"examine"与标志图 4.11 的"句法结构"成分的结构可能性有关,那么理解一个包含动词"examine"的缩减的关系从句,例如,"The defendant examined by the lawyer…",会暂时提高词条表征和句法结构表征中的缩减的关系模式之间的联系,这种提高的联系是短暂的。在语言产生中,这意味着结构更容易选择,或者产生的潜伏期减小;在理解领域,这意味着相关结构更快速地被激活或者构建。

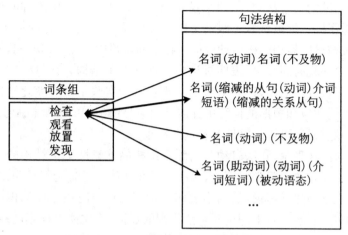

图 4.11　词条和句法结构表征示意图
(资料来源:Tooley,Swaab,Boudewyn,et al.,2014)

短期启动效应也被解释为剩余激活(Malhotra,2009;Pickering,Branigan,1998;Reitter,Keller,Moore,2011):最近处理的结构保持部分激活,增加了在即将到来的话语中重复使用的机会。这可以解释实验的目标句紧跟在启动句之后的短期启动效应,但是有许多在启动和目标试验之间使用语言或非语言(即时间)填充物的研究仍然发现了稳定的"短期"启动效应,即使在启动句和目标句之间有一周的时间(例如,Bock,Griffin,2000;Branigan,Pickering,Cleland,1999,2000;Hartsuiker,Bernolet,Schoonbaert,et al.,2008;Kaschak,2007;Kaschak,Kutta,Schatschneider,2011;Reitter,2008)。剩余激活理论是相对短暂的,它无法解释保持相对长期的句法启动现象。短暂的剩余激活和长时的内隐学习机制可能分别根植于不同的记忆系统,像一些语言学习理论提出的那样(例如,Ullman,2001)。另一种可能是,内隐学习和剩余激活适用于不同的编码词汇和句法结构知识的记忆系统的组成部分。有些句法启动的理论机制可以分别解释不同的实验现象(Hartsuiker,Bernolet,Schoonbaert,et al.,2008)。Tooley 和同事把这种假设纳入到他们的理解中的句法启动的双机制理论(Tooley,Traxler,Swaab,2009;Tooley,Traxler,2010;Traxler,Tooley,2008;Hartsuiker,Bernolet,Schoonbaert,et al.,2008;Traxler,Tooley,Pickering,2014;Tooley,Swaab,Boudewyn,et al.,2014;Bernolet,Collina,Hartsuiker,2016;Tooley,Traxler,2018)。Bernolet,Collina 和 Hartsuiker(2016)探讨的间隔句子分别是 0 个、2 个和 6 个,句法结构为及物句、与格句和助词—分词的关系从句,结果表明,在 Lag0 条件下的启动效应最强,不管使用的核心动词是否相同,在 Lag2 条件下,只有与格结构能观察到启动效应,在 Lag6 条件下,即使与格结构也很难发现句法启动效应,换句话说,在 Lag6

条件下3种结构的启动效应均消失。但是他们用双机制假说来解释这种短暂的启动效应，是外显的记忆和内隐的学习共同促成了这样的结果。Tooley, Traxler(2018)使用缩减的关系从句(花园幽径句)和主句，研究理解中的即时启动和累积结构启动，做了同一批被试5个眼动追踪阅读实验，每个实验之间有1~6天的延迟，以此考查被试的累积结构启动效应。在不同实验中，对启动句中具有句法挑战性的部分的总注视时间减少，表明被试内隐地学习了结构。在目标句子的关键区域也观察到了额外的启动，这种效应的大小在5个实验中没有变化。这些发现表明，长期的结构适应和短期的词汇中介启动效应是由不同的理解机制引起的，句法启动效应的双重机制可以最好地解释这些结果。

根据即时激活理论，句法启动是由编码结构的外显性记忆结构的重新激活驱动的。而基于误差的内隐学习理论，句法启动在处理句子时受到预测误差的驱动。近年来又出现了强化学习说，认为当主句包含语法错误时由程序知识的成功驱动的句法启动将被逆转。以上理论对句法规则的表征(陈述性与程序性)和驱动启动机制的性质(频率、重复、注意力和反馈信号)做出了不同的假设。为了区分这些理论，Yang, Karmol和Stocco(2021)使用计算模型模拟检验了这些理论。两个实验都说明联结理论模型能最好地预测其结果。联结说包括激活说和联想学习，Reitter, Keller和Moore(2011)称之为混合模型，该模型假设句法启动是通过两种机制即瞬时激活和关联学习的整合实现的，并预测罕见或不寻常结构的启动增强(Yang, Karmol, Stocco, 2021)，句法启动是由于预测违规导致的，而预测违规消耗了注意力资源，这表明句法启动是基于陈述性的，而不是基于强化学习的句法规则的程序性知识表征。

Yang, Karmol和Stocco(2021)将句法启动与核心认知机制联系起来，将句法启动的可能解释与大脑中可能存在的一般机制联系起来(Hasson, Egidi, Marelli et al., 2018)。例如，有多种机制可以用于实现句法的概率分布的预测误差或基于惊喜的学习结构。各种理论最普遍的区别是陈述性知识和程序性知识之间的区别(Knowlton, Squire, 1994; Squire, 2004)。陈述性知识，包括情节和语义记忆具有被认为是句法结构所共有的性质，它的可用性反映了处理特定任务的频率，它还随着时间的推移而衰减，激活的瞬时增强会产生启动效应。尽管陈述性知识通常是显性的，调节其可及性的机制(频率、最近性、间隔和启动)仍然是隐性的，这与Ivanova, Pickering, Branigan等(2012)的研究结果相一致，最终指出了句法启动效应是基于词典的性质——人们普遍认为心理词典是在陈述性(语义)记忆中表现出来。Reitter, Keller和Moore(2011)认为有影响力的句法启动模型就是完全依赖于陈述性表征。Reitter及其同事(2011)确实提出了一种短期残余激活来支持长期非陈述性学习的方法：传播残余激活具有幂律衰减率，可以预测这种残余激活永远不会完全丧失，从而允许随着时间的推移通过重复暴露而积累。因此，由于先前处理的结构仍然是部分活跃的，因此存在短期的启动效应，这增加了在规划下一个话语时进行选择的机会。长期启动效应是由于结构被"记录"的频率,因此重复检索会增多结构的基本激活行为,因此更频繁的结构具有更高的基本激活率,因此在即将到来的话语中有更高的选择机会(Heyselaar, Wheeldon, Segaert, 2021)。

句法结构也可以潜在地表征为程序知识。在 Ullman(2004)提出的过程模型中指出句法结构是用过程性知识来明确表征的。程序性知识被认为本质上是内隐的和不可表述的,使其与内隐学习理论自然相似。由于程序性知识是用来表示"如何操作"信息的,它自然会导致句法规则的复杂操作。与已知反映频率和最近性的陈述性知识不同,程序性知识被认为是通过强化来巩固的,特别是通过奖励预测错误(Sutton, Barto, 1998)。最常见的规则和操作被认为是应用频率更高的,反之促进学习。因此,程序知识的学习机制还是依赖于频率和预测违规,并且原则上与句法启动效应一致。

尽管陈述性知识和程序性知识很相似,但区分它们是可能的,尽管很困难。例如,Anderson, Fincham 和 Douglass(1997)所依据的事实是,程序性知识作为习惯性知识,灵活性较低,更难应用于不常见的任务。Jacoby(1991)还证明,由于程序知识是内隐的,实验被试无法成功控制或阻止其应用。Stocco 和 Fum(2008)认为,由于程序知识的使用是由以前的奖励决定的,因此很难阻止其在导致负面结果情况下的应用。

激活促进、联想学习或强化学习三者中哪种解释是句法启动最好的解释呢?Yang, Karmol 和 Stocco(2021)提出了三个假设模型:首先,瞬时激活理论假设句法启动是内存检索的结果,违反语法规则的错误预计不会在启动过程中被解析,因此根据这一说法,引入语法错误不会改变句法启动效应。第二种说法是基于 Reitter, Keller 和 Moore(2011)的模型,该模型认为句法启动包括瞬时激活促进和联想学习,与基于错误的内隐学习一样,这一观点认为,结构越罕见,启动就越强(Jaeger, Snider, 2008, 2013; Reitter, Keller, Moore, 2011)。鉴于非语法结构不太常见,他们假设语法错误可能会增强句法启动效应。第三种观点,可以称为强化学习(reinforcement learning, RL),根据这一观点,句法结构是按程序表征的,句法选择是由它们在强化学习方面的感知效用来指导的,即它们估计的未来"奖励"或正反馈信号的数量(Sutton, Barto, 1998)。程序性知识是以强化学习的方式通过奖励或反馈信号的反向传播。

激活模型假设句法结构是陈述性知识表征的,句法启动效应取决于所遇到的句法结构出现的频率和最近性。该模型实现了 Reitter, Keller 和 Moore(2011)模型的大部分解释力,但关联扩展部分除外。在这个模型中,违反语法规则的错误不会在启动过程中被解析,因此引入语法错误不会改变句法启动效应。联想模型是基于 Reitter, Keller 和 Moore(2011)的混合模型,其中句法结构也是以陈述性方式表征,但在处理过程中也通过关联联结来提供额外的激活。在这个模型中,非语法启动句需要额外的处理,并且由于这些额外的认知资源需求,集中了推动激活的额外动力。因此,在该模型中,非语法句子进一步放大了句法启动效应。在强化模型中,句法结构是按程序表征的,它们的选择是由它们在强化学习方面的感知能力来指导的,即它们预测的是未来正反馈信号(Sutton, Barto, 1998)。在这个模型中,程序规则竞争处理句子,并因成功而得到加强。强化学习机制也反映了频率和期望,因此能够复制主要的句法启动效应。与预期的语法不匹配的句子很可能导致否定而不是正反馈信号。根据该模型,不符合语法的句子会被抑制或逆转,而不是放大句法启动效应。

Yang, Karmol 和 Stocco(2021)的实验表明,无论语法正确性和语义正确性如何,都观察到了整体的句法启动效应。这表明即使启动的语言结构是错误的,重复启动的句法结构趋势仍然存在。三种理论的测试结果,句法结构可能是以陈述知识的方式表征的,由习得的联想激活,并受频率和近因性的影响,而不是受反馈信号的影响,即支持联想模型,而不是强化模型。在联想模型中,只有句法结构的具体表征是以陈述性的方式表征的,而不是以程序的方式表征。

关于句法启动的理论如此之多,而且争论相当激烈,因此 Ambridge(2020)试图提出了一个能解释所有句法启动的激进模型,即语言范例模型说。Ambridge(2020)认为,激进的语言范例模型可以解释句法启动效应,而不需要借助抽象的句法表征。处理一个启动句会激活储存在一个人记忆中的类似句子的具体例子,引发启动效应是因为,当说话人对多个例证进行类比从而产生下一个句子时,最容易检索的是最近被激活的主要例证。这种启动模型可能也解释了一些影响,例如在存在词汇重复(即词汇增益)的情况下启动的增加。激进的语言范例模型遭到 Messenger, Hardy 和 Coume(2020)的强烈反对,他们认为 Ambridge(2020)对语言的激进范例描述不能清楚地解释所有的句法启动证据,例如反向偏好效应(对不太频繁的结构有更大的启动)以及短暂的词汇增益和长期的抽象启动之间的对比。如果不采用抽象句法结构,Ambridge(2020)的描述无法解释健忘症患者的抽象启动或跨语言启动,它难以解释所有的句法启动现象,其中许多现象暗示了抽象句法表征在语言处理中的作用。对于不常见到的句法结构,启动效应通常更强(Hartsuiker, Kolk, Huiskamp, 1999; Jaeger, Snider, 2013)。基于错误的学习假说最容易解释这种反频率效应,即处理具有意外(低频)句法结构的启动句会导致更大的预测误差信号,增加该表征的权重,从而增加其重复使用的可能性(Chang, Dell, Bock, 2006)。对于经常见到的结构,较小的预测误差信号使得启动效应不太可能发生。而示例模型做出了相反的预测,即更高频率的结构将生成更多的存储样本进行类比,从而增加引发的可能性。

Ambridge(2020)讨论了示例模型的可能衰变机制,他认为样例是完整存储的,尽管由于记忆衰退或干扰,细节可能变得无法访问,说话者在记忆衰退后保留句子的抽象表征是不可信的,但这正是启动证据所表明的,启动特别会对抽象句法形式产生长期影响(Messenger, Hardy, Coume, 2020)。为了解释这些差异,句法启动的剩余激活和基于错误的内隐学习都表明,不同的记忆系统服务于处理的不同方面(Chang,Janciauskas,Fitz,2012;Malhotra,2009)。在词汇重复的情况下,短期记忆可能支持更直接和更明确的启动效应,但抽象启动效应持续存在,因为它们是由存储的长期记忆所导致的。

内隐、非陈述性记忆被定义为参与者可能没有意识地回忆的事件的无意识记忆(Graf,Schacter,1985;Schacter,Tulving,1994)。例如,在一系列反应时间任务中,参与者认为他们正在完成一项反应时间任务(尽可能快地对屏幕上的刺激做出反应),但事实上,呈现的刺激具有参与者无意识学习的潜在模式。这种学习导致参与者在整个会话期间的反应时间减少,能够无意识地预测即将到来的刺激。因此,非陈述性记忆被衡量为处理参与者在早期阶段接触到的信息时效率的提高(即准确性的提高或延迟时间的减少),并归因于缓慢衰减的残余激活。这种类型的记忆也被称为程序性记忆。非陈述性记忆(至少)由两个组成部分组成(Gabrieli,1998;Gupta,Cohe,2002;Squire,2004)。概念记忆(也称为技能学习)支持学习刺激之间的频率和依赖性(如连续反应时间任务),而感知记忆(也称为重复启动)维持了最近处理的刺激。短期结构启动以类似的方式工作:先前处理的句法结构的剩余激活持续存在,表现为在接下来的话语中重用该结构的机会增加。基于这些成分的定义,Yang,Karmol 和 Stocco(2021)提出长期启动最有可能得到概念记忆的支持,而短期启动最可能得到感知记忆的支持。非陈述性记忆的不同子成分是短期和长期结构启动的基础,具体而言,感知记忆是短期启动的基础,而概念记忆是长期启动的基础。

本研究表明,在 Lag1 和 Lag3 条件下的启动效应均比 Lag0 条件下的小,这与 Bernolet,Collina 和 Hartsuiker(2016)启动效应随着间隔句的增加而显著衰减的研究一致,如果后续研究确实是这样,则可能表明汉语句法启动过程中剩余激活所起的作用超过内隐学习在引起句法启动效应时作用更大,至少在 Lag0 条件下是这样。

显然,本研究不能用内隐学习来解释,因为启动效应只在一个填充句条件下保持,3 个填充句条件下启动效应就完全消失了。Chang Janciauskas 和 Fitz(2012)提出了句法启动依赖于内隐学习机制的假设,即语言处理系统在暴露后学习处理语法结构或词汇项目,从而促进该结构或项目的处理。这些内隐学习系统是基于错误的,这意味着给定的结构越出乎意料,内隐学习效果就越大。这一原理解释了观察到的结构比更频繁的类型更容易发生(Fine,Jaeger,Farmer,et al.,2013;Jaeger,Snider,2013)。剩余激活-内隐学习双机制理论也不能完全解释本研究揭示的现象,虽然首动词相同引发的词汇增益现象确实存在,这个可以用剩余激活理论来解释,但是相对持久的内隐学习机制却没有被观察到。那么本研究只能用剩余激活理论来解释吗?词汇增益被证明是短暂的(Hartsuiker,Bernolet,Schoonbaert,et al.,2008)而且任何数量的干预语言材料出现在启动结构和目标结构之间,都会导致启动效应显著减小(Mahowald,James,Futrell,et al.,2016)。本研究首动词相同,在没有填充句的条件下,发现了显著的启动效应,但是当插入一个句子时,启动效应虽然存在,却只在"的"字短语区域,其他区域的启动效应则消失了,这说明句法启动是剩余激活的结果,也存在其他因素的影响。启动效应可能发生在多个层面,同时启动实验不仅涉及语言表征,还可能涉及认知的其他方面,如记忆和注意力(Hartsuiker,Bernolet,2017)以及注意力和认知负荷的影响(Zhang,Bernolet,Hartsuiker,2020)。

结构启动实验的参与者可能会使用前一句的外显记忆的帮助来找到当前句子的结构,而重复的词汇可能是这方面特别强的检索线索(Chang,Dell,Bock,2006;Hartsuiker,Bernolet,Schoonbaert,et al.,2008)。Bernole等(2008)证明了词汇增益的时间很短,而不是启动效应本身,这与将启动句和目标句分隔开的多个填充句会降低重复词汇作为检索线索的有效性的观点相一致(Bernolet,Collina,Hartsuiker,2016)。

启动效应不会随着时间的推移而自动减弱,而是会受到在启动和目标之间处理材料所施加的认知负荷的影响。当说话人处理难题的时间增加时,启动效应会降低。这意味着注意力被转移到填充句的处理上,由于认知负荷的积累,启动效应在填充句插入后迅速消散。当认知负荷的操纵足够强时,认知负荷对结构启动有影响。这指出了在结构启动中消耗资源的内存维护过程,随着认知负载的增加,启动和记忆效应都降低了,启动和认知负荷之间可能存在负相关。短期记忆机制有助于结构启动的持续效应。认知负荷对结构启动的影响最好用短期外显记忆机制来解释,表明词汇提示和结构启动的快速衰减至少可以部分地由短期外显记忆效应来解释。这种机制取决于说话者保持句子结构记忆痕迹的能力有限:注意力转移到处理填充物的时间越长,句子结构的记忆痕迹就越容易衰减。一个困难的次要任务(例如启动句和目标句之间的填充句)不利于一般的结构启动,而词汇增益效应不受影响。在句子记忆实验中,说话人主要是保持句子结构的记忆痕迹,因此相对较少的注意力资源可以分配给词汇痕迹的保持。因此,在记忆任务中句子结构的记忆可能更容易受到负载效应的影响,说话者保持句子结构记忆痕迹的能力有限,注意力转移并受到的干扰时间越长,句子结构的记忆痕迹就越容易衰减。研究结果表明,结构启动中的词汇促进效应和短期衰退需要涉及一个明确的记忆相关过程,支持包含多种记忆机制的结构启动的解释,依赖于结构启动中的外显记忆机制,该机制对线索依赖和注意的要求很高,与结构启动的多因素解释一致(Zhang,Bernolet,Hartsuiker,2020)。

本研究似乎只能用句法启动的多因素机制进行解释,词汇增益短期启动效应,一方面是剩余激活机制的参与,另一方面依赖于外显记忆即动词重复的线索提示和检索,但是句法启动效应在只有一个填充句条件下迅速衰减,这也许跟参与者在处理启动句和目标句时还要额外处理中间插入的填充句有关,填充句跟启动句和目标句结构均不相同,这可能增加了参与者的认知负荷,从而影响了句法启动的效应。在3个填充句条件下,由于认知负荷的增加和难度的增大,随着剩余激活的进一步衰减,参与者的注意力因为更多地被加工处理填充句而消耗,再加上外显记忆的能力有限,所以启动效应迅速完全消失了。

4.4.3 语言理解和语言产生中的句法启动机制比较

本研究和Tooley, Swaab, Boudewyn等(2014)的研究提供了当不相关的填充句出现在启动句和目标句之间时句法启动效应是否发生的证据。结果有相似的地方,如在Lag0条件下都会发生较强的启动效应,在Lag1条件下,英语材料的启动效应和Lag0条件下没有显著差异,而汉语材料的启动效应在2种条件下存在显著差异,在Lag0条件比在Lag1条件下的更强,即插入1个填充句时,启动效应变小甚至消失。因为这里所有的条件都是启动句和目标句包含重复动词,这些实验没有关注当启动句和目标句没有重复动词时是否会发生这样的效应。句子理解中的句法启动的具体加工过程以及句法启动依赖于动词重复(Traxler, Tooley, Pickering, 2014; Weber, Christiansen, Petersson, et al., 2016; Tooley, Traxler, 2018; Yan, Martin, Slevc, 2018)。而另外的一些语言理解研究则显示没有动词重复也会发生句法启动效应(例如, Thothathiri, Snedeker, 2008a, 2008b; Traxler, 2008b; Kim, Carbary, Tanenhaus, 2013; Fine, Jaeger, 2016; Giavazzi, Sambin, de Diego-Balaguer, et al., 2018)。这些证据可能表明,有些句子的词汇独立启动比其他类型的句子更大,关键要么是启动句子的数目,要么是任务类型。

理解中的句法启动效应和产生中的句法启动效应机制在多大程度上相同。理解中已有词汇独立的启动效应报告好像语言产生中的研究更多。虽然语言产生研究已经发现非常长时的启动效应,甚至能坚持数天到1个月(Kaschak, Kutta, Coyel 2014; Tooley, Traxler, 2018; Heyselaar, Segaert, 2022)。但是也有证据显示语言产生中的启动效应是短暂的,例如Branigan, Pickering和Cleland(1999)的研究发现,当启动句和目标句中间插入1个句法不同的填充句时,启动效应明显消失,插入4个填充句时则完全消失。理解中的启动大多是短暂的,如Hartsuiker, Bernolet, Schoonbaert等(2008)通过操纵启动句和目标句之间的填充句的数量分别为0、2、6个来考察词汇增益效应和句法启动坚持的时间进程,结果发现,当启动句和目标句紧邻呈现时有词汇增益效应,当被2个或6个句子分开时却没有这种效应。理解中的持续性启动证据非常有限,Tooley, Swaab, Boudewyn等(2014)的研究启动句和目标句之间插入3个填充句时,眼动指标仅在总时间上有启动效应。Tooley和Traxler(2018)做的理解中的句法启动最长的延时是1～5天,结果发现了累积效应。本研究与之相反,当插入3个填充句时,所有的眼动指标上均没有观察到启动效应。鉴于句法启动研究在理解领域仍然是一个比较新的领域且更复杂,这两种模式之间是否会形成完全迥异的差别还有待观察。如果有证据证明这些差异,它们可能反映了任务的性质。在产生过程中,启动通常用二元选择可能性的变化来衡量,在理解领域,效应通常是分级的,在总体加工时间和效应开始的时间上可能有所不同。最近,产生启动研究开始更多关注时间进程(潜伏期)问题,但所有的重点仍然在某些结构选择的结果上。鉴于产生中经常用的材料主动/被动句或双宾/介宾结构,这类句子一般比较短而容易加工,因此一般眼动追踪和脑电实验很难发现其特点,这样就很难与语言理解中的类似研究作比较。未来可以考虑优化设计材料,既能做语言产生,又能做语言理解,从而有利于进一步比较研究结果。

4.5 实验结论

本研究的 ERP 结果提供了当汉语启动句和目标句之间插入无关填充句时句法启动 P600 变化的首个证据。眼动追踪数据则提供了在线理解中 3 个间隔条件下的句法启动的行为证据。结论如下:

(1) 当启动句和目标句之间插入 0 个和 1 个填充句时,启动效应有间隔效应。0 个间隔条件下,"的"和"名词 2"处发现了显著的启动效应,即目标句中 N400 和 P600 的幅值均降低。1 个间隔条件下,目标句的所有关键词区域的 N400 幅值变得不显著,只有"的"处的 P600 幅值显著降低,说明启动效应仍然存在,但是呈现变小的趋势。

(2) 当启动句和目标句之间插入 3 个填充句时,启动效应完全消失。支持句法启动的多因素机制解释。

本 章 小 结

本组实验采用一个 ERP 实验和一个眼动实验,使用汉语包含"VP + NP1 + 的 + NP2"的暂时歧义句,探讨了语言理解中句法启动是短时还是长效的。ERP 实验结果表明,当启动句和目标句之间插入 0 个和 1 个填充句时,启动效应有间隔效应。0 个间隔条件下,"的"和"名词 2"处发现了显著的启动效应,即目标句中 N400 和 P600 的幅值均降低。在 1 个间隔条件下,目标句的所有关键词区域的 N400 幅值变得不显著,只有"的"处的 P600 幅值显著降低,说明启动效应仍然存在,但是呈现变小的趋势。

眼动实验表明,当启动句和目标句之间插入 3 个填充句时,第一遍通过时间、首次通过回视、回视路径时间和总时间在指标上均没有显著差异,说明启动效应完全消失,进一步支持"剩余激活"假说。此外,ERP实验还发现,启动句和目标句重复动词处并没有发生启动效应,这跟词汇增益眼动实验是一致的,而且汉语没有发现动词重复的语义启动效应,但英语材料却发现了动词处的语义启动效应。汉语启动效应最显著的是"的"和"名词2"处,这和英语材料是相似的,英语材料是发生在限定词"the"和名词"lawyer"处。但是间隔效应汉语和英语不相同。本研究发现,在Lag0和Lag1条件下有显著差异,Lag1条件下启动效应消失("名词2"处)和减小("的"处),而英语材料发现(Tooley, Swaab, Boudewyn, et al., 2014),0个间隔和1个间隔条件下没有显著差异。3个间隔条件下汉语材料的启动效应完全消失,而英语材料的启动效应仍然存在,但仅仅存在眼动指标之一的总时间上。因此,英语材料的研究采用了双机制理论来解释其发现的句法启动效应,但本研究支持"剩余激活"说,因为启动效应会随着时间的推移(填充句的插入作用)迅速衰减,在插入3个填充句的条件下会完全消失。句法启动的多因素机制能够解释这个现象。

第 5 章 综 合 讨 论

5.1 关于句法启动中的语义问题

语言产生中的句法启动很可能与语义有重要的关系,特别是生命度,它可以调节儿童的句法选择(Gámez, Vasilyeva, 2015; Buckle, Lieven, Theakston, 2017)。当儿童概念化目标图片中的信息时,信息水平表征捕捉到场景的语义特征如生命度特征更容易通达,会比没有生命的实体更早地进入下一阶段,即语法编码阶段。这样,选择一个被动句形式,受事出现在句首位置,可能反映了在句法处理阶段过程中语义信息的通达顺序。

在概念化阶段,前语言信息内容是既定的,包括卷入事件的实体及其特征,在这个阶段加工的语义因素如生命度,决定了信息的概念化内容以及可能影响哪些词汇项目可以进入下一阶段的顺序即构造阶段。除了这种影响,语义因素被看做不影响语法构造阶段的过程。这个阶段的关键目标是选择一个可以表达信息的句法形式。语法构造阶段影响成分结构选择的一个过程是句法启动。有特殊形式的启动句(如被动句)可以激活相应的句法结构,因而能增加说话者选择该结构来表达意思的可能性。本研究结果表明,启动句的句法形式效应(被动与主动),发生在语法构造层面,作为变化功能的生命度特点在概念信息层编码,表明这些层面存在相互作用。语言产生中的汉语句法启动现象,与普遍语法的假设是一致的,同时验证了语言产生中,并行分布模型能够解释语义对句法启动有重要影响。

但是,几项语言产生中的汉语研究显示,汉语的句法结构跟语义(生命度)是独立的,即语义不会影响句法结构的选择(Huang, Pickering, Yang, et al., 2016; Chen, Branigan, Wang, et al., 2020; Xiang, Chang, Sun, 2022)。与本研究之间有差异,很可能是因为材料的不同,他们使用与格句较多,而本研究使用的是被动句;另外一个不同之处可能是研究对象的差异,他们大多使用的是成人,成人可能因为经验对一些语法材料不敏感,而本研究和同类研究的对象多是儿童,儿童对相对异常的句法结构敏感,因此更容易结合语义对语法结构进行加工。

语言理解中的句法启动受语义启动影响较小,虽然以英语为材料的 ERP 研究发现了首动词的 N400 效应(例如, Tooley, Traxler, Swaab, 2009; Tooley, Swaab,

Boudewyn,et al.,2014),但一般不认为是语义引起的启动,但这也仅仅说明了首动词的重复效应(Tooley,Swaab,Boudewyn,et al.,2014)。本研究以汉语为材料来进行 ERP 研究,没有发现首动词的 N400 效应,本研究认为汉语的句法启动没有动词语义启动。英语材料的解歧区的名词的 N400 效应,汉语中歧义结构的中的"名词 2"的 N400 效应,从本质上来说,应该是发生了语义的促进作用,但是,与后面的特殊结构相比,语义的促进作用贡献较小,还不足以引起句法启动(Tooley,Swaab,Boudewyn,et al.,2014)。因为 Tooley,Traxler 和 Swaab(2009)以及 Chen,Xu,Tan 等(2013)分别以英语和汉语为材料,当首动词相同时,产生句法启动效应,首动词是近义词(语义上相同)时并不能发生启动效应。一项汉语 fMRI 研究使用被动句前接被动句或主动句,不重复动词或"施事-受事-有生命"模式,从而根据句子结构构建前置句和非前置句对。结果显示,语言理解中的汉语句法表征独立于语义表征(Sun,Shi,Guo,et al.,2021)。由此可见,相对语义来说,句子结构对句法启动的发生具有至关重要的作用,语言产生中的句法启动也是如此,较不常见的被动句比主动句容易引起句法启动。因此,比较保守的结论是,句法启动主要是由抽象结构启动引起的,语言产生中的句法启动受语义的制约,而理解中的语义启动贡献较小(Ziegler,Bencini,Goldberg,et al.,2019)。

5.2 关于句法启动中的词汇增益问题

大部分语言产生过程中的句法启动均不需要词汇重复,即启动不受动词形式变化的影响。例如,本研究中的儿童实验 1 和 2,"剩余激活说"可以解释这个现象。相同的句法规则在不同的特征信息的句子产生过程中被激活,当产生一个特殊的结构时,相同的句法规则就被激活,不管动词是否相同。因此,尽管规则和特定的动词激活有关(当该动词的词条被选择),但是被激活的规则可以在出现在该结构中的所有动词之间共享。当组合节点的激活不立即衰减时,就会发生句法启动。例如,在被动结构中动词的先前使用涉及"受事+被(给)+施事+咬"组合节点的激活,如果该节点保留剩余激活,则在后续加工中更容易被选择。总之,句法规则的初始激活(通过关联的组合节点)与任何可以在该规则允准的结构中出现的动词选择有关,无论该动词的确切形式以及是否相同。

理解中的句法启动的发生却与首动词的重复有重要关系(Tooley,Traxler,Swaab,2009;Traxler,2008b;Chen,Xu,Tan,et al.,2013;Tooley,Swaab,Boudewyn,et al.,2014;Traxler,Tooley,Pickering,2014;Tooley,Pickering,Traxler,2019;Carminati,van Gompel,Wakeford,2019;Tooley,2020;岳明蕾,2011),本研究表明,相同的首动词能够促进目标句的加工,可能因为与动词相联系

的句法表征在句子的边界被激活,或者遇到目标句中的解歧信息时这种联系更容易被检索或重新激活。此时,有证据说明,缩减的关系从句中句子结构重复,动词重复非常关键(Tooley, Swaab, Boudewyn, et al., 2014; Traxler, Tooley, Pickering, 2014; Tooley, Pickering, Traxler, 2019)。

在本研究中,汉语启动效应也只有当启动句和目标句有相同的首动词时启动效应才能被观察到,这和英语材料是一致的(Arai, van Gompel, Scheepers, 2007; Tooley, Traxler, Swaab, 2009; Traxler, Tooley, Pickering, 2014),也和汉语某些研究结果是一致的(Chen, Xu, Tan, et al., 2013; 岳明蕾, 2011)。孤立地看,这些结果意味着句法结构信息与单个词汇条目紧密相关,支持存储的短暂激活说(Branigan, Pickering, Mclean, 2005),也叫"剩余激活说",认为语言产生和理解中的效应包括词汇表征的词条层的加工过程。根据这个理论,句法选择被编码为一个词的词汇表征的一部分,包括动词词条(lemma)、句法结构表征(syntactic structure representations)和形态方面(aspects of morphology)等的可能关系。例如,在"主管表扬员工的措施没有一点新意"这个句子中,词条"表扬"构成的短语"表扬员工的措施"的基本表征可以分析为两种不同的结构可能性:动宾结构"表扬/员工的措施"和偏正结构"表扬员工/的措施"。当续接为"主管表扬员工的措施之后进行了投票",符合汉语SVO结构的预期,把"表扬员工的措施"优先分析为动宾结构"表扬/员工的措施",也就是常见的主句结构。当续接为"主管表扬员工的措施没有一点新意"时则要把"表扬员工的措施"分析为偏正结构"表扬员工/的措施",读者才能正确理解句子的意思。

根据"剩余激活假说",当人们产生或者理解句子时,他们激活词条节点之间的连接,如何给一个词汇项目编码(如"表扬")的句法结构表征可以跟其他项目结合(如动宾结构"表扬/员工的措施"或者偏正结构"表扬员工/的措施"),这些项目用什么顺序来表达以及它们如何续接等。加工一个启动句,为了能够增加结构表征激活的暂时性,需要在句子中形成单词之间的依赖关系。如果随后遇到的目标句需要相同的结构表征,则加工过程就会被促进。

句法结构表征与词级(词汇)表征的关联提供了产生词汇增益的手段(当启动句和目标句分享同一个词汇项目时启动效应更大)。换句话说,当启动句和目标句需要相同的结构表征时,启动效应就有可能发生,但如果目标句的一个词给分析者发回了启动句相同的词条,这将会使启动效应增加,因为句法结构表征和词条之间的关联享有同等程度的剩余激活。

然而,从其他的即时理解研究(例如Thothathiri, Snedeker, 2008a, 2008b; Traxler, 2008b; Huang, Pickering, Yang, et al., 2016; Fine, Jaeger, 2016; Ziegler, Snedeker, 2019; Lee, Hosokawa, Meehan, et al., 2019; Xiang, Chang, Sun, 2022; Sun, Shi, Guo, et al., 2021; 韩静, 2013)和语言产生研究(Pickering, Ferreira, 2008)的启动效应研究表明,当启动句和目标句没有内容词重复时启动能被可靠

地观察到。因此,一个更为安全的结论是,词汇重复并不一定是启动发生的必要条件,但重复的效果比没有重复的效果更好。因此,语言理解中的句法启动似乎显示了"词汇增益效应"。

5.3 关于句法启动的时间进程

句法启动会因为启动句和目标句之间插入干扰材料的个数的不同而发生变化,从而判断句法启动是短时效应还是相对长时的效应,分别对应不同的理论来解释。如果句法启动的产生是短时记忆起作用,那么研究者就认同"短暂激活说"(residual activation account),如果句法启动会坚持较长时间,"内隐学习说"(implicit learning account)能够比较好地解释。随着词汇增益的发现,理解中的句法启动也能相对持久(Traxler,Tooley,Pickering,2014;Tooley,Traxler,2018),句法启动很可能是词汇的短暂激活和句法结构的长时效应并存,即双机制理论(dual-mechanism accounts)。

内隐学习说,它被看做对句法启动起作用的机制,尤其是相对持久的启动效应。一种可行性模型被用来解释语言产生研究中的长时启动模式(Chang,Dell,Bock,et al.,2000;Chang,Bock,Goldberg,2003;Chang,Janciauskas,Fitz,2012)。这个模型家族的基本处理体系根植于并行分布加工模式,预测和基于错误的学习是这类模型的核心特征。至于理解,当遇到每个新单词时,模型就会预测下一个组成部分,当实际的输入和预测的输入不同时,模型就会改变输入、隐藏和输出单位之间的权重。这样,模型的预测可以随着遇到的情况不同而发生对应的变化,从而不同类型的句子的偏好可以增加或者减少。

虽然基于预测和错误修正的模型可以解释很多与句法启动相关的现象,但是它不能解释词汇增益的机制。因为理解中的启动好像与"词汇增益"有关,因此理解中的句法启动可能更会支持剩余激活说。以汉语为材料的本研究发现,启动句和目标句插入一个填充句也能显著影响启动效应,启动效应变小甚至消失,当插入3个填充句时启动效应会完全消失。

启动效应是和词条表征相关的组合节点激活有关(Pickering,Branigan,Mclean,2002)。阅读一个启动句,能暂时激活相关组合节点,这些编码实际句法关系的组合节点在激活到最大程度时结束,当输入被解析并选择适当的刺激组合节点时,词条和所选的组合节点之间的连接得到加强。当一个目标句立即呈现在启动句之后,句法启动效应反映了启动句和目标句之间的共同组合节点的激活的暂时增加。在语言产生过程中,这意味着结构更容易选择,或者产生的潜伏期减小;在理解领域,这意味着相关结构会更快速地被激活或者构建。

短暂的剩余激活和长时的内隐学习机制可能分别根植于不同的记忆系统,前者是短时记忆起主要作用,后者长时记忆起作用。另一种可能是,内隐学习和剩余激活适用于不同的编码词汇和句法结构知识的记忆系统的组成部分。有些句法启动的理论机制可以分别解释不同的实验现象(Hartsuiker,Bernolet,Schoonbaert, et al.,2008)。Tooley,Swaab,Boudewyn等(2014)以英语缩减的关系从句研究了启动句和目标句之间插入0个、1个和3个填充句时的句法启动效应,结果表明,在0个间隔和1个间隔时,句法启动差异不大,均有启动效应发生,但是当插入3个填充句时,虽然句法启动仍然存在,但4个眼动指标(首次通过时间、首次回视、回视路径时间和总时间)仅在总时间上对目标句有促进作用。Hartsuiker,Bernolet,Schoonbaert等(2008)一致认为,句法启动是受词汇增益短时效应和内隐学习长时效应并存机制的调节。Tooley等把这种假设纳入到他们的理解中的句法启动的双机制理论(Hartsuiker,Bernolet,Schoonbaert,et al.,2008;Tooley,Traxler, Swaab,2009;Tooley,Traxler,2010;Traxler,Tooley,2008;Traxler,Traxler, Tooley,et al.,2014;Tooley,Swaab,Boudewyn,et al.,2014;Bernolet,Collina, Hartsuiker,2016;Tooley,Traxler,2018)。

但本研究以汉语暂时歧义关系从句研究表明,在0个间隔和1个间隔条件下的句法启动发生了显著变化,0个间隔条件下,在歧义区发生了显著的句法启动效应,但是在1个间隔条件下,歧义区的句法启动效应减小甚至消失。在3个间隔条件下,启动效应完全消失。这与Branigan,Pickering和Cleland(1999)对语言产生中的句法启动研究结果一致,当启动句和目标句中间插入1个句法不同的填充句时,启动效应明显消失,当插入4个填充句时则完全消失。本研究结果也与Bernolet,Collina和Hartsuiker(2016)的研究结果有一致的地方,比如启动效应随着间隔句的增加而显著衰减;在0个间隔条件下的启动效应最强;不同的是,Bernolet,Collina和Hartsuiker(2016)的研究是在2个间隔条件下,只有与格结构能观察到启动效应;在6个间隔条件下,3种结构的启动效应均消失。

Tooley等(Tooley,Swaab,Boudewyn,et al.,2014;Tooley,Traxler,2018)和Bernolet,Collina和Hartsuiker(2016)均用双机制来解释他们观察到的研究结果,但是这样的论断尚且为时过早,因为从目前的结果来看,印欧语言理解中的句法启动时间进程最多只有当3个填充句插入时有启动效应被观察到,但观察指标(眼动)仅仅在总时间上才会显著,其他指标为什么都变得不显著?目前还需要其他研究方法(比如ERP或fMRI)的验证。其次,即使被试加工3个简单句,其记忆的时间也大多不会超过1分钟,而1分钟以内的记忆属于短时记忆。在句法启动研究中,以短时记忆为主的句法启动机制支持剩余激活说。虽然也有被试时间延迟1~5天(Tooley,Traxler,2018),仍然发现累积效应,说明有内隐学习的参与。但本研究结果是当有1个填充句插入时有启动效应,但是插入3个时启动效应完全消失。那么汉语句法启动能否用双机制来解释呢?也就是说,用什么来判定时间上的延迟可以用双机制来解释？这个是目前还没有明确一致的说法。最后，证明语言产生过程中能保持较长时间的实验材料，如主动/被动句、DO/PO句等，不能用与语言理解同样的较为精细的实验技术，如眼动、ERP实验条件下再现，因此在实验材料和实验设计上还需要更多的思考。

不是所有的研究都赞同双机制说。除了之前的"剩余激活说""内隐学习说"，又有人提出"强化学习说"，认为句法结构是按程序来表示的，它们的句法选择是由它们在强化学习方面的感知效用来指导的，即它们估计的未来"奖励"或正反馈信号的数量（Sutton，Barto，1998）。另外还有Reitter，Keller和Moore（2011）提出了一个混合模型，认为某些句法结构产生的概率取决于其相对于其他句法结构的激活记忆中的句法结构。结构的激活遵循记忆衰退的规则，从而表现出频率和最近性，上下文关联进一步促进了结构的基础激活。Reitter，Keller和Moore（2011）的模型预测了逆频率效应，认为最近句法结构的暴露增加了其基本激活率，导致使用检索线索检索的概率更高。具体而言，与更频繁的构造相比，不太频繁的构造具有相对较低的基本活化，因此导致由处理基本构造而引起的活化促进相对增加。Yang，Karmol和Stocco（2021）进一步完善了Reitter，Keller和Moore（2011）的模型，称之为联结说或联想模型。为了检验句法结构适用哪种理论解释，Yang，Karmol和Stocco，等（2021）使用计算机模型对"内隐学习说""激活说""联结说"进行验证，结果表明联想模型是最佳的解释。

不仅如此，Ambridge（2020）大胆地提出了一个激进模型，试图解释所有句法启动的激进模型，即"语言范例模型说"。Ambridge（2020）认为，激进的语言范例模型可以解释句法启动效应，且不需要借助抽象的句法表征。

另外有研究表明，句法启动可能发生在多个层面以及启动实验不仅涉及语言表征，还涉及认知的其他方面，如记忆和注意力（认知负荷）（Heyselaar，Wheeldon，Segaert，2021）。注意和记忆等认知能力在结构启动中的作用不容小觑（Slevc，Ivanava，2017；Hartsuiker，Bernolet，2017），同时个体间差异和语言因素以及使用启动结构的频率都会影响句法启动效应（Yang，Karmol，Stocco，2021）。

但目前所有研究结果一致的地方是语言理解中剩余激活说是肯定存在的，尤其在Lag0条件下是这样，随着间隔的增加或时间的延迟，启动效应逐渐衰减的趋势也是比较一致的，但是具体在多久以后完全不存在启动效应是目前争议最大的地方，也是最为关键的地方，它关系到是否有内隐学习机制的作用加入了认知加工，也关系到语言产生和语言理解机制的真正区别。

5.4 语言产生和语言理解中的句法启动机制是否相同

本研究显示,句法启动既可以发生在语言产生领域,也可以发生在语言理解领域,但语言产生和语言理解中的句法启动既有相似点又有差别。

相似点如下:

(1) 结构的重要性。不管是语言产生还是语言理解领域,一个特殊结构的句子是必须的,比如产生中的被动句、与格句等,理解中的暂时歧义关系从句等。

(2) 语义的参与。语言产生和语言理解中的句法启动均有语义的参与,如产生中研究较多的题元角色和生命度,理解中的介词结构中的名词(英语材料)和暂时歧义短语中的名词(汉语)。

(3) 剩余激活说可以解释语言理解中的句法启动现象和部分语言产生中的句法启动现象(Lag0 条件)。

不同点如下:

(1) 语言理解中的句法启动的发生,首动词重复具有重要作用,而语言产生中的句法启动,词汇重复不是必需的。

(2) 语义对语言产生中的句法启动效应具有重要的制约作用,但是语言理解中的语义启动对句法启动效应贡献较小,甚至不足以引起句法启动。

(3) 语言产生中的句法启动大多支持内隐学习说,而语言理解中的句法启动大多支持剩余激活说。

正像语言产生和语言理解过程一样,二者既有相同点,又有差别。语言习得中语言理解先于语言产生、神经心理研究失语症证明两种方式的分离、表现任务中语言产生比语言理解更难等支持二者的差别。理解中的句法启动效应和产生中的句法启动效应机制在多大程度上相同,本研究认为二者之间的差别还是很大的。理解中已有词汇独立的启动效应报告,但是这类启动好像语言产生中的研究更多。虽然语言产生研究已经发现长时的启动效应,甚至能坚持数天甚至 1 个月(Bock, Griffin, 2000; Kaschak, Borreggine, 2008; Branigan, Messenger, 2016; Heyselaar, Segaert, 2022),但是也有证据显示语言产生中的启动效应是短暂的,例如, Branigan, Pickering 和 Cleland(1999)的研究发现,当启动句和目标句中间插入 1 个句法不同的填充句时,启动效应明显消失,插入 4 个填充句时,则完全消失。理解中的启动大多是短暂的,如 Hartsuikerr, Bernolet, Schoonbaert 等(2008)的研究发现,当启动句和目标句紧邻呈现时有词汇增益效应,当被 2 个或 6 个句子分开时,却没有这种效应。理解中的持续性启动证据非常有限,目前仅见 Tooley 等

(Tooley,Swaab,Boudewyn,et al.,2014;Tooley,Traxler,2018)的研究启动句和目标句之间插入3个填充句时,或者被试延迟1~5天,眼动指标仅在总时间上有启动效应,本研究与之相反,当插入3个填充句时,所有的眼动测试中均没有观察到启动效应。鉴于句法启动研究在理解领域仍然是一个比较新的领域,这两种模式之间是否会形成完全迥异的差别还有待观察。而对于具体的语言产生和语言理解中的句法启动量的差异,有可能是由于具体的实验任务造成的。至于理解中动词不重复情况下句法启动消失,则有可能是受一些未知变量的影响,使被试对结构坚持失去了敏感性。而词汇增益效应的差异则可能是至今无法解释的词汇关系的不同造成的。另外,语言产生和语言理解的评估方法本身也会造成差异局限。例如,语言产生的评估是根据产生的句子形式以及所产生的句子结构的质量,而理解的评估则依赖于阅读时间,评估指标的不同会影响语言产生和理解的比较。最近,产生启动研究开始更多关注时间进程(潜伏期)问题,但所有的重点仍然在某些结构选择的结果上。鉴于产生过程中经常用主动/被动句或双宾/介宾结构的材料,这类句子一般比较短所以容易加工,因此一般眼动追踪和脑电实验很难发现其特点,这样就很难与语言理解中的类似研究作比较。未来可以考虑优化实验材料,例如使用人工语言,既能做语言产生,又能做语言理解,以利于进一步比较研究结果。

5.5 汉语与印欧语言的句法启动是否相同

汉语句法启动研究结果与印欧语言的研究结果大多数是一致的,说明句法启动具有跨语言普遍性。例如,语言产生中的语义影响句法启动的儿童实验,被动条件下,儿童会产生更多的被动句,且目标图片的生命度特点会影响句法启动效应。Chen,Xu,Tan 等(2013)所做的理解中的语义启动实验,也和印欧语言的实验结果是一致的,即单纯的语义启动不足会引发句法启动,因为动词相同时,句法启动会发生,动词意义相近时,句法启动却没有发生。本研究做的词汇增益研究和印欧语言实验结果是相同的,即当首动词相同时,会产生启动效应,首动词不同时,启动效应消失,但暂时歧义关系从句比主句加工困难这一点是一致的。在 ERP 实验中,汉语和印欧语言的包含暂时歧义关系从句的句法启动均有启动效应发生的具体位置,汉语在"的"和"名词2",英语在限定词"the"和名词处,而且在该位置均发生了 N400 和 P600 效应,Tooley,Swaab,Boudewyn 等(2014)认为限定词"the"(本研究中汉语对应"的")的 N400 并不是真正意义上的语义效应,而是更大的正性转换 P600 之前的负性转换,但名词处(汉语的"名词2")的 N400 显示了语义的促进作用,但效应较小,对比介词短语的结构启动,此处单纯名词的语义启动并不能引起句法启动效应。这个解释也适合本研究中的汉语句法启动。填充句实验研究结果与有些印欧语言一致,词汇增益仅在 Lag0 条件下发生,这跟 Hartsuikerr, Bernolet, Schoonbaert 等(2008)的研究结果较为一致,与 Bernolet, Collina 和 Hartsuiker(2016)研究的随着填充句的增加句法启动显著衰减的研究结论一致。本研究也与 Branigan, Pickering 和 Cleland(1999)研究的语言产生中的句法启动研究结果基本一致,当启动句和目标句中间插入 1 个句法不同的填充句时,启动效应明显消失,当插入 4 个填充句时则完全消失。

但汉语的句法启动也有自身的特点,例如,词汇增益实验中,汉语的首次通过时间并没有出现启动效应,这可能跟汉语的材料有关,汉语包含"名词 1 + 的 + 名词 2"的缩减的汉语关系从句加工困难主要出现在相对"晚"期的指标,即首次回视,对于回视路径时间和总时间,预示读者加工这类句子时困难发生在再分析过程,而不是首次分析过程,即汉语有明显的"回溯效应"。

填充句实验研究结果与 Tooley, Swaab, Boudewyn 等(2014)的研究结果不一致,Tooley, Swaab, Boudewyn 等(2014)的结论是在 Lag0 和 Lag1 条件下,启动效应均会发生且没有显著差别,在 Lag3 条件时启动效应在总时间上对目标句有促进作用,即启动效应在 Lag3 条件下仍然存在。而本研究则显示,在 Lag0 和 Lag1 条件下有显著差别,在 Lag0 条件下有显著的启动效应,在 Lag1 条件下虽然有启动效应,但是启动效应变小或消失;在 Lag3 条件下,启动效应完全消失。

另外,就本研究而言,句法启动发生的区域和英语材料不同,英语材料是发生在解歧区"by"短语中,而汉语则发生在歧义区("名词 1 + 的 + 名词 2")短语中,解歧区则没有发现启动效应。在 ERP 实验中,相同首动词处也没有发现英语材料中具有的 N400 重复效应。这可能跟具体的材料有关,英语的暂时歧义效应发生在首动词区,读者分析时很可能有语义启动,而汉语暂时歧义关系从句,动词处没有暂时歧义,而且,与后面的短语结构相比,首动词的语义和加工困难都要小得多,所以可能 N400 效应没有像英语那么大。

第 6 章 结　　语

6.1　本书的主要结论

6.1.1　5～6 岁儿童语言产生中的汉语句法启动受语义制约

(1) 汉语被动句的句法启动受启动条件和物体的生命度影响,而且二者之间存在交互作用。与主动句启动条件相比,在被动句启动条件下,儿童会产生更多的被动句;当启动句和被动句均包含一个有生命的受事/无生命的施事时,这种启动效应会更强,而不是相反的生命度特点组合。

(2) 在被动句的启动过程中,相比启动图片的生命度特点,目标图片的生命度特点更能影响启动效应,而且当目标图片的生命度特点与启动图片的特点匹配时,这种影响更大。

(3) 语言产生中的句法启动是词汇独立的,并且受语义(生命度)的影响。"剩余激活说"和语言产生的交互作用模型可以更好地解释这个现象。

6.1.2　语言理解中的汉语句法启动依赖于动词重复,存在"回溯效应"

(1) 汉语暂时歧义关系从句启动句能促进目标句的加工。启动效应依赖于启动句和目标句中的词汇重复,有相同动词的主句启动却没有产生启动效应。

(2) 启动句和目标句没有词汇重复时,启动效应不会发生,但暂时歧义关系从句比主句更难加工。基于"剩余激活说"下的动词的论元结构理论可以解释这个现象,验证了语言理解的激活扩散模型。

(3) 通过改进实验设计,自编有暂时歧义的汉语材料,严格控制了由材料引起的词频、词长和句意等无关变量的干扰,较有说服力地解决了汉语句法启动是否依赖于动词重复的争议问题,发现了汉语句法理解过程中的"回溯效应"。

6.1.3 语言理解中汉语句法启动存在"的"字效应,支持句法启动的多因素机制说

(1) 当在启动句和目标句中插入 0 个和 1 个填充句时,首动词、名词 1 和解歧词区域均没有发现显著的启动效应,但"的"和"名词 2"区域发现了显著的启动效应,即目标句中 N400 和 P600 的幅值均降低。在 Lag1 条件下,目标句的所有关键词区域的 N400 幅值变得不显著,只有"的"处的 P600 幅值显著降低,说明启动效应仍然存在,但是呈现变小的趋势。启动效应有间隔效应,在 Lag0 条件下的启动效应显著强于在 Lag1 条件下的启动效应。

(2) 当启动句和目标句插入 3 个填充句时,启动效应完全消失。支持剩余激活说。

(3) 使用自编暂时歧义汉语材料,事件相关电位(ERP)方法,研究汉语句法启动的时间进程,发现了汉语句法理解过程中独有的"的"字效应。支持句法启动的多因素机制说。

6.2 本书的创新与独特之处

6.2.1 研究方法的综合化

本书所述研究综合运用了行为实验、眼动追踪和事件相关电位(ERP)方法,独创了图片描述和暂时歧义句等语言材料,探讨了语言产生和语言理解中的汉语句法启动的产生机制问题,有助于更加全面和深刻地揭示汉语句法启动现象的本质和特点。

6.2.2 汉语句法理解过程的"回溯效应"

本书所述研究发现,与英语等印欧语言相比较,人们在加工汉语的暂时歧义短语结构(NP1 + 的 + NP2)时,首次通过时间并没有出现启动效应,显示不存在加工困难。加工困难主要出现在相对"晚"期,这时读者再回过头来分析遇到的暂时歧义短语。这种再分析过程的出现,表明读者加工这类句子的困难是事后回溯的,本研究把这种现象称为"回溯效应"。

6.2.3 汉语句法加工独有的"的"字效应

由于汉语的独特性,在汉语句法启动中,存在标志加工困难的"的"字效应。ERP实验中,"的"和名词2处是汉语句法启动发生的具体位置,而"的"字则意味着加工困难开始的地方。

6.3 展望

句法启动有着广阔的研究空间有很多问题需要再进一步探索,但本研究仅选取了其中3个争议较大的研究焦点进行了研究。

6.3.1 关于语义问题

题元角色也是影响语言产生中的句法启动的语义因素之一。这个在印欧语言中研究比较多,汉语中的相关研究还未发现。汉语理解中的语义问题,目前仅见Chen,Xu,Tan等(2013)的研究,且句子类型是包含"VP+的+NP"的关系从句,不含有暂时歧义。还需要其他类型的句子来验证,比如本研究中的"VP+NP1+的+NP2"的暂时歧义关系从句,来验证当动词相同时和相近时是否产生句法启动。当然,汉语中还有很多其他类型的花园幽径句,也可以进行探索。方法上可以采用多模态,如行为实验、眼动、ERP、fMRI等进行互相验证。

6.3.2 关于词汇增益问题

词汇增益研究最多的是首动词重复,汉语相关的研究目前仅有岳明蕾(2011)、韩静(2013)的两项眼动研究,Chen,Xu,Tan等(2013)的一项ERP研究,本研究中的两个眼动实验和一个ERP实验。Chen,Xu,Tan等(2013)研究的句子类型是"VP+的+NP"的关系从句,不含有暂时歧义,这个可以用眼动实验进行验证。岳明蕾、韩静和本研究的实验材料是相似的,但是前两项结果是相反的,而本研究结果与岳明蕾的一致。为了进一步验证,还可以用ERP再做实验,虽然本研究的ERP实验可以提供动词相同时的结果,但是并没有做动词不同或动词相近的实验,这个可以和语义实验相结合进行设计。除了首动词重复的词汇增益,印欧语也有关于名词重复的词汇增益研究,但汉语目前还没有,这个也可以进行尝试。

6.3.3 关于时间进程问题

时间进程是对句法启动内在机制的深层探讨，包括印欧语言，这方面的研究并不多，仅有的一些研究也大多是语言产生中的几项研究，而且得出结果启动句和目标句之间间隔时间最长的是一个月，启动效应仍然发生。理解中的研究除了本研究外目前仅见几项（Hartsuikerr, Bernolet, Schoonbaert, et al., 2008; Tooley, Swaab, Boudewyn, et al., 2014; Bernolet, Collina, Hartsuiker, 2016; Tooley, Traxler, 2018)，且当启动句与目标句之间最多插入6个句子时，时间延迟最多是5天。时间进程对汉语来说处于刚刚起步，语言产生方面的时间进程研究目前仅见宇宙，张清芳(2020)的一项关于句法启动的潜伏期研究，而理解方面，本研究已做了插入0个填充句和1个填充句间隔的ERP实验，插入3个填充句的眼动追踪实验，但研究结果与Hartsuiker, Bernolet, Schoonbaert等(2008)的较为一致，即词汇增益仅在0个间隔下发生。与Tooley, Swaab, Boudewyn等(2014)的研究结果不一致，Tooley, Swaab, Boudewyn等(2014)的结论是Lag0和Lag1条件下，启动效应均会发生且没有显著差别，在Lag3条件下启动效应在总时间上对目标句有促进作用，即启动效应在Lag3条件下仍然存在。而本研究则显示，在Lag0和Lag1条件下有显著差别，在Lag0条件下有显著的启动效应，在Lag1条件下启动效应虽然存在，但是有变小的趋势；在Lag3条件下，启动效应完全消失。因此汉语还需要更多的实验来验证间隔效应，除了操作干扰句的个数之外，还可以操作填充句的性质，即填充句可以设计成与启动句和目标句的首动词相同或不同。为了探讨是否填充句影响了启动效应的消失，也可以设计启动句和目标句之间插入无关填充句和仅仅做时间延迟来研究。

另外，为了减少因经验对句法启动的影响，选用人工语言也是一个不错的选择。目前印欧语言已在这方面做了尝试，这也为汉语研究提供了方向。

附录1 主要术语中英文对照表

句法启动　　syntactic priming
句法坚持　　syntactic persistence
结构启动　　structural priming
启动句　　prime
目标句　　target
启动效应　　priming effect
名词短语　　noun phrase, NP
形容词短语　　adjective phrase, AP
事件相关电位　　event-related potentials, ERP
题元角色　　thematic roles
施事　　agent
受事　　patient
生命度　　animacy
词汇独立　　lexically independant
词汇驱动　　lexically priming
词汇增益　　lexical boost
功能性磁共振成像　　functional magnetic resonance imaging, FMRI
动词短语　　verb phrase, VP
主谓宾语序　　subject verb object, SVO
时间进程　　the time course
剩余激活说　　residual activation account
内隐学习说　　implicit learning account
双机制理论　　dual-mechanism accounts
双宾　　double object, DO
介词宾语　　prepositional object, PO
同盟者脚本技术　　confederate-scripting technique
视觉情境眼动范式　　visual-world eye-tracking
宾语谓语主语语序　　object verb subject, OVS
谓语前置句　　verb object subject, VOS
把字句　　subject ba object verb, SbaOV
虚拟现实　　virtual reality, VR
主句　　main clause, MC

缩减的关系从句　　reduced relative, RR
高-低附加句　　high-low attachment
"修饰语-目标"暂时歧义句　　modifier-goal ambiguities
介词短语　　prepositional phrase, PP
早-晚闭合句　　early-late closure
宾语前置句　　objet subject verb, OSV
关系从句　　relative clause, RC
生成语法　　generative grammar
词汇通达　　lexical access
表层结构　　surface structure
深层结构　　deep structure
语法转换　　grammatical transformation
转换生成语法　　transformational-generative grammar
序列模型　　serial model
并行分布加工模型　　parallel distributed processing, PDP
交互作用模型　　interactive activation models
分钟　　minute(单位为min)
相对照　　versus, vs
赤池信息量　　akaike information criterion, AIC
贝叶斯信息量　　bayesian information criterion, BIC
词条　　lemma
层级　　stratum
映射　　mapping
个人计算机　　personal computer, PC
层间联合激活　　cascading activation between levels
功能激活说　　functionalist account
首次通过时间　　first-pass time, FPT
首次回视　　first-pass regressions, FPR
回视路径时间　　regression-pass time, RPT
总时间　　total time, TT
毫秒　　millisecond, ms
句法结构表征　　syntactic structure representations
0个填充句间隔条件　　Lag0
1个填充句间隔条件　　Lag1
3个填充句间隔条件　　Lag3
形态方面　　aspects of morphology
垂直眼电　　VEOG
水平眼电　　HEOG
快速系列视觉呈现　　rapid serial visual presentation, RSVP

附录2　第2章的语义实验材料

表 F2.1　第2章的语义实验材料

序号	实验 1 句子
	启 动 句
1	有生命的受事(学生)/有生命的施事(老师);动词:帮助 老师帮助学生(学习) 学生被老师帮助(学习)
2	有生命的受事(小羊羔)/有生命的施事(牛);动词:舔 牛舔小羊羔 小羊羔被牛舔
3	有生命的受事(马)/有生命的施事(农民);动词:喂 农民喂马 马被农民喂
4	有生命的受事(猫)/无生命的施事(门);动词:夹住 门夹住了猫 猫被门夹住了
5	有生命的受事(老奶奶)/无生命的施事(西瓜皮);动词:滑倒 西瓜皮滑倒了老奶奶 老奶奶被西瓜皮滑倒了
6	有生命的受事(猴子)/无生命的施事(石块);动词:砸伤 石块砸伤了猴子 猴子被石块砸伤
7	无生命的受事(城市)/无生命的施事(河水);动词:淹没 河水淹没了城市 城市被河水淹没

续表

序号	实 验 1 句 子 启 动 句
8	无生命的受事(树叶)/无生命的施事(风);动词:吹落 风吹落了树叶 树叶被风吹落
9	无生命的受事(小船)/无生命的施事(波浪);动词:摇晃 波浪摇晃着小船 小船被波浪摇晃
10	无生命的受事(书)/有生命的施事(医生);动词:捡起 医生捡起了书 书被医生捡起
11	无生命的受事(鸟巢)/有生命的施事(鸟儿);动词:筑造 鸟儿筑造鸟巢 鸟巢被鸟儿筑造
12	无生命的受事(牛奶)/有生命的施事(妇女);动词:端上 妇女端上了牛奶 牛奶被妇女端上

序号	目 标 句
1	有生命的受事(蝴蝶)/有生命的施事(青蛙);动词:捉住 青蛙捉住了蝴蝶 蝴蝶被青蛙捉住
2	有生命的受事(男孩)/有生命的施事(蜜蜂);动词:叮,蜇 蜜蜂蜇了男孩 男孩被蜜蜂蜇了
3	有生命的受事(邮递员)/有生命的施事(狗);动词:咬伤 狗咬伤了邮递员 邮递员被狗咬伤了
4	有生命的受事(男人)/无生命的施事(水);动词:泼,溅(了一身) 水溅了男人一身 男人被水溅了一身

续表

序号	目标句
	实验 1 句子
5	有生命的受事(熊)/无生命的施事(陷阱);动词:捉住,卡住 陷阱卡住了熊 熊被陷阱卡住了
6	有生命的受事(女孩)/无生命的施事(水软管);动词:喷洒水 水软管喷湿了女孩 女孩被水软管喷湿了
7	无生命的受事(窗户)/无生命的施事(球);动词:打破 球打破了窗户 窗户被球打破了
8	无生命的受事(篱笆)/无生命的施事(汽车);动词:撞倒 汽车撞倒了篱笆 篱笆被汽车撞倒了
9	无生命的受事(大树)/无生命的施事(雷电);动词:劈倒 雷电劈倒了大树 大树被雷电劈倒了
10	无生命的受事(草)/有生命的施事(山羊);动词:吃 山羊吃草 草被山羊吃
11	无生命的受事(花儿)/有生命的施事(妇女);动词:浇水 妇女浇花儿 花儿被妇女浇水
12	无生命的受事(鞋子)/有生命的施事(狗);动词:撕咬,撕坏 狗撕咬鞋子 鞋子被狗撕咬

序号	启动句
	实验 2 句子
1	有生命的受事(猫)/无生命的施事(门);动词:夹住 门夹住了猫 猫被门夹住了

续表

序 号	实 验 2 句 子
	启 动 句
2	有生命的受事(老奶奶)/无生命的施事(西瓜皮);动词:滑倒 西瓜皮滑倒了老奶奶 老奶奶被西瓜皮滑倒了
3	有生命的受事(猴子)/无生命的施事(石头);动词:砸伤 石块砸伤了猴子 猴子被石块砸伤
4	无生命的受事(盘子)/有生命的施事(兔子);动词:洗 兔子洗盘子 盘子被兔子洗
5	无生命的受事(塔)/有生命的施事(婴儿);动词:破坏 婴儿玩坏了塔 塔被婴儿玩坏了
6	无生命的受事(拉面)/有生命的施事(厨师);动词:做 厨师做拉面 拉面被厨师做
7	无生命的受事(书)/有生命的施事(医生);动词:捡起 医生捡起了书 书被医生捡起
8	无生命的受事(鸟巢)/有生命的施事(鸟儿);动词:筑造 鸟儿筑造鸟巢 鸟巢被鸟儿筑造
9	无生命的受事(牛奶)/有生命的施事(妇女);动词:端上 妇女端上了牛奶 牛奶被妇女端上
10	有生命的受事(垂钓者)/无生命的施事(海浪);动词:冲走 海浪冲走了垂钓者 垂钓者被海浪冲走了
11	有生命的受事(老虎)/无生命的施事(子弹);动词:射中 子弹射中了老虎 老虎被子弹射中

实验 2 句子	
序号	启动句
12	有生命的受事(驴子)/无生命的施事(绳子);动词:绊住 绳子绊住了驴子 驴子被绳子绊住了

序号	目标句
1	有生命的受事(男人)/无生命的施事(水);动词:泼,溅(了一身) 水溅了男人一身 男人被水溅了一身
2	有生命的受事(熊)/无生命的施事(陷阱);动词:捉住,卡住 陷阱卡住了熊 熊被陷阱卡住了
3	有生命的受事(女孩)/无生命的施事(水软管);动词:喷洒水 水软管喷湿了女孩 女孩被水软管喷湿了
4	有生命的受事(小丑)/无生命的施事(蛋糕);动词:砸中 蛋糕砸中了小丑 小丑被蛋糕砸中
5	有生命的受事(松鼠)/无生命的施事(雪);动词:覆盖 雪盖住了松鼠 松鼠被雪盖住了
6	有生命的受事(男孩)/无生命的施事(玻璃杯);动词:划伤 玻璃划伤了男孩 男孩被玻璃划伤了
7	无生命的受事(草)/有生命的施事(山羊);动词:吃 山羊吃草 草被山羊吃
8	无生命的受事(花儿)/有生命的施事(女孩);动词:浇水 女孩浇花儿 花儿被女孩浇水

续表

实验 2 句子	
序 号	目 标 句
9	无生命的受事(鞋子)/有生命的施事(狗);动词:撕咬,撕坏 狗撕咬鞋子 鞋子被狗撕咬
10	无生命的受事(木板)/有生命的施事(学生);动词:分裂,劈开 学生劈开了木板 木板被学生劈开了
11	无生命的受事(树叶)/有生命的施事(狼先生);动词:吹奏 狼先生吹奏树叶 树叶被狼先生吹奏
12	无生命的受事(洞)/有生命的施事(建筑工人);动词:挖 建筑工人挖洞 洞被建筑工人挖

表 F2.2 第 2 章的语义实验图片

实 验 1 图 片

附录 2　第 2 章的语义实验材料 133

续表

实　验　1　图　片

续表

实验 2 新增图片

附录3　第3章的词汇增益实验材料

表 F3.1　动词相同的实验材料

序号	句子	序号	句子
1	小李揭发组长的行为震惊了车间 小李揭发组长的行为之前遭遇了不公 妻子揭发市长的举止大快人心 妻子揭发市长的举止之前获得了证据	6	曹娟嘲笑演员的动作引起了观众不满 曹娟嘲笑演员的动作之后诚恳地道歉 王晶嘲笑差生的言行受到同学的指责 王晶嘲笑差生的言行之后认识到了错误
2	刘强怀疑经理的消息传播得很快 刘强怀疑经理的消息之后提高了警惕 陆亮怀疑女友的动机受到了质疑 陆亮怀疑女友的动机之后多了个心眼	7	老刘偏袒老婆的侄子送来了请柬 老刘偏袒老婆的侄子之前没有询问事情经过 父亲偏袒儿子的战友住进了医院 父亲偏袒儿子的战友之前查阅了资料
3	老李推荐侄女的演讲打动了嘉宾 老李推荐侄女的演讲之前信心十足 王星推荐张路的稿子迟到了三天 王星推荐张路的稿子之前修改了几次	8	主管表扬员工的措施没有一点新意 主管表扬员工的措施之后进行了投票 师父表扬对手的胸怀感染了弟子 师父表扬对手的胸怀之后鞠了个躬
4	史涛反驳魏强的证词出自教师之手 史涛反驳魏强的证词之后遭到了报复 小王反驳对方的辩护取得了很大成功 小王反驳对方的辩护之后看了看时间	9	吴静赞扬父亲的歌声感染了现场观众 吴静赞扬父亲的歌声之前曾误解他 严军赞扬老婆的进步乐坏了评委 严军赞扬老婆的进步之前有点害羞
5	战士拦截敌军的飞机圆满完成了任务 战士拦截敌军的飞机之前选好了角度 我军拦截外国的舰队准备即刻启程 我军拦截外国的舰队之前进行了警告	10	王明拍摄路人的动作酷似一名摄影师 王明拍摄路人的动作之后告知了意图 导演拍摄演员的花絮曝光了他们的艰辛 导演拍摄演员的花絮之后开始制作剪辑

续表

序号	句子	序号	句子
11	经理支持邢波的态度发生了突然逆转	18	局长责备秘书的表现受到群众的嘲讽
	经理支持邢波的态度之前考虑了很久		局长责备秘书的表现之后快步走出屋子
	田静支持妈妈的做法受到了邻居的表扬		姐姐责备妹妹的语气遭到了父母的批评
	田静支持妈妈的做法之前经过慎重考虑		姐姐责备妹妹的语气之后离开了大礼堂
12	孙晴批评老陈的发言表达十分巧妙	19	刘芳资助邱明的妹妹嫁给了富豪
	孙晴批评老陈的发言之后深感不安		刘芳资助邱明的妹妹之前进行了走访
	院长批评教师的言辞听起来毫不留情		贾伟资助同学的儿子上班才三个月
	院长批评教师的言辞之后点燃了香烟		贾伟资助同学的儿子之前封锁了消息
13	公安追踪敌人的行踪遍布整个城市	20	部队进攻伪军的坦克高达五米之多
	公安追踪敌人的行踪之前进行了分析		部队进攻伪军的坦克之后包围了现场
	侦探追踪嫌犯的路线变得复杂莫测		我军进攻日军的碉堡得到了修整
	侦探追踪嫌犯的路线之前进行了模拟		我军进攻日军的碉堡之后扔了几个炸弹
14	我军反击敌军的炮兵得到了首长的接见	21	老杨讥笑馆长的养女表达了歉意
	我军反击敌军的炮兵之后嘉奖了士兵		老杨讥笑馆长的养女之前并不知情
	正方反击反方的一辩获得了阵阵掌声		海林讥笑村长的妹妹遭到了排挤
	正方反击反方的一辩之后场面出现混乱		海林讥笑村长的妹妹之前作好了反击准
15	警察查扣老赵的房子有着悠久的历史	22	囡囡模仿爸爸的姿势萌呆了众人
	警察查扣老赵的房子之前进行了评估		囡囡模仿爸爸的姿势之后忍不住笑了
	城管查扣小贩的车子停在马路中央		邹飞模仿白鹅的叫声混淆了真假
	城管查扣小贩的车子之前多次警告		邹飞模仿白鹅的叫声之后伸了伸脖子
16	女儿观察爸爸的实验进展得非常顺利	23	干部拥护校长的提议得到了一致肯定
	女儿观察爸爸的实验之后提出了质疑		干部拥护校长的提议之前进行了讨论
	演员观察观众的表情逗笑了所有人		会员拥护会长的表决获得了全票通过
	演员观察观众的表情之后翻了个跟头		会员拥护会长的表决之前阅读了章程
17	张敏攻击法官的言论引起了很大争议	24	清军抵御明军的骑兵遭到了重创
	张敏攻击法官的言论之前清了清嗓子		清军抵御明军的骑兵之后安全撤退
	李闯攻击刘明的发言听起来逻辑严密		我国抵御外国的舰队有着精良设备
	李闯攻击刘明的发言之前写好了草稿		我国抵御外国的舰队之后加强了巡逻

表 F3.2 动词不同的实验材料

序号	句子	序号	句子
1	小李揭发组长的行为震惊了车间	8	主管表扬员工的措施没有一点新意
	小李揭发组长的行为之前遭遇了不公		主管表扬员工的措施之后进行了投票
	妻子报复市长的举止激动了人心		师父感恩对手的胸怀感染了弟子
	妻子报复市长的举止之前获得了证据		师父感恩对手的胸怀之后鞠了个躬
2	刘强怀疑经理的消息传播得很快	9	吴静赞扬父亲的歌声感染了现场观众
	刘强怀疑经理的消息之后提高了警惕		吴静赞扬父亲的歌声之前曾误解他
	陆亮调查女友的动机受到了质疑		严军诉说老婆的进步乐坏了评委
	陆亮调查女友的动机之后多了个心眼		严军诉说老婆的进步之前有点害羞
3	老李推荐侄女的演讲打动了嘉宾	10	王明拍摄路人的动作酷似一名摄影师
	老李推荐侄女的演讲之前信心十足		王明拍摄路人的动作之后告知了意图
	王星赞扬张路的稿子迟到了三天		导演播放演员的花絮曝光了他们的艰辛
	王星赞扬张路的稿子之前修改了几次		导演播放演员的花絮之后开始善待他们
4	史涛反驳魏强的证词出自教师之手	11	经理支持邢波的态度发生了突然逆转
	史涛反驳魏强的证词之后遭到了报复		经理支持邢波的态度之前考虑了很久
	小王对抗对方的辩护取得了很大成功		田静认同妈妈的做法受到了邻居的表扬
	小王对抗对方的辩护之后看了看时间		田静认同妈妈的做法之前经过慎重考虑
5	战士拦截敌军的飞机圆满完成了任务	12	孙晴批评老陈的发言表达十分巧妙
	战士拦截敌军的飞机之前选好了角度		孙晴批评老陈的发言之后深感不安
	我军炮轰敌军的舰队准备即刻启程		院长抨击教师的言辞听起来毫不留情
	我军炮轰敌军的舰队之前进行了警告		院长抨击教师的言辞之后点燃了香烟
6	曹娟嘲笑演员的动作引起了观众不满	13	公安追踪敌人的行踪遍布整个城市
	曹娟嘲笑演员的动作之后诚恳地道歉		公安追踪敌人的行踪之前进行了分析
	王晶模仿差生的言行受到同学的指责		侦探模拟嫌犯的路线变得复杂莫测
	王晶模仿差生的言行之后认识到了错误		侦探模拟嫌犯的路线之前进行了计算
7	老刘偏袒老婆的侄子送来了请柬	14	我军反击敌军的炮兵之后嘉奖了士兵
	老刘偏袒老婆的侄子之前没有询问事情经过		我军反击敌军的炮兵得到了首长的接见
	父亲呵斥儿子的战友住进了医院		正方赢得反方的一辩获得了阵阵掌声
	父亲呵斥儿子的战友之前查阅了资料		正方赢得反方的一辩之后场面出现混乱

序号	句子	序号	句子
15	警察查封老赵的房子有着悠久的历史	20	部队进攻伪军的坦克高达五米之多
	警察查封老赵的房子之前进行了评估		部队进攻伪军的坦克之后包围了现场
	城管带走小贩的车子停在马路中央		我军扫射日军的碉堡得到了修整
	城管带走小贩的车子之前多次警告		我军扫射日军的碉堡之后扔了几个炸弹
16	女儿观察爸爸的实验进展得非常顺利	21	老杨讥笑馆长的养女表达了歉意
	女儿观察爸爸的实验之后提出了质疑		老杨讥笑馆长的养女之前并不知情
	演员扮演观众的表情逗笑了所有人		海林咒骂村长的妹妹遭到了排挤
	演员扮演观众的表情之后翻了个跟头		海林咒骂村长的妹妹之做作好了反击
17	张敏攻击法官的言论引起了很大争议	22	囡囡模仿爸爸的姿势萌呆了众人
	张敏攻击法官的言论之前清了清嗓子		囡囡模仿爸爸的姿势之后忍不住笑了
	李闯批驳刘明的发言听起来逻辑严密		邹飞表演白鹅的叫声混淆了真假
	李闯批驳刘明的发言之前写好了草稿		邹飞表演白鹅的叫声之后伸了伸脖子
18	局长责备秘书的表现受到群众的嘲讽	23	干部拥护校长的提议得到了一致肯定
	局长责备秘书的表现之后快步走出屋子		干部拥护校长的提议之前进行了讨论
	姐姐愚弄妹妹的语气遭到了父母的批评		会员同意会长的表决获得了全票通过
	姐姐愚弄妹妹的语气之后离开了大礼堂		会员同意会长的表决之前阅读了章程
19	刘芳资助邱明的妹妹嫁给了富豪	24	清军抵御明军的骑兵遭到了重创
	刘芳资助邱明的妹妹之前进行了走访		清军抵御明军的骑兵之后安全撤退
	贾伟照顾同学的儿子上班才三个月		我国击败外国的舰队有着精良设备
	贾伟照顾同学的儿子之前封锁了消息		我国击败外国的舰队之后加强了巡逻

表 F3.3 填充材料

序号	句子	填充材料
01	杨静正在打印明天要用的文件	
02	赵爽买了苹果和香蕉	请判断:赵爽买了一些水果
03	钱军刚才脱下了已经湿透的衬衫	
04	孙东发现文件少了	请判断:孙东发现少了文件
05	李蕾刚才找出了一件红色毛衣	
06	周英昨天下午不小心摔断了胳膊	
07	吴华刚刚吃完了午饭	请判断:吴华吃过了午饭

附录3 第3章词汇增益实验材料

续表

序号	句　　　子	填　充　材　料
08	郑拓晚上听了音乐会	请判断:郑拓晚上看了电影
09	王雪昨天晚上喝光了剩下的红酒	
10	冯芸昨天收到了两封家信	
11	陈淑从茶几上拿起了一包喜糖	
12	楚梅和同事揭发了自己的主任	
13	魏芬今天戴了金丝眼镜	请判断:魏芬没有戴眼镜
14	蒋静和队友检查了飞机的设备	
15	沈朋站起来并打倒了面前的对手	
16	韩洁刚才已经关上了空调	
17	杨赫午睡之后感到胃部疼痛	
18	赵莲刚才小心地摘下了手上的钻戒	
19	钱月刚才向老师提出了很好的建议	
20	孙依锁上了柜子	请判断:孙依打开了柜子
21	周彤昨天上午已经洗好了手套	
22	李归和战友已经记住了暗号	
23	吴红十分后悔错怪了表妹	
24	郑晃后来勉强答应出席会议	
25	王培刚才在办公室嘲笑了自大的同事	
26	冯和队友解救了被困的老人	
27	陈卓昨天做饭时不小心烫伤了手指	
28	楚函上个月卖掉了心爱的手风琴	
29	魏森刚才夸奖了那个勇敢的男孩	
30	蒋苑正在回忆童年的往事	
31	沈凤回到办公室把秘书批评了一顿	
32	警察昨下午把两个嫌犯押走了	
33	晓鸿刚才把外套穿上了	请判断:晓鸿脱了外套
34	小董今天早上把桌上的筷子折断了	
35	张华和李琴把墙上的钉子拔掉了	
36	老陈回家后立刻把饺子煮好了	

续表

序号	句子	填充材料
37	小蔡和小王把两棵果树砍倒了	
38	张英在图书馆把一本杂志撕坏了	请判断:杂志完好无损
39	王云和弟弟把运来的箱子抬走了	
40	妈妈今天上午把三个枕套缝好了	
41	吕英帮助哥哥把油画挂好了	
42	服务员刚才已经把点好的烤鸭端来了	
43	晓军刚才已经把买来的牛奶热好了	
44	林静和表妹把茶杯拿走了	
45	父亲早上已经把流浪的小猫撵走了	
46	谢芬和妈妈把捆好的旧报纸卖掉了	
47	清洁工干活时不小心把相机摔坏了	请判断:相机被摔坏了
48	小何周三一早把整条街道打扫干净了	
49	护士刚才不小心把病人吵醒了	请判断:病人没有被吵醒
50	伍娟下午三点把两位亲戚接来了	
51	马涛昨天晚上把绘图铅笔削好了	
52	陈平昨天临走时把教室的窗子关上了	
53	林晓刚才不小心把一位老人撞倒了	
54	经理昨天上午把一名售货员解雇了	请判断:售货员被解雇了
55	李阿姨今天上午把一个孩子领走了	
56	郑芬刚才不小心把小女孩吓哭了	请判断:小女孩被逗笑了
57	医生今天上午把一位病人救活了	
58	叛军前天夜里把两位将军暗杀了	
59	影迷在剧院门口把三位明星围住了	
60	警察昨天已经把通缉的凶犯逮捕了	
61	保姆昨天夜里把婴儿送进医院了	

附录4 第4章的时间进程实验材料

表 F4.1　ERP 实验拉丁方设计 lists

List1	List2
杨静正在打印明天要用的会议文件 小李揭发组长的行为震惊了车间 妻子揭发市长的举止激动了人心	杨静正在打印明天要用的会议文件 小李揭发组长的行为震惊了车间 崔红昨天晚上拔掉了卧室的插头 妻子揭发市长的举止激动了人心
刘强怀疑经理的消息传播得很快 崔红昨天晚上拔掉了卧室的插头 陆亮怀疑女友的动机受到了质疑	刘强怀疑经理的消息传播得很快 陆亮怀疑女友的动机受到了质疑
老李推荐侄女的演讲打动了嘉宾 蒋彬前天中午去了郊外的花鸟市场 王星推荐张路的稿子迟到了三天	老李推荐侄女的演讲打动了嘉宾 王星推荐张路的稿子迟到了三天
史涛反驳魏强的证词出自教师之手 小王反驳对方的辩护取得了成功	史涛反驳魏强的证词出自教师之手 蒋彬前天中午去了郊外的花鸟市场 小王反驳对方的辩护取得了成功
战士拦截敌军的飞机完成了任务 周爽昨天上午整理好了衣柜的衣服 我军拦截敌军的舰队准备即刻启程	战士拦截敌军的飞机完成了任务 我军拦截敌军的舰队准备即刻启程
曹娟嘲笑演员的动作引起了不满 王晶嘲笑差生的言行受到了指责	曹娟嘲笑演员的动作引起了不满 周爽昨天上午整理好了衣柜的衣服 王晶嘲笑差生的言行受到了指责
老刘偏袒老婆的侄子送来了请柬 父亲偏袒战友的儿子住进了医院	老刘偏袒老婆的侄子送来了请柬 邓建平前天中午测量了新居的客厅 父亲偏袒战友的儿子住进了医院

续表

List1	List2
主管表扬员工的措施没有一点新意 邓建平前天中午测量了新居的客厅 师父表扬对手的胸怀感染了弟子	主管表扬员工的措施没有一点新意 师父表扬对手的胸怀感染了弟子
Block1	
吴静赞扬父亲的歌声感染了观众 严军赞扬老婆的进步乐坏了评委	吴静赞扬父亲的歌声感染了观众 何宣昨天傍晚在实验室吃的盒饭 严军赞扬老婆的进步乐坏了评委
王明拍摄路人的动作酷似一名摄影师 何宣昨天傍晚在实验室吃的盒饭 导演拍摄演员的生活花光了积蓄	王明拍摄路人的动作酷似一名摄影师 导演拍摄演员的生活花光了积蓄
经理支持邢波的态度发生了逆转 钱华周五下午从图书馆借阅了小说 田静支持妈妈的做法受到了表扬	经理支持邢波的态度发生了逆转 田静支持妈妈的做法受到了表扬
孙晴批评老陈的发言表达十分巧妙 院长批评教师的言辞听起来很婉转	孙晴批评老陈的发言表达十分巧妙 钱华周五下午从图书馆借阅了小说 院长批评教师的言辞听起来很婉转
公安追踪敌人的行踪遍布整个城市 赖星周一上午在资料室发了传真 侦探追踪嫌犯的路线变化复杂莫测	公安追踪敌人的行踪遍布整个城市 侦探追踪嫌犯的路线变化复杂莫测
我军反击敌军的炮兵得到首长接见 正方反击反方的一辩获得阵阵掌声	我军反击敌军的炮兵得到首长接见 赖星周一上午在资料室发了传真 正方反击反方的一辩获得阵阵掌声
警察查扣老赵的房子坐落在城东 城管查扣小贩的车子停留马路边	警察查扣老赵的房子坐落在城东 陈洁周二晚上换好了刚洗的被罩 城管查扣小贩的车子停留马路边
女儿观察爸爸的实验进展非常顺利 陈洁周二晚上换好了刚洗的被罩 演员观察观众的表情逗笑了众人	女儿观察爸爸的实验进展非常顺利 演员观察观众的表情逗笑了众人

续表

List1	List2
张敏攻击法官的言论引起很大争议 李闯攻击刘明的发言听起来逻辑严密	张敏攻击法官的言论引起很大争议 范梅周六中午干洗了家人的大衣 李闯攻击刘明的发言听起来逻辑严密
Block2	
局长责备秘书的表现受到群众嘲讽 范梅周六中午干洗了家人的大衣 姐姐责备妹妹的语气遭到父母批评	局长责备秘书的表现受到群众嘲讽 姐姐责备妹妹的语气遭到父母批评
刘芳资助邱明的妹妹嫁给了富豪 萧敏昨天中午在学校超市买了可乐 贾伟资助同学的弟弟上班才半年	刘芳资助邱明的妹妹嫁给了富豪 贾伟资助同学的弟弟上班才半年
部队进攻伪军的坦克高达五米之多 我军进攻日军的碉堡得到了修整	部队进攻伪军的坦克高达五米之多 萧敏昨天中午在学校超市买了可乐 我军进攻日军的碉堡得到了修整
老杨讥笑馆长的养女表达了歉意 张俊核对完账目之后锁上了楼门 海林讥笑村长的妹妹遭到了排挤	老杨讥笑馆长的养女表达了歉意 海林讥笑村长的妹妹遭到了排挤
囡囡模仿爸爸的姿势萌呆了众人 邹飞模仿白鹅的叫声混淆了真假	囡囡模仿爸爸的姿势萌呆了众人 张俊核对完账目之后锁上了楼门 邹飞模仿白鹅的叫声混淆了真假
干部拥护校长的提议得到了肯定 会员拥护会长的表决获得了通过	干部拥护校长的提议得到了肯定 木匠鉴赏邮票之前已经修好了椅子 会员拥护会长的表决获得了通过
清军抵御明军的骑兵遭到了重创 木匠鉴赏邮票之前已经修好了椅子 我国抵御外国的舰队有着精良设备	清军抵御明军的骑兵遭到了重创 我国抵御外国的舰队有着精良设备
我们学习文件的内容重复了多次 儿童学习语言的方法达到数十种	我们学习文件的内容重复了多次 屠杰编写剧本之前已经煮好了咖啡 儿童学习语言的方法达到数十种

续表

List1	List2
小张回避领导的轿车开向了城楼 屠杰编写剧本之前已经煮好了咖啡 赵玲回避王恒的论文获得了录用	小张回避领导的轿车开向了城楼 赵玲回避王恒的论文获得了录用
Block3	
我军击溃敌军的炮兵回到了驻地 孙华调试软件之前已经寄走了邮包 我军击溃敌军的士兵冲出了战壕	我军击溃外国的炮兵回到了驻地 我军击溃敌军的士兵冲出了战壕
周明瞻仰主席的画像陈列在博物馆 村民瞻仰红军的雕塑屹立在山腰	周明瞻仰主席的画像陈列在博物馆 孙华调试软件之前已经寄走了邮包 村民瞻仰红军的雕塑屹立在山腰
钱莉认出儿子的照片刊载在晚报 顾强烤制羊肉串之前买来了蜡烛 医生认出演员的表情夸张得厉害	钱莉认出儿子的照片刊载在晚报 医生认出演员的表情夸张得厉害
小陈研究鲁迅的文章发表在期刊上 老衰研究病人的报告张贴在网上	小陈研究鲁迅的文章发表在期刊上 顾强烤制羊肉串之前买来了蜡烛 老衰研究病人的报告张贴在网上
部长反对经理的立场获得了支持 组长反对班长的决定得到了肯定	部长反对经理的立场获得了支持 吴兰兰朗读英语之前打开了纱窗 组长反对班长的决定得到了肯定
红军打败敌人的部队受到了嘉奖 吴兰兰朗读英语之前打开了纱窗 我军打败日军的步兵获得了表扬	红军打败敌人的部队受到了嘉奖 我军打败日军的步兵获得了表扬
原告斥责被告的材料厚达几十页 父亲斥责儿子的态度遭到家人反对	原告斥责被告的材料厚达几十页 钱宏打开电视之前已经买来了早点 父亲斥责儿子的态度遭到家人反对
美国暗杀总统的妻子藏起了手枪 钱宏打开电视之前已经买来了早点 村霸暗杀村长的儿子开走了豪车	美国暗杀总统的妻子藏起了手枪 村霸暗杀村长的儿子开走了豪车

续表

List1	List2
工会接纳方俊的提议通过了表决 蒋艳品尝小吃之前已经端上了凉菜 婆婆接纳邻居的劝说来自于媳妇	工会接纳方俊的提议通过了表决 婆婆接纳邻居的劝说来自于媳妇
Block4	
鲍珍抄袭徐凤的论文通过了外审 钱坤抄袭周洋的数据蒙过了答辩	鲍珍抄袭徐凤的论文通过了外审 蒋艳品尝小吃之前已经端上了凉菜 钱坤抄袭周洋的数据蒙过了答辩
许巍创作歌曲的视频位居于榜首 董佳维修饮水机之前已经装好了空调 凌峰创作话剧的台本遗失在剧组	许巍创作歌曲的视频位居于榜首 凌峰创作话剧的台本遗失在剧组
公司监控老赵的会计提出了辞职 刘华监控丈夫的线人中断了联系	公司监控老赵的会计提出了辞职 董佳维修饮水机之前已经装好了空调 刘华监控丈夫的线人中断了联系
房东戏弄老詹的花猫跳上了房顶 肖兰戏弄男友的狗狗躲进了沙发	房东戏弄老詹的花猫跳上了房顶 刘兵洗刷餐具之前把奶酪放进了冰箱 肖兰戏弄男友的狗狗躲进了沙发
周军认识商人的堂妹寄出了电报 刘兵洗刷餐具之前把奶酪放进了冰箱 吴丹认识电工的女儿搬来了椅子	周军认识商人的堂妹寄出了电报 吴丹认识电工的女儿搬来了椅子
领导认可新人的发言长达一个小时 工程师认可助手的工作走向了程序化	领导认可新人的发言长达一个小时 陈华修改论文之前已经绘制完了图纸 工程师认可助手的工作走向了程序化
政府调查省长的作风得到了延续 陈华修改论文之前已经绘制完了图纸 团委调查社团的活动成为了惯例	政府调查省长的作风得到了延续 团委调查社团的活动成为了惯例
剧组侮辱演员的导演得过多次大奖 李明邮寄贺卡之前已经发出去了请帖 节目侮辱歌手的评审发生了争吵	剧组侮辱演员的导演得过多次大奖 节目侮辱歌手的评审发生了争吵

续表

List1	List2
齐莉看望丈夫的奶奶行走非常缓慢 老谢看望奶奶的孙子躲藏自己身后	齐莉看望丈夫的奶奶行走非常缓慢 李明邮寄贺卡之前已经发出去了请帖 老谢看望奶奶的孙子躲藏自己身后
Block5	
母校表彰教师的事迹遭到了批评 丁红阅读完报纸之后买来了几根雪糕 集团表彰骨干的做法得到了效仿	母校表彰教师的事迹遭到了批评 集团表彰骨干的做法得到了效仿
胡老师责骂浩浩的语言有失教师身份 许教官责骂小夏的态度违反军人规定	胡老师责骂浩浩的语言有失教师身份 丁红阅读完报纸之后买来了几根雪糕 许教官责骂小夏的态度违反军人规定
上级考察林辉的操作违反了程序 单位考察员工的方案通过了表决	上级考察林辉的操作违反了程序 梁敏装配音响之前已经切好了西瓜 单位考察员工的方案通过了表决
男星诽谤总统的保镖遭到了停职 梁敏装配音响之前已经切好了西瓜 雇主诽谤皇上的仆人被遣返原籍	男星诽谤总统的保镖遭到了停职 雇主诽谤皇上的仆人被遣返原籍
老段照顾大兵的邻居搬来才半年 二婶照顾云芳的孩子推来了轮椅	老段照顾大兵的邻居搬来才半年 张琴编撰论文集之前已经联系了出版社 二婶照顾云芳的孩子推来了轮椅
记者询问演员的照片摄于十年前 张琴编撰论文集之前已经联系了出版社 校长询问学生的录音保存得完好	记者询问演员的照片摄于十年前 校长询问学生的录音保存得完好
市民投诉商店的奶粉出自三鹿集团 谭磊抄写完问卷之后挂好了新蚊帐 员工投诉车间的领班接受了贿赂	市民投诉商店的奶粉出自三鹿集团 员工投诉车间的领班接受了贿赂
赵龙恐吓门卫的儿子刚满十八周岁 官员恐吓房东的随从是名合同工	赵龙恐吓门卫的儿子刚满十八周岁 谭磊抄写完问卷之后挂好了新蚊帐 官员恐吓房东的随从是名合同工

续表

List1	List2
经理聘用晓岚的表妹是个慈善家 王婷筹办演唱会之前已经印好了门票 贺总聘用高翔的堂弟跳槽了三次	经理聘用晓岚的表妹是个慈善家 贺总聘用高翔的堂弟跳槽了三次
Block6	
志愿者击中盗贼的同伙躲到了树后 解放军击中敌军的舰长冲向了船头	志愿者击中盗贼的同伙躲到了树后 王婷筹办演唱会之前已经印好了门票 解放军击中敌军的舰长冲向了船头
美军干扰俄军的宣传暴露了目标 警察干扰劫匪的喊话误导了群众	美军干扰俄军的宣传暴露了目标 高玲订做完沙发之后就商量好了路费 警察干扰劫匪的喊话误导了群众
张姐答复老薛的同事查阅了资料 高玲订做完沙发之后就商量好了路费 院长答复老总的秘书群发了邮件	张姐答复老薛的同事查阅了资料 院长答复老总的秘书群发了邮件
九旅俘虏敌人的卫兵入伍才一年 一营俘虏德军的师长得到了提拔	九旅俘虏敌人的卫兵入伍才一年 叶明复印参考书之前已经收集好了图片 一营俘虏德军的师长得到了提拔
八组处分组长的外甥点燃了香烟 叶明复印参考书之前已经收集好了图片 总裁处分科长的哥哥犹豫了很久	八组处分组长的外甥点燃了香烟 总裁处分科长的哥哥犹豫了很久
隔壁防备桂芝的姐姐感到坐立不安 钱鸣复制录音带之前已经关上了电扇 楼下防备大鹏的叔叔保留个心眼	隔壁防备桂芝的姐姐感到坐立不安 楼下防备大鹏的叔叔保留个心眼
物业警告老董的人员推开了房门 红队警告反方的选手示意暂停手势	物业警告老董的人员推开了房门 钱鸣复制录音带之前已经关上了电扇 红队警告反方的选手示意暂停手势
小王介绍嘉宾的女友紧张得要命 范师傅焊接完钢窗之后就运到了工地 张超介绍来宾的妻子咳嗽了几声	小王介绍嘉宾的女友紧张得要命 张超介绍来宾的妻子咳嗽了几声

续表

List1	List2
冯伯奉承局长的母亲端来了茶水 夏叔奉承赵梅的侄子羞红了脸庞	冯伯奉承局长的母亲端来了茶水 范师傅焊接完钢窗之后就运到了工地 夏叔奉承赵梅的侄子羞红了脸庞
Block7	
祁伟看中伴郎的妹妹留下了微信 周姨看中主管的外甥填好了表格	祁伟看中伴郎的妹妹留下了微信 外婆旋紧煤气阀之前已经清理完灶台 周姨看中主管的外甥填好了表格
邻床嘱咐患者的家属打碎了茶杯 外婆旋紧煤气阀之前已经清理完灶台 班级嘱咐学生的家长裹紧了大衣	邻床嘱咐患者的家属打碎了茶杯 班级嘱咐学生的家长裹紧了大衣
剧团会见演员的替身围上了丝巾 后勤会见总理的警卫离开了接待室	剧团会见演员的替身围上了丝巾 蒋文填写完履历表之后借来了录像带 后勤会见总理的警卫离开了接待室
张师傅碰见父亲的徒弟摘下了眼镜 蒋文填写完履历表之后借来了录像带 高工师碰见所长的助理做好了笔录	张师傅碰见父亲的徒弟摘下了眼镜 高工师碰见所长的助理做好了笔录
谢晖采访模范的哥哥收起了话筒 崔峰设计图纸之前就安装了绘图软件 王英采访伤者的姐姐换了衣服	谢晖采访模范的哥哥收起了话筒 王英采访伤者的姐姐换了衣服
小李欺骗王涛的舅舅是个高管 小梁欺骗电工的姑姑隐瞒了事情	小李欺骗王涛的舅舅是个高管 崔峰设计图纸之前就安装了绘图软件 小梁欺骗电工的姑姑隐瞒了事情
程导动员士兵的妻子留下了眼泪 高敏强画完油画之后就交给了肖书记 学校动员新生的老师提高了嗓门	程导动员士兵的妻子留下了眼泪 学校动员新生的老师提高了嗓门
汪浩报答小丁的叔叔送来了鲜花 高阳报答陈红的姨妈打来了电话	汪浩报答小丁的叔叔送来了鲜花 高敏强画完油画之后就交给了肖书记 高阳报答陈红的姨妈打来了电话

续表

List1	List2
公司组织员工的竞赛吸引了参与者 职校组织学生的演讲产生很大反响	公司组织员工的竞赛吸引了参与者 周伟粉刷房间之后还打扫好了客厅 职校组织学生的演讲产生很大反响
Block8	
戴强思念家乡的好友买好了车票 周伟粉刷房间之后还打扫好了客厅 金玲思念中学的老师汇来了捐款	戴强思念家乡的好友买好了车票 金玲思念中学的老师汇来了捐款
小伟护理丽丽的养父住进了医院 大明护理妻子的母亲端来了米粥	小伟护理丽丽的养父住进了医院 父亲参观展览之余还喜欢看外国歌剧 大明护理妻子的母亲端来了米粥
叛军假冒军官的侍卫刺伤了元帅 父亲参观展览之余还喜欢看外国歌剧 罪犯假冒警察的同僚拍来了电报	叛军假冒军官的侍卫刺伤了元帅 罪犯假冒警察的同僚拍来了电报
女兵告别家乡的代表背上了行囊 张三准备考试之余靠运动放松心情 队员告别参赛的选手登上了飞机	女兵告别家乡的代表背上了行囊 队员告别参赛的选手登上了飞机
秦岗激励孩子的妈妈买来了电脑 孟盛激励学员的措施提高了声誉	秦岗激励孩子的妈妈买来了电脑 张三准备考试之余靠运动放松心情 孟盛激励学员的措施提高了声誉
王经理督促老吴的雇员显得非常粗鲁 学生参加社团活动之余应该兼顾学业 丁总裁督促老杨的司机是细心男人	王经理督促老吴的雇员显得非常粗鲁 丁总裁督促老杨的司机是细心男人
小刘哀求队长的师父是江湖高手 老马哀求医生的助手忍住了眼泪	小刘哀求队长的师父是江湖高手 学生参加社团活动之余应该兼顾学业 老马哀求医生的助手忍住了眼泪
乔员外转告老七的马夫来自于乡下 蒋司令转告三姨的管家值得托付大事	乔员外转告老七的马夫来自于乡下 小赵伪造签名之后盗领了大笔公款 蒋司令转告三姨的管家值得托付大事

续表

List1	List2
丽莎感谢老张的孩子拙于语言表达 小赵伪造签名之后盗领了大笔公款 张震感谢郑悦的姑姑独居于农村	丽莎感谢老张的孩子拙于语言表达 张震感谢郑悦的姑姑独居于农村

Block9

List3	List4
杨静正在打印明天要用的会议文件 妻子揭发市长的举止激动了人心 崔红昨天晚上拔掉了卧室的插头 小李揭发组长的行为震惊了车间	杨静正在打印明天要用的会议文件 妻子揭发市长的举止激动了人心 小李揭发组长的行为震惊了车间
陆亮怀疑女友的动机受到了质疑 刘强怀疑经理的消息传播得很快	陆亮怀疑女友的动机受到了质疑 崔红昨天晚上拔掉了卧室的插头 刘强怀疑经理的消息传播得很快
王星推荐张路的稿子迟到了三天 老李推荐侄女的演讲打动了嘉宾	王星推荐张路的稿子迟到了三天 蒋彬前天中午去了郊外的花鸟市场 老李推荐侄女的演讲打动了嘉宾
小王反驳对方的辩护取得了成功 蒋彬前天中午去了郊外的花鸟市场 史涛反驳魏强的证词出自教师之手	小王反驳对方的辩护取得了成功 史涛反驳魏强的证词出自教师之手
我军拦截敌军的舰队准备即刻启程 战士拦截敌军的飞机完成了任务	我军拦截敌学的舰队准备即刻启程 周爽昨天上午整理好了衣柜的衣服 战士拦截敌军的飞机完成了任务
王晶嘲笑差生的言行受到了指责 周爽昨天上午整理好了衣柜的衣服 曹娟嘲笑演员的动作引起了不满	王晶嘲笑差生的言行受到了指责 曹娟嘲笑演员的动作引起了不满
父亲偏袒战友的儿子住进了医院 邓建平前天中午测量了新居的客厅 老刘偏袒老婆的侄子送来了请柬	父亲偏袒战友的儿子住进了医院 老刘偏袒老婆的侄子送来了请柬

续表

List3	List4
师父表扬对手的胸怀感染了弟子 主管表扬员工的措施没有一点新意	师父表扬对手的胸怀感染了弟子 邓建平前天中午测量了新居的客厅 主管表扬员工的措施没有一点新意
Block1	
严军赞扬老婆的进步乐坏了评委 何宣昨天傍晚在实验室吃的盒饭 吴静赞扬父亲的歌声感染了观众	严军赞扬老婆的进步乐坏了评委 吴静赞扬父亲的歌声感染了观众
导演拍摄演员的生活花光了积蓄 王明拍摄路人的动作酷似一名摄影师	导演拍摄演员的生活花光了积蓄 何宣昨天傍晚在实验室吃的盒饭 王明拍摄路人的动作酷似一名摄影师
田静支持妈妈的做法受到了表扬 经理支持邢波的态度发生了逆转	田静支持妈妈的做法受到了表扬 钱华周五下午从图书馆借阅了小说 经理支持邢波的态度发生了逆转
院长批评教师的言辞听起来很婉转 钱华周五下午从图书馆借阅了小说 孙晴批评老陈的发言表达十分巧妙	院长批评教师的言辞听起来很婉转 孙晴批评老陈的发言表达十分巧妙
侦探追踪嫌犯的路线变化复杂莫测 公安追踪敌人的行踪遍布整个城市	侦探追踪嫌犯的路线变化复杂莫测 赖星周一上午在资料室发了传真 公安追踪敌人的行踪遍布整个城市
正方反击反方的一辩获得阵阵掌声 赖星周一上午在资料室发了传真 我军反击敌军的炮兵得到首长接见	正方反击反方的一辩获得阵阵掌声 我军反击敌军的炮兵得到首长接见
城管扣留小贩的车子停留马路边 陈洁周二晚上换好了刚洗的被罩 警察扣留老赵的房子坐落在城东	城管扣留小贩的车子停留马路边 警察扣留老赵的房子坐落在城东

续表

List3	List4
演员观察观众的表情逗笑了众人 女儿观察爸爸的实验进展非常顺利	演员观察观众的表情逗笑了众人 陈洁周二晚上换好了刚洗的被罩 女儿观察爸爸的实验进展非常顺利
李闯攻击刘明的发言听起来逻辑严密 范梅周六中午干洗了家人的大衣 张敏攻击法官的言论引起很大争议	李闯攻击刘明的发言听起来逻辑严密 张敏攻击法官的言论引起很大争议
Block2	
姐姐责备妹妹的语气遭到父母批评 局长责备秘书的表现受到群众嘲讽	姐姐责备妹妹的语气遭到父母批评 范梅周六中午干洗了家人的大衣 局长责备秘书的表现受到群众嘲讽
贾伟资助同学的弟弟上班才半年 刘芳资助邱明的妹妹嫁给了富豪	贾伟资助同学的弟弟上班才半年 萧敏昨天中午在学校超市买了可乐 刘芳资助邱明的妹妹嫁给了富豪
我军进攻日军的碉堡得到了修整 萧敏昨天中午在学校超市买了可乐 部队进攻伪军的坦克高达五米之多	我军进攻日军的碉堡得到了修整 部队进攻伪军的坦克高达五米之多
海林讥笑村长的妹妹遭到了排挤 老杨讥笑馆长的养女表达了歉意	海林讥笑村长的妹妹遭到了排挤 张俊核对完账目之后锁上了楼门 老杨讥笑馆长的养女表达了歉意
邹飞模仿白鹅的叫声混淆了真假 张俊核对完账目之后锁上了楼门 囡囡模仿爸爸的姿势萌呆了众人	邹飞模仿白鹅的叫声混淆了真假 囡囡模仿爸爸的姿势萌呆了众人
会员拥护会长的表决获得了通过 木匠鉴赏邮票之前已经修好了椅子 干部拥护校长的提议得到了肯定	会员拥护会长的表决获得了通过 干部拥护校长的提议得到了肯定
我国抵御敌人的舰队有着精良设备 清军抵御明军的骑兵遭到了重创	韩国抵御日本的舰队有着精良设备 木匠鉴赏邮票之前已经修好了椅子 清军抵御明军的骑兵遭到了重创

续表

List3	List4
儿童学习语言的方法达到数十种 屠杰编写剧本之前已经煮好了咖啡 我们学习文件的内容重复了多次	儿童学习语言的方法达到数十种 我们学习文件的内容重复了多次
赵玲回避王恒的论文获得了录用 小张回避元首的轿车开向了城楼	赵玲回避王恒的论文获得了录用 屠杰编写剧本之前已经煮好了咖啡 小张回避元首的轿车开向了城楼
Block3	
我军击溃敌军的士兵冲出了战壕 我军击溃敌军的炮兵回到了驻地	我军击溃敌军的士兵冲出了战壕 孙华调试软件之前已经寄走了邮包 我军击溃敌军的炮兵回到了驻地
村民瞻仰红军的雕塑屹立在山腰 孙华调试软件之前已经寄走了邮包 周明瞻仰主席的画像陈列在博物馆	周明瞻仰主席的画像陈列在博物馆 村民瞻仰红军的雕塑屹立在山腰
医生认出演员的表情夸张得厉害 钱莉认出儿子的照片刊载在晚报	医生认出演员的表情夸张得厉害 顾强烤制羊肉串之前买来了蜡烛 钱莉认出儿子的照片刊载在晚报
老袁研究病人的报告张贴在网上 顾强烤制羊肉串之前买来了蜡烛 小陈研究鲁迅的文章发表在期刊上	老袁研究病人的报告张贴在网上 小陈研究鲁迅的文章发表在期刊上
组长反对班长的决定得到了肯定 吴兰兰朗读英语之前打开了纱窗 部长反对经理的立场获得了支持	部长反对经理的立场获得了支持 组长反对班长的决定得到了肯定
我军打败日军的步兵获得了表扬 红军打败敌人的部队受到了嘉奖	我军打败日军的步兵获得了表扬 吴兰兰朗读英语之前打开了纱窗 红军打败敌人的部队受到了嘉奖
父亲斥责儿子的态度遭到家人反对 钱宏打开电视之前已经买来了早点 原告斥责被告的材料厚达几十页	父亲斥责儿子的态度遭到家人反对 原告斥责被告的材料厚达几十页

List3	List4
村霸暗杀村长的儿子开走了豪车 美国暗杀总统的妻子藏起了手枪	村霸暗杀村长的儿子开走了豪车 钱宏打开电视之前已经买来了早点 美国暗杀总统的妻子藏起了手枪
婆婆接纳邻居的劝说来自于媳妇 工会接纳方俊的提议通过了表决	婆婆接纳邻居的劝说来自于媳妇 蒋艳品尝小吃之前已经端上了凉菜 工会接纳方俊的提议通过了表决
Block4	
钱坤抄袭周洋的数据蒙过了答辩 蒋艳品尝小吃之前已经端上了凉菜 鲍珍抄袭徐凤的论文通过了外审	钱坤抄袭周洋的数据蒙过了答辩 鲍珍抄袭徐凤的论文通过了外审
凌峰创作话剧的台本遗失在剧组 许巍创作歌曲的视频位居于榜首	凌峰创作话剧的台本遗失在剧组 董佳维修饮水机之前已经装好了空调 许巍创作歌曲的视频位居于榜首
刘华监控丈夫的线人中断了联系 董佳维修饮水机之前已经装好了空调 公司监控老赵的会计提出了辞职	刘华监控丈夫的线人中断了联系 公司监控老赵的会计提出了辞职
肖兰戏弄男友的狗狗躲进了沙发 刘兵洗刷餐具之前把奶酪放进了冰箱 房东戏弄老詹的花猫跳上了房顶	肖兰戏弄男友的狗狗躲进了沙发 房东戏弄老詹的花猫跳上了房顶
吴丹认识电工的女儿搬来了椅子 周军认识商人的堂妹寄出了电报	吴丹认识电工的女儿搬来了椅子 刘兵洗刷餐具之前把奶酪放进了冰箱 周军认识商人的堂妹寄出了电报
工程师认可助手的工作走向了程序化 陈华修改论文之前已经绘制完了图纸 领导认可新人的发言长达一个小时	工程师认可助手的工作走向了程序化 领导认可新人的发言长达一个小时
团委调查社团的活动成为了惯例 政府调查省长的作风得到了延续	团委调查社团的活动成为了惯例 陈华修改论文之前已经绘制完了图纸 政府调查省长的作风得到了延续

List3	List4
节目侮辱歌手的评审发生了争吵 剧组侮辱演员的导演得过多次大奖	节目侮辱歌手的评审发生了争吵 李明邮寄贺卡之前已经发出去了请帖 剧组侮辱演员的导演得过多次大奖
老谢看望奶奶的孙子躲藏自己身后 李明邮寄贺卡之前已经发出去了请帖 齐莉看望丈夫的奶奶行走非常缓慢	老谢看望奶奶的孙子躲藏自己身后 齐莉看望丈夫的奶奶行走非常缓慢
Block5	
集团表彰骨干的做法得到了效仿 母校表彰教师的事迹遭到了批评	集团表彰骨干的做法得到了效仿 丁红阅读完报纸之后买来了几根雪糕 母校表彰教师的事迹遭到了批评
许教官责骂小夏的态度违反军人规定 丁红阅读完报纸之后买来了几根雪糕 胡老师责骂浩浩的语言有失教师身份	许教官责骂小夏的态度违反军人规定胡老师 责骂浩浩的语言有失教师身份
单位考察员工的方案通过了表决 梁敏装配音响之前已经切好了西瓜 上级考察林辉的操作违反了程序	单位考察员工的方案通过了表决 上级考察林辉的操作违反了程序
雇主诽谤皇上的仆人被遣返原籍 男星诽谤总统的保镖遭到了停职	雇主诽谤皇上的仆人被遣返原籍 梁敏装配音响之前已经切好了西瓜 男星诽谤总统的保镖遭到了停职
二婶照顾云芳的孩子推来了轮椅 张琴编撰论文集之前已经联系了出版社 老段照顾大兵的邻居搬来才半年	二婶照顾云芳的孩子推来了轮椅 老段照顾大兵的邻居搬来才半年
校长询问学生的录音保存得完好 记者询问演员的照片摄于十年前	校长询问学生的录音保存得完好 张琴编撰论文集之前已经联系了出版社 记者询问演员的照片摄于十年前
员工投诉车间的领班接受了贿赂 市民投诉商店的奶粉出自三鹿集团	员工投诉车间的领班接受了贿赂 谭磊抄写完问卷之后挂好了新蚊帐 市民投诉商店的奶粉出自三鹿集团

续表

List3	List4
官员恐吓房东的随从是名合同工 谭磊抄写完问卷之后挂好了新蚊帐 赵龙恐吓门卫的儿子刚满十八周岁	官员恐吓房东的随从是名合同工 赵龙恐吓门卫的儿子刚满十八周岁
贺总聘用高翔的堂弟跳槽了三次 经理聘用晓岚的表妹是个慈善家	贺总聘用高翔的堂弟跳槽了三次 王婷筹办演唱会之前已经印好了门票 经理聘用晓岚的表妹是个慈善家
Block6	
解放军击中敌军的舰长冲向了船头 王婷筹办演唱会之前已经印好了门票 志愿者击中盗贼的同伙躲到了树后	解放军击中敌军的舰长冲向了船头 志愿者击中盗贼的同伙躲到了树后
警察干扰劫匪的喊话误导了群众 高玲订做完沙发之后就商量好了路费 美军干扰俄军的宣传暴露了目标	警察干扰劫匪的喊话误导了群众 美军干扰俄军的宣传暴露了目标
院长答复老总的秘书群发了邮件 张姐答复老薛的同事查阅了资料	院长答复老总的秘书群发了邮件 高玲订做完沙发之后就商量好了路费 张姐答复老薛的同事查阅了资料
一营俘虏德军的师长得到了提拔 叶明复印参考书之前已经收集好了图片 九旅俘虏敌人的卫兵入伍才一年	一营俘虏德军的师长得到了提拔 九旅俘虏敌人的卫兵入伍才一年
总裁处分科长的哥哥犹豫了很久 八组处分组长的外甥点燃了香烟	总裁处分科长的哥哥犹豫了很久 叶明复印参考书之前已经收集好了图片 八组处分组长的外甥点燃了香烟
楼下防备大鹏的叔叔保留个心眼 隔壁防备桂芝的姐姐感到坐立不安	楼下防备大鹏的叔叔保留个心眼 钱鸣复制录音带之前已经关上了电扇 隔壁防备桂芝的姐姐感到坐立不安
红队警告反方的选手示意暂停手势 钱鸣复制录音带之前已经关上了电扇 物业警告老董的人员推开了房门	红队警告反方的选手示意暂停手势 物业警告老董的人员推开了房门

List3	List4
张超介绍来宾的妻子咳嗽了几声 小王介绍嘉宾的女友紧张得要命	张超介绍来宾的妻子咳嗽了几声 范师傅焊接完钢窗之后就运到了工地 小王介绍嘉宾的女友紧张得要命
夏叔奉承赵梅的侄子羞红了脸庞 范师傅焊接完钢窗之后就运到了工地 冯伯奉承局长的母亲端来了茶水	夏叔奉承赵梅的侄子羞红了脸庞 冯伯奉承局长的母亲端来了茶水
Block7	
周姨看中主管的外甥填好了表格 外婆旋紧煤气阀之前已经清理完灶台 祁伟看中伴郎的妹妹留下了微信	周姨看中主管的外甥填好了表格 祁伟看中伴郎的妹妹留下了微信
班级嘱咐学生的家长裹紧了大衣 邻床嘱咐患者的家属打碎了茶杯	班级嘱咐学生的家长裹紧了大衣 外婆旋紧煤气阀之前已经清理完灶台 邻床嘱咐患者的家属打碎了茶杯
后勤会见总理的警卫离开了接待室 蒋文填写完履历表之后借来了录像带 剧团会见演员的替身围上了丝巾	后勤会见总理的警卫离开了接待室 剧团会见演员的替身围上了丝巾
高工师碰见所长的助理做好了笔录 张师傅碰见父亲的徒弟摘下了眼镜	张师傅碰见父亲的徒弟摘下了眼镜 蒋文填写完履历表之后借来了录像带 高工师碰见所长的助理做好了笔录
王英采访伤者的姐姐换了衣服 谢晖采访模范的哥哥收起了话筒	王英采访伤者的姐姐换了衣服 崔峰设计图纸之前就安装了绘图软件 谢晖采访模范的哥哥收起了话筒
小梁欺骗电工的姑姑隐瞒了事情 崔峰设计图纸之前就安装了绘图软件 小李欺骗王涛的舅舅是个高管	小梁欺骗电工的姑姑隐瞒了事情 小李欺骗王涛的舅舅是个高管
学校动员新生的老师提高了嗓门 程导动员士兵的妻子留下了眼泪	学校动员新生的老师提高了嗓门 高敏强画完油画之后就交给了肖书记 程导动员士兵的妻子留下了眼泪

续表

List3	List4
高阳报答陈红的姨妈打来了电话 高敏强画完油画之后就交给了肖书记 汪浩报答小丁的叔叔送来了鲜花	高阳报答陈红的姨妈打来了电话 汪浩报答小丁的叔叔送来了鲜花
职校组织学生的演讲产生很大反响 周伟粉刷房间之后还打扫好了客厅 公司组织员工的竞赛吸引了参与者	职校组织学生的演讲产生很大反响 公司组织员工的竞赛吸引了参与者
\multicolumn{2}{c}{Block8}
金玲思念中学的老师汇来了捐款 戴强思念家乡的好友买好了车票	金玲思念中学的老师汇来了捐款 周伟粉刷房间之后还打扫好了客厅 戴强思念家乡的好友买好了车票
大明护理妻子的母亲端来了米粥 父亲参观展览之余还喜欢看外国歌剧 小伟护理丽丽的养父住进了医院	大明护理妻子的母亲端来了米粥 小伟护理丽丽的养父住进了医院
罪犯假冒警察的同僚拍来了电报 叛军假冒军官的侍卫刺伤了元帅	罪犯假冒警察的同僚拍来了电报 父亲参观展览之余还喜欢看外国歌剧 叛军假冒军官的侍卫刺伤了元帅
队员告别参赛的选手登上了飞机 女兵告别家乡的代表背上了行囊	队员告别参赛的选手登上了飞机 张三准备考试之余靠运动放松心情 女兵告别家乡的代表背上了行囊
孟盛激励学员的措施提高了声誉 张三准备考试之余靠运动放松心情 秦刚激励孩子的妈妈买来了电脑	孟盛激励学员的措施提高了声誉 秦刚激励孩子的妈妈买来了电脑
丁总裁督促老杨的司机是细心男人 王经理督促老吴的雇员显得非常粗鲁	丁总裁督促老杨的司机是细心男人 学生参加社团活动之余应该兼顾学业 王经理督促老吴的雇员显得非常粗鲁
老马哀求医生的助手忍住了眼泪 学生参加社团活动之余应该兼顾学业 小刘哀求队长的师父是江湖高手	老马哀求医生的助手忍住了眼泪 小刘哀求队长的师父是江湖高手

附录4 第4章时间进程实验材料　　　159

续表

List3	List4
蒋司令转告三姨的管家值得托付大事 小赵伪造签名之后盗领了大笔公款 乔员外转告老七的马夫来自于乡下	蒋司令转告三姨的管家值得托付大事 乔员外转告老七的马夫来自于乡下
张震感谢郑悦的姑姑独居于农村 丽莎感谢老张的孩子拙于语言表达	张震感谢郑悦的姑姑独居于农村 小赵伪造签名之后盗领了大笔公款 丽莎感谢老张的孩子拙于语言表达
Block9	

注：每个 List 按照标注的 Block 共9个，被试可以在任何一个 Block 标注处休息。

表 F4.2　时间进程眼动实验材料

List1	List2
保姆昨天夜里把婴儿送进医院了 警察昨天已经把通缉的凶犯逮捕了 小李揭发组长的行为震惊了车间 小蔡和小王把两棵果树砍倒了 王程今夏在香港参加了一次重要会议 高主任惩罚老叶的女婿之后很后悔 妻子揭发市长的举止激动了人心 赵爽在超市里买了苹果和香蕉 赵爽在超市里买了什么？ 1. 水果　2. 饮料	保姆昨天夜里把婴儿送进医院了 警察昨天已经把通缉的凶犯逮捕了 妻子揭发市长的举止激动了人心 小蔡和小王把两棵果树砍倒了 王程今夏在香港参加了一次重要会议 高主任惩罚老叶的女婿之后很后悔 小李揭发组长的行为震惊了车间 赵爽在超市里买了苹果和香蕉 赵爽在超市里买了什么？ 1. 水果　2. 饮料
杨静正在打印明天要用的文件 刘强怀疑经理的消息传播得很快 张英在图书馆把一本杂志撕坏了 林建东周一早晨在家收到录取通知单 王宾藏匿强盗的同伙之后十分害怕 陆亮怀疑女友的动机受到了质疑 钱军刚才脱下了已经湿透的衬衫 小张回避元首的轿车开向了城楼 王云和弟弟把运来的箱子抬走了	杨静正在打印明天要用的文件 陆亮怀疑女友的动机受到了质疑 张英在图书馆把一本杂志撕坏了 林建东周一早晨在家收到录取通知单 王宾藏匿强盗的同伙之后十分害怕 刘强怀疑经理的消息传播得很快 钱军刚才脱下了已经湿透的衬衫 赵玲回避王恒的论文获得了录用 王云和弟弟把运来的箱子抬走了

续表

List1	List2
孙凯昨天上午到图书馆归还了杂志	孙凯昨天上午到图书馆归还了杂志
李伟询问小王的管家之后拿出了照片	李伟询问小王的管家之后拿出了照片
赵玲回避王恒的论文获得了录用	小张回避元首的轿车开向了城楼
谁的论文获得了录用？	谁的轿车开向了城楼？
1. 王恒的　2. 赵玲的	1. 元首的　2. 小张的
孙东发现办公桌上的文件少了	孙东发现办公桌上的文件少了
老李推荐侄女的演讲打动了嘉宾	王星推荐张路的稿子迟到了三天
妈妈今天上午把三个枕套缝好了	妈妈今天上午把三个枕套缝好了
梁华中午在客厅修好了儿子的玩具车	梁华中午在客厅修好了儿子的玩具车
陈凯恐吓李凡的三叔之后写了匿名信	陈凯恐吓李凡的三叔之后写了匿名信
王星推荐张路的稿子迟到了三天	老李推荐侄女的演讲打动了嘉宾
李蓓刚才找出了一件红色的毛衣	李蓓刚才找出了一件红色的毛衣
史涛反驳魏强的证词出自教师之手	小王反驳对方的辩护取得了成功
吕英帮助哥哥把书房油画挂好了	吕英帮助哥哥把书房油画挂好了
王秘书上午从档案室拿来了那份文件	王秘书上午从档案室拿来了那份文件
王总叮嘱老吴的雇员之后走出了大厅	王总叮嘱老吴的雇员之后走出了大厅
王总叮嘱了谁？	王总叮嘱了谁？
1. 老吴　2. 雇员	1. 老吴　2. 雇员
小王反驳对方的辩护取得了成功	史涛反驳魏强的证词出自教师之手
周英昨天下午不小心摔断了胳膊	周英昨天下午不小心摔断了胳膊
我军击溃敌军的炮兵回到了驻地	我军击溃敌军的士兵冲出了战壕
服务员刚才已经把点好的烤鸭端来了	服务员刚才已经把点好的烤鸭端来了
王冰上月中旬到历史系拜访过老教授	王冰上月中旬到历史系拜访过老教授
李婶数落孩子的妈妈之后叫来了孩子	李婶数落孩子的妈妈之后叫来了孩子
我军击溃敌军的士兵冲出了战壕	我军击溃敌军的炮兵回到了驻地
吴华刚刚在学校的食堂吃完了午饭	吴华刚刚在学校的食堂吃完了午饭
周明瞻仰主席的画像陈列在博物馆	村民瞻仰红军的雕塑屹立在山腰上
晓军刚才已经把买来的牛奶热好了	晓军刚才已经把买来的牛奶热好了
陈伟上周末在厂里参观了生产车间	陈伟上周末在厂里参观了生产车间

续表

List1	List2
老虎咬死猎人的黄狗之后迅速逃跑了	老虎咬死猎人的黄狗之后迅速逃跑了
村民瞻仰红军的雕塑屹立在山腰上	周明瞻仰主席的画像陈列在博物馆
郑拓晚上听了一场精彩的音乐会	郑拓晚上听了一场精彩的音乐会
郑拓晚上听了什么？	郑拓晚上听了什么？
1. 音乐会　2. 相声大赛	1. 音乐会　2. 相声大赛
老刘偏袒老婆的侄子送来了请柬	父亲偏袒儿子的战友住进了医院
林静和表妹把会议室茶杯拿走了	林静和表妹把会议室茶杯拿走了
陈林前天下午在派出所办好了手续	陈林前天下午在派出所办好了手续
赵丽恭维肖冰的主任之后走出了屋子	赵丽恭维肖冰的主任之后走出了屋子
父亲偏袒儿子的战友住进了医院	老刘偏袒老婆的侄子送来了请柬
王雪昨天晚上喝光了剩下的红酒	王雪昨天晚上喝光了剩下的红酒
小陈研究鲁迅的文章发表在期刊上	老袁研究病人的报告张贴在网上
父亲早上已经把流浪的小猫撵走了	父亲早上已经把流浪的小猫撵走了
晓霞昨天晚上在客厅观看连续剧	晓霞昨天晚上在客厅观看连续剧
钱峰提醒老陈的翻译之后离开了座位	钱峰提醒老陈的翻译之后离开了座位
老袁研究病人的报告张贴在网上	小陈研究鲁迅的文章发表在期刊上
冯芸昨天收到了两封来自姐姐的家信	冯芸昨天收到了两封来自姐姐的家信
部长反对经理的立场获得员工的支持	组长反对班长的决定得到多数人的肯定
谢芬和妈妈把捆好的旧报纸卖掉了	谢芬和妈妈把捆好的旧报纸卖掉了
胡玲昨天从同学家取回了女儿的课本	胡玲昨天从同学家取回了女儿的课本
李悦安慰小冯的叔叔之后走出了房间	李悦安慰小冯的叔叔之后走出了房间
组长反对班长的决定得到多数人的肯定	部长反对经理的立场获得员工的支持
陈淑从茶几上拿起了一包喜糖	陈淑从茶几上拿起了一包喜糖
清军抵御明军的骑兵遭到了重创	我国抵御敌国的舰队有着精良设备
清洁工干活时不小心把相机摔坏了	清洁工干活时不小心把相机摔坏了
清洁工为什么把相机摔坏了？	清洁工为什么把相机摔坏了？
1. 不小心　2. 故意的	1. 不小心　2. 故意的
周市长上个月到驻地慰问过部队官兵	周市长上个月到驻地慰问过部队官兵
周文宴请画家的表妹之前盘算了很久	周文宴请画家的表妹之前盘算了很久

续表

List1	List2
我国抵御敌国的舰队有着精良设备	清军抵御明军的骑兵遭到了重创
楚梅和同事揭发了自己的主任	楚梅和同事揭发了自己的主任
战士拦截敌军的飞机圆满完成任务	我军拦截敌人的舰队准备即刻启程
小何周三一早把整条街道打扫干净了	小何周三一早把整条街道打扫干净了
孩子们三十晚上在院子里放鞭炮	孩子们三十晚上在院子里放鞭炮
吴旋酬谢小董的亲戚之后离开了天津	吴旋酬谢小董的亲戚之后离开了天津
我军拦截敌人的舰队准备即刻启程	战士拦截敌军的飞机圆满完成任务
魏芬今天戴了一副漂亮的金丝眼镜	魏芬今天戴了一副漂亮的金丝眼镜
老杨讥笑馆长的养女表达了歉意	海林讥笑村长的妹妹遭到了排挤
护士刚才不小心把病人吵醒了	护士刚才不小心把病人吵醒了
谁吵醒了病人？	谁吵醒了病人？
1. 医生　2. 护士	1. 医生　2. 护士
方慧今天早上在大堂里擦过窗户	方慧今天早上在大堂里擦过窗户
郑霏冤枉小李的伙伴之后承认了错误	郑霏冤枉小李的伙伴之后承认了错误
海林讥笑村长的妹妹遭到了排挤	老杨讥笑馆长的养女表达了歉意
蒋静和队友检查了飞机的设备	蒋静和队友检查了飞机的设备
吴静赞扬父亲的歌声感染了观众	严军赞扬老婆的进步乐坏了评委
伍娟下午三点把两位亲戚接来了	伍娟下午三点把两位亲戚接来了
孙莉昨天晚上在厨房熬好了绿豆粥	孙莉昨天晚上在厨房熬好了绿豆粥
王舟冷落了小夏的女友之后十分愧疚	王舟冷落了小夏的女友之后十分愧疚
严军赞扬老婆的进步乐坏了评委	吴静赞扬父亲的歌声感染了观众
沈朋站起来并打倒了面前的对手	沈朋站起来并打倒了面前的对手
谁被打倒了？	谁被打倒了？
1. 对手　2. 沈朋	1. 对手　2. 沈朋
红军打败敌人的部队受到了嘉奖	我军打败日军的步兵获得了表扬
马涛昨天晚上把绘图铅笔削好了	马涛昨天晚上把绘图铅笔削好了
王军秋天在欧洲学习商务管理课程	王军秋天在欧洲学习商务管理课程
冯坚背叛老吴的上司之前犹豫了很久	冯坚背叛老吴的上司之前犹豫了很久
我军打败日军的步兵获得了表扬	红军打败敌人的部队受到了嘉奖

续表

List1	List2
韩洁刚才已经关上了空调 干部拥护校长的提议得到了肯定 陈平昨天临走时把教室的窗子关上了 李阿姨周日晚上在厨房拌好了凉菜 陈锦感激小郑的校长之余决定捐款 会员拥护会长的表决获得了通过 杨赫午睡之后感到胃部疼痛 杨赫哪里感到疼痛？ 1. 胸部　2. 胃部	韩洁刚才已经关上了空调 会员拥护会长的表决获得了通过 陈平昨天临走时把教室的窗子关上了 李阿姨周日晚上在厨房拌好了凉菜 陈锦感激小郑的校长之余决定捐款 干部拥护校长的提议得到了肯定 杨赫午睡之后感到胃部疼痛 杨赫哪里感到疼痛？ 1. 胸部　2. 胃部
王明拍摄路人的动作酷似一名摄影师 林晓刚才不小心把一位老人撞倒了 沈娟去年替家里偿还了购房贷款 楚杰鼓动拳手的教练之后离开了赛场 导演拍摄演员的花絮曝光他们的艰辛 赵莲刚才小心地摘下了手上的钻戒 经理支持邢波的态度发生了逆转 经理昨天上午把一名售货员解雇了 刘叔叔周六中午在客厅换好了桌布 魏平了解曹范的老师之后十分感动 田静支持妈妈的做法受到了表扬 谁的做法受到表扬？ 1. 田静的　2. 妈妈的	导演拍摄演员的花絮曝光他们的艰辛 林晓刚才不小心把一位老人撞倒了 沈娟去年替家里偿还了购房贷款 楚杰鼓动拳手的教练之后离开了赛场 王明拍摄路人的动作酷似一名摄影师 赵莲刚才小心地摘下了手上的钻戒 田静支持妈妈的做法受到了表扬 经理昨天上午把一名售货员解雇了 刘叔叔周六中午在客厅换好了桌布 魏平了解曹范的老师之后十分感动 经理支持邢波的态度发生了逆转 谁的态度发生了逆转？ 1. 经理的　2. 邢波的
钱月刚才向老师提出了很好的建议 孙晴批评老陈的发言表达十分巧妙 李阿姨今天上午把一个孩子领走了 刘淘周日晚上在父母家过的圣诞节 蒋冲激怒领导的助手之后决定道歉 院长批评教师的言辞听起来尖酸刻薄 谁的言辞尖酸刻薄？ 1. 教师的　2. 院长的	钱月刚才向老师提出了很好的建议 院长批评教师的言辞听起来尖酸刻薄 李阿姨今天上午把一个孩子领走了 刘淘周日晚上在父母家过的圣诞节 蒋冲激怒领导的助手之后决定道歉 孙晴批评老陈的发言表达十分巧妙 谁的发言十分巧妙？ 1. 老陈的　2. 孙晴的

续表

List1	List2
孙依拿出要找的文件后锁上了柜子	孙依拿出要找的文件后锁上了柜子
公安追踪敌人的行踪遍布整个城市	侦探追踪嫌犯的路线变得复杂莫测
郑芬刚才不小心把小女孩吓哭了	郑芬刚才不小心把小女孩吓哭了
江平去年夏天在北京汇报公司工作	江平去年夏天在北京汇报公司工作
沈林亏待小金的母亲之后决定补偿	沈林亏待小金的母亲之后决定补偿
侦探追踪嫌犯的路线变得复杂莫测	公安追踪敌人的行踪遍布整个城市
周彤昨天上午已经洗好了手套	周彤昨天上午已经洗好了手套
我军反击敌军的炮兵得到首长的接见	正方反击反方的一辩获得阵阵掌声
医生今天上午把一位病人救活了	医生今天上午把一位病人救活了
林厂长上个月到车间监管生产流程	林厂长上个月到车间监管生产流程
总司令训练新任的将军之前上台训话	总司令训练新任的将军之前上台训话
正方反击反方的一辩获得阵阵掌声	我军反击敌军的炮兵得到首长的接见
哪方的一辩获得阵阵掌声？	谁得到首长的接见？
1. 正方 2. 反方的	1. 我军的炮兵 2. 敌军的炮兵
李归和战友已经记住了接头暗号	李归和战友已经记住了接头暗号
警察查扣老赵的房子有着悠久的历史	城管查扣小贩的车子停在马路中央
叛军前天夜里把两位将军暗杀了	叛军前天夜里把两位将军暗杀了
邱军周四下午在研究室检测过手机	邱军周四下午在研究室检测过手机
歹徒陷害法官的女朋友之后毁灭证据	歹徒陷害法官的女朋友之后想毁灭证据
城管扣留小贩的车子停在马路中央	警察扣留老赵的房子有着悠久的历史
吴红十分后悔错怪了室友的表妹	吴红十分后悔错怪了室友的表妹
被告指责原告的材料存在逻辑漏洞	父亲指责儿子的态度遭到家人反对
影迷在剧院门口把三位明星围住了	影迷在剧院门口把三位明星围住了
赵文前天晚上到医院检查过身体	赵文前天晚上到医院检查过身体
小张抢劫银行的职员之后一直很不安	小张抢劫银行的职员之后一直很不安
父亲指责儿子的态度遭到家人反对	被告指责原告的材料存在逻辑漏洞
郑晃后来勉强答应出席明天的会议	郑晃后来勉强答应出席明天的会议
曹娟嘲笑演员的动作引起观众的不满	王晶嘲笑差生的言行受到同学的指责

续表

List1	List2
李莎把感谢老张的孩子送走了 小张周五上午到管理处交纳了房租 小张到哪里缴纳了房租？ 1. 房东住处　2. 管理处	李莎把感谢老张的孩子送走了 小张周五上午到管理处交纳了房租 小张到哪里缴纳了房租？ 1. 房东住处　2. 管理处
黄校长责骂无辜的老师之后被迫道歉 王晶嘲笑差生的言行受到同学的指责 王培刚才在办公室取笑了自大的同事 张敏攻击法官的言论引起很大争议 母亲把看望齐莉的奶奶送出了院子 谁被送出了院子？ 1. 齐莉　2. 奶奶	黄校长责骂无辜的老师之后被迫道歉 曹娟嘲笑演员的动作引起观众的不满 王培刚才在办公室取笑了自大的同事 李闯攻击刘明的发言听起来逻辑严密 母亲把看望齐莉的奶奶送出了院子 谁被送出了院子？ 1. 齐莉　2. 奶奶
肖团长昨天中午到训练场看望新兵 评审测验徒弟的师傅之前说明了规则 李闯攻击刘明的发言听起来逻辑严密 谁的发言听起来逻辑严密？ 1. 李闯的　2. 刘明的	肖团长昨天中午到训练场看望新兵 评审测验徒弟的师傅之前说明了规则 张敏攻击法官的言论引起很大争议 谁的言论引起很大争议？ 1. 张敏的　2. 法官的
冯征和队友解救了被困的两位老人 主管表扬员工的措施没有一点新意 郭明把重视专家的建议写进了报告 刘太太下午到集市上买来了水果 洪姓记者诽谤正直的保镖之后被处分 师父表扬对手的胸怀感染了弟子 陈卓昨天做饭时不小心烫伤了手指 刘芳资助邱明的妹妹嫁给了富豪 张震把介绍郑悦的姑姑请进了客厅 钱明前年秋天到西藏攀登了珠峰 员工仰慕老板的秘书之余更努力工作 贾伟资助同学的儿子上班才半年 楚函上个月卖掉了心爱的手风琴	冯征和队友解救了被困的两位老人 师父表扬对手的胸怀感染了弟子 郭明把重视专家的建议写进了报告 刘太太下午到集市上买来了水果 洪姓记者诽谤正直的保镖之后被处分 主管表扬员工的措施没有一点新意 陈卓昨天做饭时不小心烫伤了手指 贾伟资助同学的儿子上班才半年 张震把介绍郑悦的姑姑请进了客厅 钱明前年秋天到西藏攀登了珠峰 员工仰慕老板的秘书之余更努力工作 刘芳资助邱明的妹妹嫁给了富豪 楚函上个月卖掉了心爱的手风琴

续表

List1	List2
楚函卖掉了什么？ 1. 钢琴　2. 手风琴	楚函卖掉了什么？ 1. 钢琴　2. 手风琴
局长责备秘书的表现受到群众的嘲讽	姐姐责备妹妹的语气遭到父母的批评
管家把通知老谷的马夫领进了后院	管家把通知老谷的马夫领进了后院
李大爷清晨在院子里劈好了柴火	李大爷清晨在院子里劈好了柴火
老板称赞尽责的教练之余决定颁发奖金	老板称赞尽责的教练之余决定颁发奖金
姐姐责备妹妹的语气遭到父母的批评	局长责备秘书的表现受到群众的嘲讽
魏森刚才夸奖了那个勇敢的男孩	魏森刚才夸奖了那个勇敢的男孩
美国暗杀总统的妻子藏起了手枪	村霸暗杀村长的儿子开走了豪车
小刘把哀求小郑的师傅赶了出去	小刘把哀求小郑的师傅赶了出去
赵华周三晚上在酒店签订了合同	赵华周三晚上在酒店签订了合同
小王想念慈祥的母亲之余立刻搭机回国	小王想念慈祥的母亲之余立刻搭机回国
村霸暗杀村长的儿子开走了豪车	美国暗杀总统的妻子藏起了手枪
蒋苑正在回忆难忘的童年的往事	蒋苑正在回忆难忘的童年的往事
部队进攻伪军的坦克高达五米之多	我军进攻日军的碉堡得到了修整
主持人把感谢歌手的乐队请到了台上	主持人把感谢歌手的乐队请到了台上
张建上个月下旬到乡下收购玉米	张建上个月下旬到乡下收购玉米
小李讨厌雇主的仆人之余独自完成工作	小李讨厌雇主的仆人之余独自完成工作
我军进攻日军的碉堡得到了修整	部队进攻伪军的坦克高达五米之多
警察昨天下午把两个嫌犯押走了	警察昨天下午把两个嫌犯押走了
工会接纳方俊的提议通过了表决	婆婆接纳邻居的劝说来自于媳妇
主任把宣传节俭的好处告诉了大家	主任把宣传节俭的好处告诉了大家
店主昨天下午在前厅锁好防盗门	店主昨天下午在前厅锁好防盗门
小明欺骗主管的助理之后决定去坦白	小明欺骗主管的助理之后决定去坦白
婆婆接纳邻居的劝说来自于媳妇	工会接纳方俊的提议通过了表决
沈凤回到办公室把秘书批评了一顿	沈凤回到办公室把秘书批评了一顿
鲍珍抄袭徐凤的论文通过了外审	钱坤抄袭周洋的数据蒙过了答辩
记者把训斥老张的领导讽刺了一番	记者把训斥老张的领导讽刺了一番
邱老师周五在课堂上讨论过作文	邱老师周五在课堂上讨论过作文

续表

List1	List2
张三照顾老人的邻居之余还帮助其他人	张三照顾老人的邻居之余还帮助其他人
钱坤抄袭周洋的数据蒙过了答辩	鲍珍抄袭徐凤的论文通过了外审
谁蒙过了答辩？	谁的论文通过了外审？
1. 钱坤　2. 周洋	1. 鲍珍的　2. 徐凤的
晓鸿刚才把妹妹刚给买的外套穿上了	晓鸿刚才把妹妹刚给买的外套穿上了
许巍创作歌曲的视频位居于榜首	凌峰创作话剧的台本遗失在剧组
周丽把挂念小芳的老人送到了机场	周丽把挂念小芳的老人送到了机场
孙志昨天晚上在书房里写完了书稿	孙志昨天晚上在书房里写完了书稿
奴隶们保护主人的猎犬之余还要耕田	奴隶们保护主人的猎犬之余还要耕田
凌峰创作话剧的台本遗失在剧组	许巍创作歌曲的视频位居于榜首
小董今天早上把桌上的筷子折断了	小董今天早上把桌上的筷子折断了
公司监控老赵的司机提出了辞职	刘华监控丈夫的线人中断了联系
值班护士把纠缠医生的病人劝走了	值班护士把纠缠医生的病人劝走了
金小姐昨天在商场挑选好了外套	金小姐昨天在商场挑选好了外套
陈小姐拜访教授的学生之前买了礼物	陈小姐拜访教授的学生之前买了礼物
刘华监控丈夫的线人中断了联系	公司监控老赵的司机提出了辞职
张华和李琴把墙上的钉子拔掉了	张华和李琴把墙上的钉子拔掉了
房东戏弄老詹的花猫跳上了房顶	肖兰戏弄男友的狗狗躲进了沙发
科长把亏待小王的经理批评了一顿	科长把亏待小王的经理批评了一顿
张平周一在北京游览了故宫博物院	张平周一在北京游览了故宫博物院
李四探望无助的医生之后捐了很多钱	李四探望无助的医生之后捐了很多钱
肖兰戏弄男友的狗狗躲进了沙发	房东戏弄老詹的花猫跳上了房顶
老陈回家后立刻把饺子煮好了	老陈回家后立刻把饺子煮好了
周军认识商人的妹妹寄出了电报	吴丹认识电工的儿子搬来了椅子
警察立即把撞伤经理的司机拘留了	警察立即把撞伤经理的司机拘留了
李姥姥从三月中旬到城里照看孙女	李姥姥从三月中旬到城里照看孙女
孩子破坏公园的草坪之后竟没有悔意	孩子破坏公园的草坪之后竟没有悔意
吴丹认识电工的儿子搬来了椅子	周军认识商人的妹妹寄出了电报
谁搬来了椅子？	谁寄出了电报？
1. 吴丹　2. 电工的儿子	1. 周军　2. 商人的妹妹

参 考 文 献

陈庆荣,谭顶良,蔡厚德,2012.汉语句子理解中句法启动机制的眼动和 ERP 研究[J].心理科学进展,20(11):1727-1734.
陈庆荣,2012.句法启动研究的范式及其在语言理解中的争论[J].心理科学进展,20(2):208-218.
范进,2009.言语产生中的句法启动[J].西南民族大学学报(人文社科版),S1:222-224.
冯丽萍,高晨阳,2020.输入方式及语篇位置对汉语二语学习者句法启动效应的影响研究[J].语言教学与研究,204(4):37-48.
高心如,2013.外国学生汉语特殊疑问句句法启动现象研究[D].南京:南京大学.
韩静,2013.汉语句子理解中的句法启动效应[D].南京:南京师范大学.
韩迎春,2020,.汉语理解中的结构启动:对重复的预期[J].广东第二师范学院学报,40(1):53-59,65.
何文广,陈宝国,2016.汉语主、宾关系从句加工难度及其核心名词生命性效应[J].心理科学,39(1):43-49.
回坤,2011.句子理解中的句法启动[J].华南师范大学学报(社会科学版)(2):129-133.
贾广珍,刘友谊,舒华,方小萍,2013.生命性信息在语言加工中的作用[J].心理科学进展,21(8):1371-1381.
贾月芳,陈宝国,2009.双语跨语言的句法启动[J].心理科学进展,17(1):56-63.
金俐伶,2015.生命性在句子加工中作用的 ERP 研究[J].心理科学,38(3):529-537.
卡罗尔.语言心理学[M].4 版.缪小春,等译,2007.上海:华东师范大学出版社.
孔令跃,邹雨彤,2022.汉语母语者和高水平二语者"给"字句句法启动效应实验研究[J].汉语学习,248(2):77-85.
李荣宝,2006.跨语言句法启动及其机制[J].现代外语,29(3):275-283.
林鹏,2015.不平衡英汉二语双向跨语言句法启动研究[D].福州:福建师范大学.
刘丽萍,2006.汉语截省句[D].北京:北京语言大学.
陆俭明,2013.现代汉语语法研究教程[M].北京:北京大学出版社,225.
马二丽,2015.英语句子理解的句法启动效应[D].郑州:河南大学.
乔姆斯基.语言与心智[M].3 版.熊仲儒,张孝荣,译,2015.北京:中国人民大学出版社.
孙颖,葛明贵,2018a.35 年来我国心理语言学的研究取向基于1634 篇文献研究主题的实证分析[J].长沙大学学报,32(1):135-140.
孙颖,葛明贵,2018b.句法启动的产生机制[J].心理科学,41(4):822-827.
孙颖,葛明贵,宣宾,2020.语言理解中汉语句法启动的"词汇增益"研究来自眼动的证据[J].外语学刊,215(4):72-77.

魏冉,金善娥,2020.工作记忆对二语句法启动效应的影响[J].外语研究,37(2):63-69.

夏赛辉,汪朋,2017.句法启动与二语复杂结构学习[J].现代外语,40(1):69-79,146.

谢元花,魏辉良,2016.语义句法启动与英语提升动词的二语习得:来自有声思维的证据[J].外语教学,37(4):56-60.

徐承萍,2020.中国英语学习者句法多构动词的结构启动研究[J].外语教学与研究,52(3):385-396,480.

徐宏格,2017.浪漫爱情对选择性注意的影响及其机制[D].芜湖:安徽师范大学.

许丽玲,王穗苹,2014.双语者句子产生机制研究[J].华南师范大学学报(社会科学版),(2):58-63.

徐浩,2014.双语工作记忆和二语水平对跨语言句法启动效应的影响[J].外语教学与研究,46(3):412-422,481.

薛琳,潘猛,官群,2017.中国学生英语句法启动效应:来自及物和与格的证据[J].西安外国语大学学报,25(2):75-80.

阎浩,董燕萍,2012.汉语句子产出的心理机制研究:现状及发展方向[J].广东外语外贸大学学报,23(5):11-16.

杨洁,张亚旭,2007.句子产生中的句法启动[J].心理科学进展,15(2):288-294.

杨洁,2007.工作记忆制约句法歧义消解:认知机制研究[D].北京:北京大学.

闫国利,熊建萍,臧传丽,等,2013.阅读研究中的主要眼动指标评述[J].心理科学进展,21(4):589-605.

于宙,张清芳,2020.句法结构和动词重复对汉语句子口语产生中句法启动效应的影响[J].心理学报,52(03):283-293.

岳明蕾,2011.汉语花园幽径句子理解中的句法启动效应[D].南京:南京师范大学.

赵晨,姜申君,2019.二语句子产出中概念结构对句法启动的调节作用[J].外语教学与研究,51(3):422-434,481.

张积家,芦松敏,2012.汉英双语者言语产生中的句法启动效应[J].西安外国语大学学报,20(1):5-8.

周国光,孔令达,李向农,1992.儿童语言中的被动句[J].语言文字应用,(1):38-48.

曾涛,刘荣凤,冒雯,等,2015.简单算术对汉语特定句型的结构启动[J].心理科学,38(5):1026-1031.

查芸芸,吴思娜,2014.汉语句法启动效应实验研究[J].语言教学与研究(1):13-19.

张宁,张清芳,2020.汉语口语句子产生中句法启动效应的眼动研究[J].心理科学,43(2):288-295.

张亚旭,舒华,张厚粲,等,2002.话语参照语境条件下汉语歧义短语的加工[J].心理学报,34(2):17-25.

朱火红,郑海燕,金志成,等,2009.中国4~6岁儿童口语句法启动效应的实验研究[J].心理科学,32(4):816-819.

AMBRIDGE B, 2020. Against stored abstractions: A radical exemplar model of language acquisition[J]. First Language, 40(5-6): 509-559.

ANDERSON J R, FINCHAM J M, DOUGLASS S, 1997. The role of examples and rules in the acquisition of a cognitive skill[J]. Journal of experimental psychology: learning, memory, and cognition, 23(4): 932.

ANDERSON J D, CONTURE E G, 2004. Sentence-structure priming in young children who do and do not stutter[J]. Journal of Speech Language and Hearing Research, 47(3): 552-571.

ARAI M, VAN GOMPEL R P G, SCHEEPERS C, 2007. Priming ditransitive structures in comprehension[J]. Cognitive Psychology, 54(3): 218-250.

BENCINI G M L, VALIAN V V, 2006. Abstract sentence representations in 3-year-olds: Evidence from language production and comprehension[J]. Journal of Memory and Language, 59(1): 97-113.

BERNOLET S, HARTSUIKE R J, 2010. Does verb bias modulate syntactic priming? [J]. Cognition, 114(3): 455-461.

BERNOLET S, COLLINA S, HARTSUIKE R J, 2016. The persistence of syntactic priming revisit[J]. Journal of Memory and Language, 91: 99-116.

BEVER T G, 1970. The cognitive basis for linguistic structures[C]// Cognition and the Development of Language. New York: Wiley, 279-362.

BOCK J K, 1986. Syntactic persistence in language production[J]. Cognitive Psychology, 18(3): 355-387.

BOCK J K, LOEBELL H, 1990. Framing sentences[J]. Cognition, 35(1): 1-39.

BOCK J K, 1989. Closed-class immanence in sentence production[J]. Cognition, 31(2): 163-186.

BOCK J K, GRIFFIN Z M, 2000. The persistence of structural priming: Transient activation or implicit learning? [J]. Journal of Experimental: General, 129(2): 177-192.

BOCK J K, LEVELT W, 1994. Language production:Grammatical encoding[C]// Handbook of Psycholinguistics. San Diego:Academic Press, 945-983.

BOCK J K, LOEBELL H, MOREY R, 1992. From conceptual roles to structural relations: Bridging the syntactic cleft[J]. Psychological Review, 99(1): 150-171.

BOCK J K, DELL G S, CHANG F, et al, 2007. Persistent structural priming from language comprehension to language production[J]. Cognition, 104(3): 437-458.

BOLAND J E, BLODGETT A, 2006. Argument status and PP-attachment[J]. Journal of Psycholinguistic Research, 35(5): 385-403.

BOUDEWYN M A, ZIMSTEIN M, SWAAB T Y, et al, 2014. Priming prepositional phrase attachment: Evidence from eye-tracking and event related potentials[J]. The Quarterly Journal of Experimental Psychology, 67(3): 424-454.

BOURDIN B, AUBRY A, IBERNON L, 2018. Syntactic priming of complex syntactic structure in kindergarten children in oral French[J]. Psychologie FranGaise, 63(2): 145-156.

BRANIGAN H P, PICKERING M J, CIELAND A A, 2000. Syntactic coordination in dialogue[J]. Cognition, 75(2): B13-B25.

BRANIGAN H P, PICKERING M J, CIELAND A A, 1999. Syntactic priming in written production: Evidence for rapid decay[J]. Psychonomic Bulletin and Review, 6(4):

635-640.

BRANIGAN H P, PICKERING M J, CIELAND A A, et al, 2005. Priming prepositional-phrase attachment during comprehension [J]. Journal of Experimental Psychology: Learning, Memory, and Cognition, 31(3): 468-481.

BRANIGAN H P, PICKERING M J, STEWART A J, et al, 2000. Syntactic priming in spoken production: Linguistic and temporal interference[J]. Memory and Cognition, 28(8): 1297-1302.

BRANIGAN H P, MCLEAN J F, 2016. What children learn from adults, utterances: An ephemeral lexical boost and persistent syntactic priming in adult-child dialogue[J]. Journal of Memory and Language, 91: 141-157.

BRANIGAN H P, MESSENGER K, 2016. Consistent and cumulative effects of syntactic experience in children, s sentence production: Evidence for error-based implicit learning [J]. Cognition, 157: 250-256.

BRANIGAN H P, PICKERING M J, 2017. Structural priming and the representation of language[J]. Behavioral and Brain Sciences, 40.

BRUMBACHA A D, GOFFMANA L, 2014. Interaction of language processing and motor skill in children with specific language impairment[J]. Journal of Speech Language and Hearing Research, 57(1): 158-171.

BUCKLE L, LIEVEN E, THEAKSTON A L, 2017. The effects of animacy and syntax on priming: Adevelopmental study[J]. Frontiers in psychology, 8: 2246.

CAI Z G, PICKERING M J, BRANIGAN H P, 2012. Mapping concepts to syntax: Evidence from structural priming in Mandarin Chinese[J]. Journal of Memory and Language, 66(4): 833-849.

CAI Z G, PICKERING M J, STURT P, 2013. Processing verb-phrase ellipsis in Mandarin Chinese: Evidence against the syntactic account[J]. Language and Cognitive Processes, 28(6): 810-828.

CALLAHAN S M, MATTHEW W, LOVE T, 2012. The processing and interpretation of verb phrase ellipsis constructions by children at normal and slowed speech rates[J]. Journal of Speech Language and Hearing Research, 55(3): 710-725.

CARMINATI M N, VAN GOMPEL R P G, SCHEEPERS C, et al, 2008. Syntactic priming in comprehension: The role of argument order and animacy[J]. Journal of Experimental Psychology: Learning, Memory, and Cognition, 34 (5): 1098-1110.

CARMINATI M N, VAN GOMPEL R P G, WAKEFORD L J, 2019. An investigation into the lexical boost with nonhead nouns[J]. Journal of Memory and Language, 108: 104031.

CHANG F, BOCK K, GOLDBERG A E, 2003. Can thematic roles leave traces of their places? [J]. Cognition, 90(1): 29-49.

CHANG F, DELL G S, BOCK J K, et al, 2000. Structural priming as implicit learning: A comparison of models of sentence production[J]. Journal of Psycholinguistic Research, 29(2): 217-229.

CHANG F, DELL G S, BOCK J K, 2006. Becoming syntactic[J]. Psychological Review, 113

(2): 234-272.

CHANG F, JANCIAUSKAS M, FITZ H, 2012. Language adaptation and learning: Getting explicit about implicit learning[J]. Language and Linguistics Compass, 6(5): 259-278.

CHANG F, BAUMANN M, PAPPERT S, et al, 2015. Do lemmas speak German? A verb position effect in German structural priming[J]. Cognitive Science, 39(5): 1113-1130.

CHANG F, TSUMURA S, MINEM I, et al, 2022. Abstract structures and meaning in Japanese dative structural priming[J]. Applied Psycholinguistics, 43(2): 411-433.

CHEN Q R, XU X D, TAN D L, et al, 2013. Syntactic priming in Chinese sentence comprehension: Evidence from Event-Related Potentials[J]. Brain and Cognition, 83(1): 142-152.

CHEN X, BRANIGAN H P, WANG S, et al, 2020. Syntactic representation is independent of semantics in Mandarin: Evidence from syntactic priming[J]. Language, cognition and Neuroscience, 35(2): 211-220.

CLELAND A A, PICKERING M J, 2006. Do writing and speaking employ the same syntactic representations? [J]. Journal of Memory and Language, 54(1): 185-198.

CLELAND A A, PICKERING M J, 2003. The use of lexical and syntactic information in language production: Evidence from the priming of noun-phrase structure[J]. Journal of Memory and Language, 49(2): 214-230.

CORLEY M, SCHEEPERS C, 2002. Syntactic priming in English sentence production: Categorical and latency evidence from an internet-based study[J]. Psychonomic Bulletin and Review, 9(1): 126-131.

DAMASETIYAWAN I M S, MESSENGER K, AMBRIDGE B, 2022. Is passive priming really impervious to verb semantics? A high-powered replication of messenger et al (2012)[J]. Collabra: Psychology, 8(1): 31055.

DEANGELI N P, 2019. Syntactic priming effects on the processing of the passive voice by brazilian portuguese adult native speakers: A behavioural study[D]. Florian6polis, SC.

DELL G S, 1986. A spreading-activation theory of retrieval in sentence production[J]. Psychological Review, 93(3): 283-321.

ELMAN J L, 2004. An alternative view of the mental lexicon[J]. Trends in Cognitive Sciences, 8(7): 301-306.

FAZEKAS J, JESSOP A, PINE J, et al, 2020. Do children learn from their prediction mistakes? A registered report evaluating error-based theories of language acquisition[J]. Royal Society Open Science, 7(11): 180877.

FEHÉR O, WONNACOTT E, SMITH K, 2016. Structural priming in artificial languages and the regularisation of unpredictable variation[J]. Journal of Memory and Language, 91: 158-180.

FERNANDES E G, COCO M I, BRANIGAN H P, 2019. when eye fixation might not reflect online ambiguity resolution in the visual-world paradigm: structural priming following multiple primes in Portuguese[J]. Journal of cultural cognitive Science, 3: 65-87.

FERREIRA V S, 2003. The persistence of optional complementizer production: why saying "that" is not saying "that" at all[J]. Journal of Memory and Language, 48(2): 379-398.

FINE A B, JAEGER T F, FAMER T A, et al, 2013. Rapid expectation adaptation during syntactic comprehension[J]. PloSone, 8(10): e77661.

FINE A B, JAEGER T F, 2016. The role of verb repetition in cumulative structural priming in comprehension[J]. Journal of Experimental Psychology: Learning, Memory, and cognition, 42(9): 1362.

FOLTZ A T K, KAHSNITZ D, STENNEKEN P, 2015. children, s syntactic-priming magnitude: Lexical factors and participant characteristics[J]. Journal of child Language, 42(4): 932-945.

FOLTZ A, KNOPF K, JONAS K, et al, 2021. Evidence for robust abstract syntactic representations in production before age three[J]. First Language, 41(1): 3-20.

FRAZIER L, RAYNER K, 1982. Making and correcting errors during sentence comprehension: Eye movements in the analysis of structurally ambiguous sentences[J]. cognitive Psychology, 14(2): 178-210.

GABRIELI J D E, 1998. cognitive neuroscience of human memory[J]. Annual review of psychology, 49(1): 87-115.

GAMEZ P B, SHIMPI P M, wATERFALL H R, et al, 2009. Priming a perspective in Spanish monolingual children: The use of syntactic alternatives[J]. Journal of child Language, 36(2): 269-290.

GAMEZ P B, SHIMPI P M, 2016. Structural priming in Spanish as evidence of implicit learning[J]. Journal of child Language, 43(1): 207-233.

GAMEZP B, VASILYEVA M, 2015. Exploring interactions between semantic and syntactic processes: The role of animacy in syntactic priming[J]. Journal of Experimental child Psychology, 138: 15-30.

GAMEZ P B, VASILYEVA M, 2020. Shared syntactic representations in balanced bilinguals: cross-linguistic priming with and without verb overlap[J]. Language Learning and Development, 16(1): 89-106.

GIAVAZZI M, SAMBIN S, DE DIEGO-BALAGUER R, et al, 2018. Structural priming in sentence comprehension: A single prime is enough[J]. PloSone, 13(4): e0194959.

GOLDBERG A E, 1995. constructions: A construction grammar approach to argument structure[M]. chicago: University of chicago Press.

GRAF P, SCHACTER D L, 1985. Implicit and explicit memory for new associations in normal and amnesic subjects[J]. Journal of Experimental Psychology: Learning, memory, and cognition, 11(3): 501.

GRIES S T, 2005. Syntactic Priming: A corpus-based approach[J]. Journal of Psycholinguistic Research, 34(4): 365-700.

GRIES S T, KOOTSTRA G J, 2017. Structural priming within and across languages: A corpus-based perspective[J]. Bilingualism: Language and Cognition, 20(2): 235-250.

GUPTA P, COHEN N J, 2002. Theoretical and computational analysis of skill learning, repetition priming, and procedural memory[J]. Psychological review, 109(2): 401-448.

HALL M L, FERREIRA V S, MAYBERRY R I, 2015. Syntactic priming in American sign language[J]. Plos One, 10(3): 1-19.

HARDY S M, MESSENGER K, MAYLER E A, 2017. Aging and syntactic representations: Evidence of preserved syntactic priming and lexical boost[J]. Psychology and aging, 32(6): 588.

HARDY S M, WHEELDON L, SEGAERT K, 2020. Structural priming is determined by global syntax rather than internal phrasal structure: Evidence from young and older adults[J]. Journal of Experimental Psychology: Learning, Memory, and Cognition, 46(4): 720.

HARTSUIKER R J, KOLK H H J, 1998a. Syntactic facilitation in agrammatic sentence production[J]. Brain and Language, 62(2): 221-254.

HARTSUIKER R J, KOLK H H J, 1998b. Syntactic persistence in dutch[J]. Language and Speech, 41(2): 143-184.

HARTSUIKER R J, KOLK H H J, HUISKAMP P, 1999. Priming word order in sentence production[J]. The Quarterly Journal of Experimental Psychology Section A, 52(1): 129-147.

HARTSUIKER R J, WESTENBERG C, 2000. Word order priming in written and spoken sentence production[J]. Cognition, 75(2): B27-B39.

HARTSUIKER R J, PICKERING M J, VELTKAMP E, 2004. Is syntax separate or shared between languages? Crosslinguistic syntactic priming in Spanish-English bilinguals[J]. Psychological Science, 15(6): 409-414.

HARTSUIKER R J, BERNOLET S, SCHOONBARERT S, et al, 2008. Syntactic priming persists while the lexical boost decays: Evidence from written and spoken dialogue[J]. Journal of Memory and Language, 58(2): 214-238.

HARTSUIKER R J, BEERTS S, LONCKE M, et al, 2016. Cross-linguistic structural priming in multilinguals: Further evidence for shared syntax[J]. Journal of memory and language, 90: 14-30.

HARTSUIKER R J, BERNOLET S, 2017. The development of shared syntax in second language learning[J]. Bilingualism: Language and Cognition, 20(2): 219-234.

HASSON U, EGIDI G, MARELLI M, et al, 2018. Grounding the neurobiology of language in first principles: The necessity of non-language-centric explanations for language comprehension[J]. cognition, 180: 135-157.

HEYSELAAR E, HAGOORT P, SEGAERT K, 2017a. In dialogue with an avatar, language behavior is identical to dialogue with a human partner[J]. Behavior research methods, 49: 46-60.

HEYSELAAR E, HAGOORT P, SEGAERT K, 2017b. How social opinion influences syntactic processing: An investigation using virtual reality[J]. PLoS One, 12(4): e0174405.

HEYSELAAR E, SEGAERT K, 2022. Structural priming persists for (at least) one month in young adults, but not in healthy older adults[J]. Journal of Experimental Psychology:

Learning, Memory, and cognition, 48(8), 1219-1234.

HEYSELAAR E, WHEELDON L, SEGAERT K, 2021. Structural priming is supported by different components of nondeclarative memory: Evidence from priming across the lifespan[J]. Journal of Experimental Psychology: Learning, Memory, and cognition, 47(5): 820.

HSIEH Y, 2017. Structural priming during sentence comprehension in chinese-English bilinguals[J]. Applied psycholinguistics, 38(3): 657-678.

HSU D B, 2014a. Structural priming as learning: Evidence from mandarin-Learning 5-year-olds[J]. Language Acquisition, 21: 156-172.

HSU D B, 2014b. Mandarin-speaking three-year-olds, demonstration of productive knowledge of syntax: Evidence from syntactic productivity and structural priming with the SVO-ba alternation[J]. Journal of child Language, 41(5): 1115-1146.

HSU D B, 2019. children, s adaption to input change using an abstract syntactic representation: Evidence from structural priming in mandarin-speaking preschoolers[J]. Frontiers in psychology, 10: 2186.

HU Y, LV Q, PAScUAL E, et al, 2021. Syntactic priming in illiterate and literate older chinese adults[J]. Journal of cultural cognitive Science, 5: 267-286.

HUANG J, PIcKERING M J, YANG J, et al, 2016. The independence of syntactic processing in mandarin: Evidence from structural priming[J]. Journal of Memory and Language, 91: 81-98.

HUTTNLOCHER J, VASILYEVA M, SHIMPI P, 2004. Syntactic priming in young children [J]. Journal of Memory and Language, 50(2): 182-195.

IVANOVA I, PICKERING M J, BRANIGAN H P, et al, 2012. The comprehension of anomalous sentences: Evidence from structural priming[J]. cognition, 122: 193-209.

IVANOVA I, BRANIGAN H P, MCLEAN J F, et al, 2017. Do you what I say? People reconstruct the syntax of anomalous utterances [J]. Language, cognition and Neuroscience, 32(2): 175-189.

IVANOVA I, WARDLOW L, WARKER J, et al, 2017. The effect of anomalous utterances on language production[J]. Memory, cognition, 45: 308-319.

JACKSON C N, RUF H T, 2017. The priming of word order in second language German[J]. Applied Psycholinguistics, 38(2): 315-345.

JACOBS C L, CHO S J, WATSON D G, 2019. Self - priming in production: Evidence for a hybrid model of syntactic priming[J]. Cognitive science, 43(7): e12749.

JACOBY L L, 1991. A process dissociation framework: Separating automatic from intentional uses of memory[J]. Journal of memory and language, 30(5): 513-541.

JAEGERT F, SNIDER N, 2008. Implicit learning and syntactic persistence: Surprisal and cumulativity[C]//Proceedings of the 30th annual conference of the cognitive science society. Austin, TX: Cognitive Science Society, 827812.

JAEGERT F, SNIDER N E, 2013. Alignment as a consequence of expectation adaptation: Syntactic priming is affected by the prime, s prediction error given both prior and recent experience[J]. Cognition, 127(1): 57-83.

KAAN E, CHUN E, 2018. Priming and adaptation in native speakers and second-language learners[J]. Bilingualism: Language and Cognition, 21(2): 228-242.

KASCHAK M P, GLENBERG A M, 2004. This construction needs learned[J]. Journal of Experimental Psychology: General, 133: 450-467.

KASCHAK M P, 2007. Long-term structural priming affects subsequent patterns of language production[J]. Memory and Cognition, 35(5): 925-937.

KASCHAK M P, BORREGGINE K L, 2008. Is long-term structural priming affected b patterns of experience with individual verbs? [J]. Journal of Memory and Language, 58 (3): 862-878.

KASCHAK M P, KUTTA T J, COYEL J M, 2014. Long and short term cumulative structural priming effects[J]. Language Cognition and Neuroscience, 29(6): 728-743.

KASCHAK M P, KUTTA T J, SCHATSCHNEIDER C, 2011. Long-term cumulative Structural priming persists for (at least) one week[J]. Memory, Cognition, 39 (3): 381-388.

KEMPEN G, OLSTHOOM N, SPRENGER S, 2012. Grammatical workspace sharing during language production and language comprehension: Evidence from grammatical multitasking[J]. Language and Cognitive Processes, 27: 345-380.

KIDD E, 2012. Individual differences in syntactic priming in language acquisition[J]. Applied Psycholinguistics, 33(2): 393-418.

KIM C S, CARBARY K M, TANENHAUS M K, 2013. Syntactic priming without lexical overlap in reading comprehension[J]. Language and Speech, 57(2): 181-195.

KNOWLTON B J, SQUIRE L R, 1994. The information acquired during artificial grammar learning[J]. Journal of Experimental Psychology: Learning, Memory, and Cognition, 20 (1): 79.

KONOPKA A E, BOCK K, 2009. Lexical or syntactic control of sentence formulation? Structural generalizations from idiom production [J]. Cognitive Psychology, 58 (1): 68-101.

KOTZOCHAMPOU S, CHONDROGIANNI V, 2022. How similar are shared syntactic representations? Evidence from priming of passives in Greek-English bilinguals [J]. Bilingualism: Language and Cognition, 25(5): 726-738.

KUTTA T J, KASCHAK M P, 2012. Changes in task-extrinsic context do not affect the persistence of long-term cumulative structural priming[J]. Acta psychologica, 141 (3): 408-414.

LEDOUX K, TRAXLER M L, SWAAB T Y, 2007. Syntactic priming in comprehension: Evidence from Event-Related Potentials[J]. Psychological Science, 18(2): 135-143.

LEE J, HOSOKAWA E, MEEHAN S, et al, 2019. Priming sentence comprehension in aphasia: Effects of lexically independent and specific structural priming[J]. Aphasiology, 33(7): 780-802.

LEMPERT H, 1990. Acquisition of passives: The role of animacy, salience, and lexical accessibility[J]. Journal of Child Language, 17: 677-696.

LEVELT W G M, 1989. Speaking: From intention to articulation[M]. Cambridge: MIT Press.

LEVELT W G, ROELOFS A, MEYER A S, 1999. A theory of lexical access in speech production[J]. Behavioral and Brain Sciences, 22(1): 1-75.

LIMA JiNIOR J, CORREA L M S, AUGUSTO M R A, 2018. Favorable processing conditions in the production of passive sentences by Brazilian Portuguese-speaking children[J]. On the acquisition of the syntax of Romance (04): 91-115.

LITCOFSKY K A, HELL J G, 2019. Bi-directional evidence linking sentence production and comprehension: Across-modality structural priming study[J]. Frontiers in Psychology, 10: 1095.

LOEBELL H, BOCK J K, 2003. Structural priming across languages[J]. Linguistics, 41(5): 791-824.

LOGAN K J, BYRD C T, MAZZOCCHI E M, et al, 2011. Speaking rate characteristics of elementary-school-aged children who do and do not stutter[J]. Journal of Communication Disorders, 44(1): 130-147.

LONCKE M, VAN LARE S M J, DESMET T, 2011. Cross-structural priming prepositional phrase attachment primes relative clause attachment[J]. Experimental Psychology, 58(3): 227-234.

LONG D L, PRAT C S, 2008. Individual differences in syntactic ambiguity resolution: Readers vary in their use of plausibility information[J]. Memory and Cognition, 36(2): 375-391.

MAHOWALD K, JAMES A, FUTRELL R, et al, 2016. A meta-analysis of syntactic priming in language production[J]. Journal of Memory and Language, 91: 5-27.

MALHOTRA G, 2009. Dynamics of structural priming[D]. University of Edinburgh.

MAHOWALD K, JAMES A, FUTRELL R, et al, 2016. A meta-analysis of syntactic priming in language production[J]. Journal of Memory and Language, 91: 5-27.

MELINGER A, DOBEL C, 2005. Lexical-driven syntactic priming[J]. Cognition, 98(1): B11-B20.

MESSENGER K, BRANIGAN H P, MCLEAN J F, 2012a. Is children, s acquisition of the passive a staged process? Evidence from six-and nine-year-olds, production of passives[J]. Journal of Child Language, 39(5): 991-1016.

MESSENGER K, BRANIGAN H P, MCLEAN J F, et al, 2012b. Is young children, s passive syntax semantically constrained? Evidence from syntactic priming[J]. Journal of Memory and Language, 66(4): 568-587.

MESSENGER K, 2021. The Persistence of Priming: Exploring Long - lasting Syntactic Priming Effects in Children and Adults[J]. Cognitive science, 45(6): e13005.

MESSENGER K, HARDY S M, COUMELM, 2020. An exemplar model should be able to explain all syntactic priming phenomena: A commentary on Ambridge(2020)[J]. First Language, 40(5-6): 616-620.

MILLER C A, DEEVY P, 2006. Structural priming in children with and without specific language impairment[J]. Clinical Linguistics and Phonetics, 20(5): 387-399.
MUYLLE M, BERNOLET S, HARTSUIKER R J, 2020. The role of case marking and word order in cross - linguistic structural priming in late L2acquisition[J]. Language Learning, 70(S2): 194-220.
MUYLLE M, BERNOLET S, HARTSUIKER R J, 2021a. The development of shared syntactic representations in late L2-learners: Evidence from structural priming in an artificial language[J]. Journal of Memory and Language, 119: 104233.
MUYLLE M, BERNOLET S, HARTSUIKER R J, 2021b. On the limits of shared syntactic representations: When word order variation blocks priming between an artificial language and Dutch[J]. Journal of Experimental Psychology: Learning, Memory, and Cognition , 47(9): 1471.
MUYLLE M, BERNOLET S, HARTSUIKER R J, 2021c. The role of L1 and L2frequency in cross-linguistic structural priming: An artificial language learning study[J]. Bilingualism: Language and Cognition, 24(4): 767-778.
NAKAI T, OKANOYA K, 2018. Neural evidence of cross-domain structural interaction between language and arithmetic[J]. Scientific Reports, 8(1): 12873.
NEWMAN SD, RATLIFFK, MURATORET, et al, 2009. The effect of lexical priming on sentence comprehension: An fMRI study[J]. Brain research, 1285: 99-108.
PICKERING M J, BRANIGAN H P, 1999. Syntactic priming in language production[J]. Trends in Cognitive Science, 3(4): 136-141.
PICKERING M J, BRANIGAN H P, 1998. The representation of verbs: Evidence from syntactic priming in language production[J]. Journal of Memory and Language, 39(4): 633-651.
PICKERING M J, BRANIGAN H P, CLELAND A A, et al, 2000. Activation of syntactic information during language production[J]. Journal of Psycholinguistic Research, 29(2): 205-216.
PICKERING M J, FERREIRA V S, 2008. Structural priming: A critical review [J]. Psychological Bulletin, 134(3): 427-459.
PICKERING M J, TRAXLER M J, 2004. Grammatical repetition and garden path effects. Paper presented at the 17th Annual CUNY Sentence Processing Conference[R]. College Park.
PICKERING M J, BRANIGAN H P, MCLEAN J F, 2002. Constituent structure is formulated in one stage[J]. Journal of Memory and Language, 46(3): 586-605.
POTTER M C, LOMBARDI L, 1998. Syntactic priming in immediate recall of sentences[J]. Journal of Memory and Language, 38(3): 265-282.
POZNIAK C, HEMFORTH B, SCHEEPERS C, 2018. Cross-domain priming from mathematics to relative-clause attachment: A visual-world study in French[J]. Frontiers in Psychology, 9: 2056.
PRAT-SALA M, BRANIGAN H P, 2000. Discourse constraints on syntactic processing in

language production: A cross-linguistic study in English and Spanish[J]. Journal of Memory and Language, 42(2): 168-182.

RAYNER K, POLLATSEK A, 1989. The psychology of reading[M]. New York: Prentice-Hall.

REITTER D, 2008. Context effects in language production: Models of syntactic priming in dialogue corpora[D]. Master's thesis, University of Edinburgh.

REITTER D, KEKKER F, MOORE J D, 2011. A computational cognitive model of syntactic priming[J]. Cognitive science, 35(4): 587-637.

ROWLAND C F, CHANG F, AMBRIDGE B, et al, 2012. The development of abstract syntax: Evidence from structural priming and the lexical boost[J]. Cognition, 125: 49-63.

ROELOFS A, 1992. A spreading-activation theory of lemma retrieval in speaking[J]. Cognition, 42: 107-142.

ROELOFS A, 1993. Testing a non-decompositional theory of lemma retrieval in speaking: retrieval of verbs[J]. Cognition, 47(1): 59-87.

SCHACTER D L, TULVINGE, 1994. Memory systems[M]. Cambridge: MITPress.

SCHEEPERS C, 2003. Syntactic priming of relative clause attachments: Persistence of structural configuration in sentence production[J]. Cognition, 89(3): 179-205.

SCHEEPERS C, CROCKER M W, 2004. Constituent order priming from reading to listening: A visual world study[C]. In Carreiras M, Clifton CJ. The On-line study of sentence comprehension: Eye tracking, ERP and beyond. Hove: Psychology Press, 167-185.

SCHEEPERS C, STURT P, 2014. Bidirectional syntactic priming across cognitive domains: From arithmetic to language and back[J]. Quarterly Journal of Experiment Psychology, 67(8): 1643-1654.

SCHEEPERS C, RAFFRAY C N, MYACHYKOV A, 2017. The lexical boost effect is not diagnostic of lexically-specific syntactic representations[J]. Journal of Memory and Language, 95: 102-115.

SCHOONBAERT S, HARTSUIKER R J, PICKERING M J, 2007. The representation of lexical and syntactic information in bilinguals: Evidence from syntactic priming[J]. Journal of Memory and Language, 56: 153-171.

SEGAERT K, KEMPEN G, PETERSSON K M, et al, 2013. Syntactic priming and the lexical boost effect during sentence production and sentence comprehension: An fMRI study[J]. Brain and Language, 124(2): 174-183.

SEGAERT K, MENENTI L, WEBER K, et al, 2012. Shared syntax in language production and language comprehension: an fMRI study[J]. Cerebral Cortex, 22(7): 1662-1670.

SEGAERT K, WHEELDON L, HAGOORT P, 2016. Unifying structural priming effects on syntactic choices and timing of sentence generation[J]. Journal of Memory and Language, 91: 59-80.

SERRATRICE L, 2016. Cross-linguistic influence, cross-linguistic priming and the nature of shared syntactic structures[J]. Linguistic Approaches to Bilingualism, 6(6): 822-827.

SHIMPI P M, GAMEZP B, HUTTENLOCHER J, et al, 2007. Syntactic priming in 3-and 4-

year-old children: Evidence for abstract representations of transitive and dative forms[J]. Developmental Psychology, 43(6): 1334-1346.

SHIN J, CHRISTIANSON K, 2009. Syntactic processing in Korean-English bilingual production: Evidence from cross-linguistic structural priming[J]. Cognition, 112 (1): 175-180.

SONG Y, LAI R K Y, 2022. Shared syntactic representations in bilinguals: Evidence from the constituent-structure-independent passive priming between Cantonese and English [J]. Linguistic Approaches to Bilingualism, 12(5): 571-597.

SQUIRE L R, 2004. Memory systems of the brain: a brief history and current perspective[J]. Neurobiology of learning and memory, 82(3): 171-177.

STOCCO A, FUM D, 2008. Implicit emotional biases in decision making: The case of the Iowa Gambling Task[J]. Brain and cognition, 66(3): 253-259.

SUN Z, SHI Y, GUO P, et al, 2021. Independent syntactic representation identified in left front-temporal cortex during Chinese sentence comprehension[J]. Brain and Language, 214: 104907.

SUTTON R S, BARTO A G, 1998. Reinforcement learning: An introduction[J]. Robotica, 17(2): 229-235.

TEIXEIRA M T, BUCHWEITZ A, 2019. O efeito de priming sintitico na produGio de sentenGas ativas e passivas por crianGas falantes do portugu仓s brasileiro[J]. Revista da ANPOLL.

THOTHATHIRI M, SNEDEKER J, 2008a. Give and take: Syntactic priming during spoken language comprehension[J]. Cognition, 108(1): 51-68.

THOTHATHIRI M, SNEDEKERJ, 2008b. Syntactic priming during language comprehension in three-and four-year-old children[J]. Journal of Memory and Language, 58(2): 188-213.

TOOLEY K M, BOCK K, 2014. On the parity of structural persistence in language production and comprehension[J]. cognition, 132: 101-136.

TOOLEY K M, SWAAB T Y, BOUDEWYN M A, et al, 2014. Evidence for priming across intervening sentences during on-line sentence comprehension[J]. Language and cognitive Process, 29(3): 289-311.

TOOLEY K M, TEIXEIRA M J, SWAAB T Y, 2009. Electrophysiological and behavioral evidence of syntactic priming in sentence comprehension[J]. Journal of Experimental Psychology: Learning, Memory, and cognition, 35(1): 19-45.

TOOLEY K M, TEIXEIRA M J, 2010. Syntactic priming effects in comprehension: A critical review[J]. Language and Linguistics compass, 4(10): 925-937.

TOOLEY K M, 2020. contrasting mechanistic accounts of the lexical boost[J]. Memory, cognition, 48: 815-838.

TOOLEY K M, PICKERING M J, TEIXEIRA M J, 2019. Lexically-mediated syntactic priming effects in comprehension: Sources of facilitation [J]. Quarterly Journal of Experimental Psychology, 72(9): 2176-2196.

TOOLEY K M, TEIXEIRA M J, 2018. Implicit learning of structure occurs in parallel with lexically-mediated syntactic priming effects in sentence comprehension[J]. Journal of Memory and Language, 98: 59-76.

TRAXLER M J, 2008a. Lexically independent priming in online sentence comprehension[J]. Psychonomic Bulletin and Review, 15(1): 149-155.

TRAXLER M J, 2008b. Structural priming among prepositional phrases: Evidence from eye-movements[J]. Memory and cognition, 36(3): 659-674.

TRAXLER M J, 2015. Priming of early closure: Evidence for the lexical boost during sentence comprehension[J]. Language and cognitive Neuroscience, 30(4): 478-490.

TRAXLER M J, TOOLEY K M, PIcKERING M J, 2014. Syntactic priming during sentence comprehension: Evidence for the lexical boost[J]. Journal of Experimental Psychology: Learning, Memory, and cognition, 40(4): 905-918.

TRAXLER M J, TOOLEY K M, 2008. Priming in sentence comprehension: Strategic or syntactic? [J]. Language and cognitive Processes, 23(5): 609-645.

TRAVISC E, CACOULLOS R T, KIDD E, 2017. cross-language priming: A view from bilingual speech[J]. Bilingualism: Language and cognition, 20(2): 283-298.

TRUESWELL J C, TANENHAUS M K, GARNSEY S M, 1994. Semantic influences on parsing: Use of thematic role information in syntactic disambiguation[J]. Journal of Memory and Language, 33(3): 285-318.

ULLMAN M T, 2001. The neural basis of lexicon and grammar in first and second language: The declarative/procedural model[J]. Bilingualism, Language, and cognition, 4(2): 105-122.

ULLMAN M T, 2004. contributions of memory circuits to language: The declarative/procedural model[J]. cognition, 92(1-2): 231-270.

VAN BEIJSTERVELDT L M, VAN HELL J G, 2009. Structural priming of adjective-noun structures in hearing and deaf children[J]. Journal of Experimental child Psychology, 104 (2): 179-196.

VAN BOXTEL W S, LAWYER L A, 2023. Syntactic comprehension priming and lexical boost effects in older adults[J]. Language, cognition and Neuroscience, 38(1): 105-120.

VAN GOMPEL R P G, ARAI M, 2018. Structural priming in bilinguals[J]. Bilingualism: Language and cognition, 21(3): 448-455.

VAN GOMPEL R P G, WAKEFORD L J, KANTOLA L, 2023. No looking back: The effects of visual cues on the lexical boost in structural priming[J]. Language, cognition and Neuroscience, 38(1): 1-10.

VASILYEVA M, WATERFALL H, 2012. Beyond syntactic priming: Evidence for activation of alternative syntactic structures[J]. Journal of child Language, 39(2): 258-283.

VERNICE M, PICKERING M J, HARTSUIKER R J, 2012. Thematic emphasis in Language production[J]. Language and cognitive Processes, 27(5): 631-664.

VIAU J, LIDZ J, MUSOLINO J, 2010. Priming of abstract logical representation in4-year-olds[J]. Language Acquisition, 17(1-2): 26-50.

VIGLIOCCO G, HARTSUIKERR J, 2002. The interplay of meaning, sound, and syntax in language production[J]. Psychological Bulletin, 128(3): 442-472.

VOSSE T, KEMPEN G, 2000. Syntactic structure assembly in human parsing: A computational model based on competitive inhibition and lexicalist grammar [J]. cognition, 75(2): 105-143.

WANG E, ZHOU G, HUANG H, et al, 2017. N400 and P600 effect of chinese words recognition[J]. NeuroQuantology, 15(4): 76-83.

WANG M, CAI Z G, WANG R, et al, 2020. How do phonology and orthography feedback to influence syntactic encoding in language production? Evidence from structural priming in Mandarin[J]. Quarterly Journal of Experimental Psychology, 73(11): 1807-1819.

WEBER K, CHRISTIANSEN M H, PETERSSON K M, et al, 2016. FMRI syntactic and lexical repetition effects reveal the initial stages of learning a new language[J]. Journal of Neuroscience, 36(26): 6872-6880.

WEBER K, CHRISTIANSEN M H, INDEFREY P, et al, 2019. Primed from the start: Syntactic priming during the first days of language learning[J]. Language Learning, 69(1): 198-221.

WELLS J B, CHRISTIANSEN M H, RACE D S, et al, 2009. Experience and sentence processing: Statistical learning and relative clause comprehension [J]. cognitive Psychology, 58(2): 250-271.

XIANG K, CHANG H, SUN L, 2022. When the independence of syntactic representation meets the sentence processing of mandarin: Evidence from syntactic priming[J]. Quarterly Journal of Experimental Psychology, 75(6): 1041-1055.

YAN H, MARTIN R C, SLEVC L R, 2018. Lexical overlap increases syntactic priming in aphasia independently of short-term memory abilities: Evidence against the explicit memory account of the lexical boost[J]. Journal of Neurolinguistics, 48: 76-89.

YANG Y C, KARMOL A M, STOCCO A, 2021. Core cognitive mechanisms underlying syntactic priming: A comparison of three alternative models[J]. Frontiers in Psychology, 12: 662345.

YU Z, ZHANG Q, 2020. Syntactic structure and verb overlap influence the syntactic priming effect in Mandarin spoken sentence production[J]. Acta Psychologica Sinica.

ZENG T, MAO W, LIU R F, 2018. Structural priming from arithmetic to language in Chinese: Evidence from adults and children[J]. Quarterly Journal of Experimental Psychology, 71(7): 1552-1560.

ZHANG C, BERNOLET S, HARTSUIKER R J, 2020. The role of explicit memory in syntactic persistence: Effects of lexical cueing and load on sentence memory and sentence production[J]. PloSone, 15(11): e0240909.

ZHANG C, BERNOLET S, HARTSUIKER R J, 2021. Are there segmental and tonal effects on syntactic encoding? Evidence from structural priming in Mandarin[J]. Journal of Memory and Language, 119: 104220.

ZHANG N, 2020. Syntactic priming effect in Chinese spoken sentence production: An eyetracking study[J]. Journal of Psychological Science(2): 288.

ZHANG Y, ZHANG J, MIN B, 2012. Neural dynamics of animacy processing in language comprehension: ERP evidence from the interpretation of classifier-noun combinations[J]. Brain and Language, 120(3): 321-331.

ZIEGLER J, BENCINI G, GOLDBERG A, et al, 2019. How abstract is syntax? Evidence from structural priming[J]. Cognition, 193: 104045.

ZIEGLER J, SNEDEKER J, 2018. How broad are thematic roles? Evidence from structural priming[J]. Cognition, 179: 221-240.

ZIEGLER J, SNEDEKER J, 2019. The use of syntax and information structure during language comprehension: Evidence from structural priming[J]. Language, Cognition and Neuroscience, 34(3): 365-384.